굿바이
질병
헬로우
마이크로바이옴

10人의 인생을 바꾼 마이크로바이옴 이야기.
당신의 건강한 삶의 해답이 여기에!

조영상, 김나은, 강건임, 유지원, 이율겸,
김문숙, 이경숙, 강명훈, 윤혜숙, 최 환 저

10人의 마이크로바이옴 전문가가 전하는
내 몸 속 의사 마이크로바이옴 리셋 메뉴얼

#10인의작가 #마이크로바이옴전문가
#미생물 #식습관

★★★★★
마이크로바이옴
전문가

학사넷

굿바이 질병 헬로우 마이크로바이옴

초판 1쇄 발행 2025년 9월 22일

지 은 이 | 조영상, 김나은, 강건임, 유지원, 이율겸
김문숙, 이경숙, 강명훈, 윤혜숙, 최 환
발 행 인 | 이기수

그 림 | 이예랑
편집 책임 | 학사넷
교정·교열 | 학사넷

발 행 처 | 학사넷

홈페이지 | www.kdpsa.org
전 화 | 02-2277-1949
ISBN 979-11-982363-1-9 (03510)

인 쇄 | 학사넷

목차

발간사

『굿바이 질병 헬로우 마이크로바이옴』을 소개하며

지금 우리 사회의 가장 큰 화두 중 하나는 바로 건강입니다.
그리고 그 건강의 중심에 마이크로바이옴이라는 놀라운 세계가 있습니다.
하지만 우리는 종종 마이크로바이옴을 단순한 프로바이오틱스, 장 건강, 혹은 막연한 세균 이야기로만 치부해 버리곤 합니다. 그러나 마이크로바이옴은 그 이상의 의미를 지니며, 우리의 전반적인 건강과 삶의 질에 지대한 영향을 미칩니다.

이 책은 바로 그 복잡하고도 경이로운 마이크로바이옴의 세계를 깊이 있게 탐구하고, 그 깨달음을 통해 자신의 삶을 변화시킨 10인의 진솔한 이야기이자 열정의 결실입니다.
이 책의 저자들은 각자 건강에 대한 다른 아픔과 고민을 안고 있었습니다.
어린 시절 잦은 소화 불량으로 고통받았던 조영상 작가님은 마이크로바이옴을 통해 건강의 근본 원리를 탐구하게 되었고, 이제는 이 분야의 깊이 있는 전문가가 되어 여러분에게 마이크로바이옴의 기초를 이 책을 통해 명확하게 설명하고 있습니다.

병약했던 유년 시절과 두 아이를 키우며 건강에 대한 깊은 의문을 가졌던 김나은 작가님은 마이크로바이옴을 통해 혁명적인 깨달음을 얻었고, 생애 초 마이크로바이옴의 중요성과 출산의 기억을 통해 건강의 새로운 지평을 제시합니다.

만성적인 변비와 피로에 시달리던 강건임 작가님은 '내가 먹은 것이 곧 나 자신이다'라는 깨달음 아래 소화의 비밀을 풀고 장 건강 회복의 기적을 경험한 내용을 이 책에 담았습니다.

아토피로 힘들어하는 아이를 위한 간절한 마음에서 시작된 유지원 작가님의 여정은 면역력의 중요성과 무너진 균형을 되찾는 방법을 알려줍니다.

40대부터 약에 의존하며 건강의 한계를 느꼈던 이율겸 작가님은 마이크로바이옴 관리를 통해 약을 끊고 건강을 회복한 경험을 바탕으로, 마음이 아플 때 장이 보내는 신호는 아닐지 섬세하게 들여다봅니다.

만성 냉증과 소화 불량으로 고통받던 김문숙 작가님은 마이크로바이옴을 통해 삶의 대전환을 맞이했고, 이 책에서 마이크로바이옴과 해독, 그리고 다이어트의 놀라운 연결고리를 풀어냈습니다.

어린 시절 극심한 불면증과 이유 없는 충동에 시달렸던 이경숙 작가님은 마이크로바이옴을 통해 자신을 괴롭혔던 문제의 근원을 이해했고, 엄마의 아픔에서 시작된 자신의 깨달음을 나누며 독자들에게 희망을 선사합니다.

의료인 부모님 밑에서 자랐지만 아버지의 투병을 통해 현대 의학의 한계를 목격했던 강명훈 작가님은 마이크로바이옴 연구에 깊이 몰입하여 자신의 만성 질환을 극복했습니다. 그는 우리 몸의 비밀 수비대, 마이크로바이옴이 어떻게 우리 건강을 지키는지 이 책을 통해 생생하게 보여주고 있습니다.

어머니의 치매 투병을 헌신적으로 돌보며 노인 심리 상담 전문가로 활동했던 윤혜숙 작가님은 마이크로바이옴과 치매, 뇌장축의 깊은 연관성을 파헤치며 치유의 가능성을 모색합니다.

마지막으로 어린 시절 잔병치레와 척추 문제로 한의학에 관심을 가졌던 최환 작가님은 식이와 마이크로바이옴의 관계를 탐구하며 건강한 디저트 개발과 맞춤 건강 코칭을 통해 독자들의 삶의 질 향상에 기여하고자 합니다.

오늘날 우리는 건강하지 못한 식단과 스트레스, 환경적 요인으로 인해 마이크로바이옴의 균형이 무너지고 있다는 냉혹한 현실에 직면해 있습니다. 우리의 몸이 섭취하는 모든 음식은 장을 통해 흡수되는데, 장이 건강하지 못하다면 우리 몸은 어떻게 될까요?

음식을 소화시키고 면역 작용을 하는 유익한 미생물과 유해한 미생물들이 어떤 상호작용을 하며, 항생제, 스트레스, 방부제, 합성 감미료와 같은 것들이 우리의 장내 미생물에 어떤 문제를 일으킬까요? 이 책은 이러한 의문들을 명쾌하게 풀어줍니다. 특히 어떤 음식이 우리의 장을 불편하게 하는지, 그리고 장을 건강하게 하려면 어떻게 해야 하는지의 비밀을 알게 될 것입니다. 우리 몸의 건강은 바로 이 마이크로바이옴 속에 모두 담겨 있다고 해도 지나치지 않습니다.

『굿바이 질병 헬로우 마이크로바이옴』은 각 저자가 직접 겪은 건강 문제와 이를 마이크로바이옴으로 극복한 생생한 경험담, 그리고 수많은 연구와 논문 분석을 통해 얻은 전문적인 지식이 어우러진 결과물입니다.

결론적으로 이 책은 마이크로바이옴을 깊이 있게 이해하고, 나아가 이를 통해 음식을 바꿔주고 호르몬을 변경하여 내 몸에 맞는것을 설명하여 실천할 수 있도록 돕는 책이라고 할 수 있습니다. 10인의 작가들의 경험담을 통해서 여러분이 길을 찾게 될 것이라 확신합니다.

이 책이 여러분의 건강한 삶을 위한 강력한 길잡이가 되기를 바라며, 몸속 작은 우주인 마이크로바이옴의 중요성을 깨닫고 질병으로부터 멀어져 활기찬 삶을 되찾으시기를 진심으로 기원합니다.

마이크로바이옴 전문가 이기수

마이크로바이옴 전문가
이 기 수

現)

연구법인 MEGALAB 상임고문
한국행복미생물 상임고문
Fapelong global 이사
한국SCA진흥협회 이사
실비아 건강복지협회 사무총장
Mbiolab 상임고문
마이크로바이옴 헬스케어협회 부회장
한국치매예방스포츠협회 상임고문
국민문화신문 상임고문
콜라보뉴스 상임고문

前)

KTF C&C 대표이사
Synrgic Korea 한국 지사장
KV Telecom. Vina 베트남 법인장
Takara Standard Korea 상임고문
(사) 대한실버산업협회 교육분과 부회장
(사) 문화예술나눔센터 부회장
(주) 신흥정보통신 지사장
(주) LG전자

[著書]

"2060 나 뭐먹고 살지" 저자
"건강과 다이어트의 핵심은 마이크로바이옴" 공동집필 및 감수
"The NEW 다이어트 바이블" 저자
"매일말씀 매일찬양" 저자

저자소개 10人

조 영 상

마이크로바이옴 분야의 전문가인 저자는 어린 시절 잦은 소화 불량을 겪으며 일찍이 건강의 중요성을 깨달았다. 이후 대기업 재직 중 동료들의 건강 문제에 깊이 공감하며 인체 건강의 근본 원리에 대한 탐구를 시작했고, 그 과정에서 혁신적인 마이크로바이옴의 세계에 몰입하게 되었다. 수년간 국내외 최신 연구 동향을 섭렵하고, 직접 마이크로바이옴 개선 프로그램을 체험하며 이론과 실제를 겸비한 심도 깊은 전문성을 구축했다.
이 책은 어린 시절의 작은 불편함에서 시작하여 마이크로바이옴의 지혜를 탐구하고 그 해답을 찾아낸 저자의 집념 어린 여정과 연구의 결정체이다. 독자들이 이 책을 통해 건강한 삶의 길잡이가 되길 바라며, 저자는 앞으로도 마이크로바이옴 전문가로써 많은 사람들에게 마이크로바이옴을 알리는데 헌신하여 건강한 미래사회에 조금이라도 기여하겠다는 꿈을 밝혔다.

김 나 은

마이크로바이옴 분야의 선구적인 전문가인 저자는 어린 시절 병약했던 경험과 두 아이를 키우며 인체 건강의 복잡성에 대한 깊은 의문을 품었다. 우연히 마이크로바이옴 교육을 접하게 된 저자는 기존 건강관을 뒤엎는 혁명적인 깨달음을 얻게 되었고, 그간 가족력으로 겪던 건강 문제들이 인체 마이크로바이옴에 맞춘 생활 습관 변화로 놀랍게 개선되는 경험을 통해 그 무한한 가능성을 확신하게 되었다. 이러한 깨달음을 바탕으로 저자는 마이크로바이옴 분야를 심도 깊게 연구하며 전문가로서 역량을 다졌다. 현재는 건강 전문 기자로 활동하며 대중에게 폭넓은 지식을 전달하고 있으며, 건강 세미나를 기획하고 이끌면서 마이크로바이옴의 중요성을 널리 알리는 데 앞장서고 있다.
이 책은 저자가 수년간 쌓아온 전문 지식과 실제 경험을 집대성한 결과물이다. 몸과 마음의 회복을 넘어 삶의 균형을 찾아가는 독자들에게 가장 실질적이고 신뢰할 수 있는 건강 가이드가 될 것이다. 마이크로바이옴을 통해 건강의 새로운 지평을 열어가는 저자의 이야기가 독자들의 건강한 삶에 도움이 되길 희망한다.

강 건 임

마이크로바이옴 분야의 실질적인 변화를 이끄는 전문가인 저자는 어린 시절부터 편식과 만성 변비, 그로 인한 만성피로와 무기력증에 시달리다 마이크로바이옴을 통해 삶의 극적인 전환점을 맞았다. 장내 미생물이 건강에 미치는 영향을 깊이 탐구하며, "내가 먹은 것이 곧 나 자신이다"라는 진정한 의미를 깨닫게 되었다. 수많은 연구와 논문 분석, 그리고 발효식품 위주의 식단 개선을 통해 직접 장 건강 회복과 활력 증진을 경험했다. 이러한 개인적인 성공 경험은 저자를 마이크로바이옴 전문 강사의 길로 이끌었다. 마이크로바이옴의 중요성을 알리고 건강한 식습관으로 삶의 질 향상을 전파하는 것을 사명으로 삼고 있다. 현재 다양한 세미나와 워크숍을 기획 및 운영하며 실질적인 건강 변화의 기회를 제공하고, 건강 전문 기자로서 마이크로바이옴 정보를 대중에게 쉽고 정확하게 전달하고 있다.
이 책은 저자의 심도 깊은 지식과 직접적인 경험이 집대성된 결과물이다. 독자들이 건강한 식습관 변화를 통해 활력 넘치는 삶을 되찾는 데 강력한 지침서가 될 것이다.

유 지 원

아토피로 고통받는 아이를 위한 간절한 마음에서 시작된 여정은 저자를 마이크로바이옴 전문가의 길로 이끌었다. 결혼 후 아이의 아토피로 큰 어려움을 겪으며 좋다는 것은 무엇이든 찾아 헤매던 중, 대체 의학에 깊이 몰두하며 면역의 중요성을 깨달았다. 하지만 파편처럼 흩어져 있던 지식의 갈증을 느끼던 저자는 마이크로바이옴을 배우면서 비로소 모든 지식이 하나로 정리되는 경험을 했고, 동시에 아이의 아토피가 호전된 명확한 이유를 알게 되었다. 이 경험을 통해 저자처럼 면역 문제로 고통받는 이들에게 희망을 주고자 하는 강한 열망이 샘솟았다.
그리하여 마이크로바이옴 전문가들과 함께, 배우고 경험한 지식을 담아 이 책을 공동 출간하며 마이크로바이옴 분야의 전문가로서 그 역량을 입증했다. 이 책을 통해 많은 이들이 면역력을 되찾고 건강한 삶을 누리기를 진심으로 바라며, 독자들의 건강한 행복을 응원한다.

이 율 겸

건강 정보의 홍수 속에서 많은 이들이 겪는 혼란을 해소하고자 인체에 대한 깊은 탐구를 시작한 저자는, 특히 마이크로바이옴 분야에서 무궁무진한 가능성과 경이로운 인체 적용 결과를 직접 경험하며 전문가의 길을 걷게 되었다. 40대부터 약에 의존하며 간 수치 상승과 불편한 증상으로 힘겨워하던 이가 마이크로바이옴 관리를 통해 약을 끊고 건강을 회복하는 위대한 변화를 목격한 것이 결정적인 계기였다. 이처럼 인체의 비밀을 파헤치고 건강의 본질에 다가가려는 저자의 끝없는 도전과 탐구 정신이 마이크로바이옴에 더욱 깊이 몰두하는 원동력이 되었다.
이 책은 수많은 임상 사례와 끊임없는 연구를 통해 얻은 저자의 깊이 있는 지식과 실제적인 경험을 담아낸 결과물이다. 이 뜻깊은 여정을 통해 얻은 지식과 경험이 독자들에게 건강한 삶을 되찾는 길을 제시하리라 확신한다.

마이크로바이옴 분야의 건강 전도사인 저자는 어린 시절부터 만성적인 냉증과 소화 불량으로 고통받으며 건강과는 거리가 먼 삶을 살았다. 하지만 마이크로바이옴에 대한 깊이 있는 탐구는 그의 삶을 완전히 바꾸어 놓았다. 수많은 미생물이 건강을 좌우한다는 진실을 깨닫고 식습관을 혁신적으로 개선하며, 차가웠던 몸은 온기를 되찾고 미식의 즐거움까지 누리게 되었다.
이러한 개인적인 경험과 심도 있는 학습을 바탕으로 저자는 마이크로바이옴 전문가이자 뇌교육 상담사로서 건강 전도사의 삶을 살고 있다. 또한 자연 속에서 얻는 치유의 힘을 나누고자 힐링 공간을 조성하는 꿈을 키워나가고 있다. 이 책은 저자가 직접 경험하고 연구하며 얻은 건강 지식과 마이크로바이옴의 놀라운 힘을 독자들과 나누고자 하는 열정의 결과물이다.

김문숙

마이크로바이옴 분야의 새로운 지평을 여는 전문가인 지자는 어린 시절 극심한 불면증과 이유 없는 충동에 시달리며 고통스러운 시간을 보냈다. 두 아이의 엄마가 된 후, 허리 협착을 계기로 대체의학에 깊이 발을 들였고, 특히 마이크로바이옴의 세계를 만나면서 인생의 전환점을 맞이했다. 마이크로바이옴에 대한 심층적인 연구와 탐구를 통해, 저자는 유년 시절 자신을 괴롭혔던 문제들의 근원적인 원인이 마이크로바이옴에 있음을 과학적으로 이해하게 되었다. 이 깨달음은 50대에 새로운 꿈을 꾸게 하는 원동력이 되었고, 현재 마이크로바이옴 힐링 캠프를 성공적으로 운영하며 궁극적으로 힐링 마을을 조성하는 것을 목표하고 있다. 배움을 통해 얻은 지식을 바탕으로 재능 기부를 실천하며, 잘못된 식습관으로 인한 수많은 질병을 마이크로바이옴으로 회복시키는 데 헌신하고 있다. 이 책은 저자가 오랜 시간 축적한 마이크로바이옴에 대한 전문 지식과 실질적인 경험을 집대성한 결과물이다. 이 책을 통해 몸속 작은 우주인 마이크로바이옴의 중요성을 깨닫고, 건강하고 활기찬 삶을 되찾기를 진심으로 바란다.

이경숙

마이크로바이옴 분야의 선구자이자 진정한 치유의 가능성을 제시하는 전문가인 저자는 존경받는 의료인 부모님 밑에서 자랐지만, 현대 의학의 한계 앞에서 아버지의 오랜 투병과 이별을 경험했다. 특히 화학 약물의 부작용이 뇌출혈의 원인이 될 수 있다는 사실을 깨달으며, 기존 의학으로는 해결할 수 없었던 기능 의학의 세계에 눈을 뜨게 되었다. 아버지의 체질을 그대로 물려받아 고혈압, 고지혈, 당뇨, 비만 진단을 받으며 절망에 빠졌던 저자는, 이 위기를 마이크로바이옴 연구에 대한 깊은 몰입의 기회로 삼았다. 수많은 국내외 전문 서적과 논문을 탐독하고, 마이크로바이옴 전문가 과정을 통해 이 분야의 전문적인 지식과 기술을 습득했다. 저자는 직접 장내 미생물 관리를 시작한 지 불과 9개월 만에 20대부터 저자를 괴롭혔던 만성 위염, 역류성 식도염, 비만, 고혈압, 고지혈, 당뇨 등 대부분의 질환에서 벗어나 모든 건강 검진 항목에서 정상 판정이라는 놀라운 결과를 얻었다. 저자는 현재 건강 전문 기자로서, 단순한 정보 전달을 넘어 독자들이 스스로 건강을 되찾을 수 있는 새로운 치유의 가능성을 제시하고 있다. 또한 이러한 개인적인 치유 경험과 체계적인 학습을 통한 경험이 책을 통해 독자들에게 건강한 삶을 위한 확실한 동반자가 되어줄 것이라고 생각한다.

강명훈

기독교 교육학을 전공하며 타인과의 소통과 교육에 깊은 애정을 키워온 저자는 어린 시절부터 건강에 남다른 관심을 가졌다. 특히 어머니의 치매 투병을 10년간 헌신적으로 돌보며 노인 심리 상담 전문가로서 어르신들의 삶의 질 향상에 기여했다. 이 과정에서 건강의 본질에 대한 갈증은 더욱 깊어졌고, '마이크로바이옴'이라는 미지의 영역에 매료되었다. 수많은 연구와 학습을 통해 미생물이 인간의 건강과 삶에 미치는 지대한 영향을 깨달은 저자는 단순한 지식 습득을 넘어 이를 널리 알리고자 마이크로바이옴 전문가 양성에 힘써왔다. 그 결과, 오랜 연구와 실제 경험을 집약한 이번 저서를 공동 출간하며 마이크로바이옴 분야의 전문가로서 그 역량을 입증했다.
현재 건강 전문 기자로도 활동하며 건강한 삶의 중요성을 전파하는 데 앞장서고 있으며, 앞으로도 많은 사람들에게 선한 영향력을 끼치는 작가로서의 삶을 꿈꾸며 이 책이 독자들의 건강한 삶을 위한 지침이 되기를 바란다.

윤혜숙

인체의 균형과 조화를 탐구해 온 마이크로바이옴 전문가인 저자는 어린 시절부터 잦은 잔병치레와 척추 문제로 고통받으며 일찍이 한의학에 관심을 가졌다. '리딩 앤 테라피' 강의를 통해 여러 건강 전문 기업에서 활동하며 사람의 얼굴과 손을 통해 건강을 진단하고 치유 가능성을 제시하며 수많은 이들의 건강 멘토로 활약해 온 경험이 있다. 현재 올림프케이크앤디저트 본부장으로서 건강한 디저트 개발에 몰두하던 중, 오랜 경험과 학습을 통해 마이크로바이옴의 중요성에 눈을 뜨게 되었고, 장내 미생물이 우리 몸 건강의 핵심임을 깨달았다. 그는 단순한 디저트 제작을 넘어 개개인에 개별 맞춤 건강 코칭을 제공하며 삶의 질을 높이는 데 기여하고 있다.
이처럼 저자는 자신의 고통을 치유의 여정으로 삼아 마이크로바이옴 전문가로서의 독자적인 길을 개척했다. 이 책은 그의 오랜 연구와 실제 치유 경험이 집약된 결과물로, 독자들이 건강한 삶을 되찾는 데 필요한 실질적인 지침을 제공할 것이다. 최환 저자의 전문성과 진정성이 담긴 이 책을 통해 독자들도 건강한 삶의 새로운 가능성을 발견하기를 바란다.

최 환

Chapter 01

작가: 조영상

조영상 저자 소개

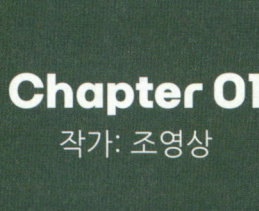

마이크로바이옴 분야의 전문가인 저자는 어린 시절 잦은 소화 불량을 겪으며 일찍이 건강의 중요성을 깨달았다. 이후 대기업 재직 중 동료들의 건강 문제에 깊이 공감하며 인체 건강의 근본 원리에 대한 탐구를 시작했고, 그 과정에서 혁신적인 마이크로바이옴의 세계에 몰입하게 되었다.

수년간 국내외 최신 연구 동향을 섭렵하고, 직접 마이크로바이옴 개선 프로그램을 체험하며 이론과 실제를 겸비한 심도 깊은 전문성을 구축했다.

이 책은 어린 시절의 작은 불편함에서 시작하여 마이크로바이옴의 지혜를 탐구하고 그 해답을 찾아낸 저자의 집념 어린 여정과 연구의 결정체이다.

독자들이 이 책을 통해 건강한 삶의 길잡이가 되길 바라며, 저자는 앞으로도 마이크로바이옴 전문가로써 많은 사람들에게 마이크로바이옴을 알리는데 헌신하여 건강한 미래사회에 조금이라도 기여하겠다는 꿈을 밝혔다.

1장

마이크로바이옴의 세계로 초대합니다

혹시 마이크로바이옴이라는 단어를 들어보셨나요?

조금 생소하게 들릴 수도 있지만, 사실 우리는 이미 오래전부터 마이크로바이옴과 함께 살아가고 있었고, 심지어 매일 마주하고 있었답니다.
발효식품의 대명사 김치, 요구르트, 막걸리부터 시작해서 우리의 건강을 지켜준다고 알려진 프로바이오틱스 유산균까지, 이 모든 것이 바로 마이크로바이옴의 놀라운 세계에 속해 있어요.

사람의 장은 미생물의 전쟁터
유익균, 유해균, 중간균

우리가 미처 깨닫지 못했던 순간에도, 우리의 먹거리와 생활 속에는 수많은 미생물들이 활발하게 활동하며 우리에게 영향을 미치고 있었던 거죠.
김치가 맛있게 익는 것도, 요구르트가 새콤달콤해지는 것도 모두 미생물 덕분이고, 장 건강을 위해 유산균을 챙겨 먹는 것도 결국 우리 몸속 미생물 생태계를 건강하게 만들려는 노력인 셈입니다. 이처럼 마이크로바이옴은 우리 주변에, 그리고 우리 몸속에 항상 존재하며 우리의 삶과 떼려야 뗄 수 없는 관계를 맺고 있습니다.

그렇다면 대체 마이크로바이옴이 정확히 무엇이냐고요?
마이크로바이옴(Microbiome)은 미생물(Microbe)과 생태계(Biome)의 합성어입니다.
즉, 특정 환경에 서식하는 모든 미생물(박테리아, 바이러스, 곰팡이 등)과 이들의 유전체 정보를 총칭하는 말이죠.

마이크로바이옴, 더 쉽게 알아볼까요?

마이크로바이옴이라는 말이 좀 어렵게 느껴지시나요?
쉽게 말해, 우리 몸이나 특정 장소에 살고 있는 아주 아주 작은 친구들, 즉 미생물들의 거대한 동네라고 생각하면 됩니다.

여기서 '마이크로(Micro)'는 '아주 작다'는 뜻이고, '바이옴(Biome)'은 '생태계', 즉 살아있는 것들이 모여 사는 환경을 말해요. 이 둘을 합치면 '작은 생명체들이 모여 사는 동네'가 되는 거죠. 우리 눈에는 보이지 않지만, 이 작은 친구들(세균, 바이러스, 곰팡이 등)은 우리 몸속은 물론, 흙 속이나 물 속처럼 다양한 환경에서 각자의 역할을 하며 함께 살아가고 있어요.

특히, 우리 몸속에는 마치 작은 우주처럼 수많은 미생물들이 살고 있는데, 이 미생물 친구들 전체를 바로 '인체 마이크로바이옴'이라고 부릅니다.
우리 몸은 세포들로만 이루어진 게 아니라, 우리가 상상했던 것보다 훨씬 더 다양한 미생물들이 복잡하게 어울려 살아가는 커다란 공동체랍니다.

결론적으로, 마이크로바이옴은 '우리 주변과 몸속에 살고 있는 눈에 보이지 않는 작은 생명체 친구들, 그리고 그들의 활동 영역 전체'를 의미해요.
이 친구들이 우리 건강에 아주 큰 영향을 미치고 있답니다!

마이크로바이옴! 몸속 어디 어디에?

몸속 곳곳에 숨어있는 미생물 공동체

마이크로바이옴이 우리 주변에 늘 함께한다는 사실은 이제 아시겠죠?
그렇다면 우리 몸속에서는 어디에, 얼마나 많은 미생물이 살고 있을까요?
놀랍게도 우리 몸은 머리부터 발끝까지 미생물로 가득 찬 하나의 거대한 서식지입니다.
가장 대표적인 곳은 바로 장(腸)이지만, 그 외에도 입, 피부, 코, 폐, 심지어는 장기 깊숙한 곳까지 미생물들이 자신만의 보금자리를 만들고 살아가고 있습니다.

1. 미생물의 메카, 장

우리 몸에서 미생물이 가장 많이, 그리고 다양하게 살고 있는 곳은 단연 장입니다.
인체 미생물 전체의 약 70%가 장에 집중되어 있다고 알려져 있죠.
마치 거대한 도시처럼 수많은 미생물이 빼곡히 모여 살고 있는 이곳은 왜 미생물들의 천국이 되었을까요?

가장 큰 이유는 바로 환경 조건 때문입니다.

장은 미생물이 살기에 더할 나위 없이 좋은 조건을 갖추고 있습니다.

- **음식물 공급**: 우리가 먹는 음식물은 미생물들에게 풍부한 영양 공급원이 됩니다. 장으로 들어오는 소화되지 않은 섬유질 등은 미생물들의 훌륭한 먹이가 되어 그들이 생존하고 번식하는 데 필수적인 에너지를 제공합니다.
- **안정적인 온도와 습도**: 우리 몸속 온도는 미생물이 활동하기에 적절한 37℃ 내외로 일정하게 유지되며, 습도 또한 충분하여 미생물이 건조함 없이 안정적으로 살아갈 수 있습니다.
- **끈적끈적한 점액**: 장벽은 끈적끈적한 점액층으로 덮여 있습니다.
  이 점액은 미생물이 부착하고 군집을 형성하기 좋은 환경을 제공하며, 동시에 유해 미생물이 장벽을 직접적으로 손상시키는 것을 막아주는 보호막 역할도 합니다.
- **산소 농도**: 장의 내부는 산소가 거의 없는 혐기성 환경입니다. 이는 대부분의 장내 미생물이 혐기성 또는 통성 혐기성으로, 산소가 적은 환경에서 더 잘 번성하기 때문입니다.

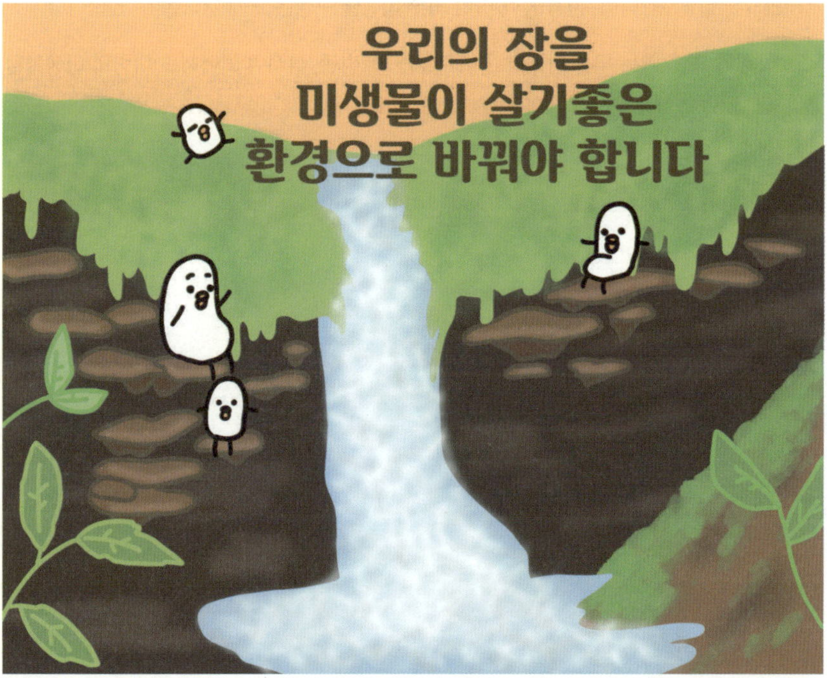

이러한 조건들이 어우러져 장은 미생물들이 안정적으로 살아가면서도 활발하게 대사 활동을 펼칠 수 있는 최적의 환경을 제공하는 것입니다.

2. 구강, 피부, 그리고 그 너머

장은 미생물의 본거지이지만, 우리 몸의 다른 부분들도 각자의 미생물 생태계를 형성하고 있습니다.

- **입 (구강)**: 매일 음식물과 외부 공기가 드나드는 입안은 미생물이 살기에 매우 역동적인 환경입니다. 침, 치아, 혀, 잇몸 등 다양한 서식지에 따라 각기 다른 미생물 군집이 형성되어 있습니다. 구강 미생물은 음식물 소화의 첫 단계를 돕고, 외부 병원균의 침입을 막는 역할을 하지만, 특정 미생물의 불균형은 충치나 잇몸 질환의 원인이 되기도 합니다.
- **피부**: 우리 몸의 가장 바깥쪽에 위치한 피부는 외부 환경과 직접적으로 접촉하며 다양한 미생물이 살고 있습니다. 피부 미생물은 외부 병원균으로부터 우리 몸을 보호하고, 피부 면역 반응을 조절하는 중요한 역할을 합니다.

  개인의 생활 습관, 나이, 환경 등에 따라 피부 미생물 구성은 크게 달라질 수 있습니다.
- **그 외 장기**: 과거에는 무균 상태라고 여겨졌던 폐, 방광, 심지어 뇌에서도 미량의 미생물들이 발견되면서 새로운 연구들이 활발히 진행되고 있습니다.

이처럼 우리 몸속 모든 부위는 각자의 특성에 맞는 미생물 공동체를 이루고 있으며, 이들이 우리 건강에 미치는 영향에 대한 연구는 여전히 현재 진행형입니다.

3장

장 속 마이크로바이옴, 지금 뭐하니?

장 속 미생물의 전쟁: 유익균, 유해균, 그리고 중간균

우리 몸의 장은 단순히 소화 기관이 아닙니다. 앞서 말했듯이, 장은 수많은 미생물들이 북적이며 살아가는 거대한 미생물 생태계입니다. 이 안에는 크게 세 종류의 미생물들이 존재하는데, 바로 우리 몸에 이로운 영향을 주는 유익균, 해로운 영향을 주는 유해균, 그리고 기회에 따라 유익균이 될 수도 있고 유해균이 될 수도 있는 중간균이 그들입니다. 마치 우리 안의 작은 왕국처럼, 이들은 끊임없이 세력 다툼을 벌이며 균형을 유지하고 있습니다.

1. 삼국지 같은 미생물 전쟁

장 속 미생물들은 마치 삼국지의 영웅들처럼 서로 경쟁하며 살아갑니다.

- **유익균**: 이들은 우리 몸의 건강을 지켜주는 든든한 아군입니다.
  대표적으로 비피더스균, 락토바실러스균 등이 있습니다.
  유익균은 소화를 돕고, 면역력을 강화하며, 비타민을 생성하고, 유해균의 증식을 억제하는 등 다양한 긍정적인 역할을 합니다.
- **유해균**: 이들은 우리 몸의 건강을 위협할 수 있는 존재입니다. 특정 종류의 클로스트리듐, 대장균 등이 과도하게 증식할 경우 염증을 유발하거나 독성 물질을 배출하여 장 건강뿐 아니라 전신 건강에 악영향을 미칠 수 있습니다.
- **중간균**: 이들은 평소에는 잠잠하게 있다가, 장 환경이 어떻게 변하느냐에 따라 유익균 편에 붙을 수도, 유해균 편에 붙을 수도 있는 박쥐같은 존재들입니다. 예를 들어, 평소에는 문제를 일으키지 않지만, 유익균의 수가 현저히 줄어들면 유해균처럼 행동하여 우리 몸에 해를 끼칠 수 있습니다.

2. 왜 이들은 싸워야 하는가? 바로 '음식' 때문!

이 미생물들이 이렇게 끊임없이 싸워야 하는 가장 큰 이유는 바로 '음식' 때문입니다.
정확히 말하면, 우리가 섭취하는 영양분을 놓고 경쟁하기 때문이죠.
우리가 음식을 먹으면, 소화 과정을 거쳐 영양분이 흡수됩니다. 하지만 모든 영양분이 다 흡수 되는 것은 아닙니다. 특히 소화가 잘 안 되는 섬유질 같은 물질들은 장까지 그대로 내려오는데, 이들이 바로 장내 미생물들의 주식입니다.

- **유익균은 주로 섬유질과 같은 프리바이오틱스(Prebiotics)를 좋아합니다.** 미생물들이 이들을 먹고 단쇄지방산(Short-Chain Fatty Acids, SCFAs)과 같은 우리 몸에 이로운 물질들을 만들어 냅니다. 이 단쇄지방산은 장벽을 튼튼하게 하고, 면역 세포를 활성화하며, 심지어 뇌 건강에도 긍정적인 영향을 미친다고 알려져 있습니다.

- **반면, 유해균은 단백질이나 지방이 많은 음식, 혹은 가공식품, 설탕 등을 선호하는 경향이 있습니다.** 이들을 분해하면서 독소나 가스를 생성하여 장 건강을 해칠 수 있습니다.

우리가 어떤 음식을 먹느냐에 따라 장 속 미생물들의 먹이 사슬이 달라지고, 이는 결국 어떤 균이 우세하게 번성할지를 결정하게 됩니다. 건강한 식단을 유지하면 유익균이 잘 자랄 수 있는 환경이 조성되어 유해균을 억제하고 장의 균형을 맞출 수 있습니다. 반대로 서구화된 식단, 즉 섬유질 섭취가 부족하고 지방과 설탕이 많은 식단을 지속하면 유해균이 득세하여 장내 불균형을 초래할 수 있습니다.

이처럼 장 속 미생물들은 우리가 평생 먹는 음식에 따라 끊임없이 세력 다툼을 벌이며 살아갑니다. 어쩌면 이들은 우리가 살아있는 한, 영원히 싸우고 있을지도 모릅니다.
우리의 건강은 바로 이 미생물들의 균형에 달려 있다고 해도 과언이 아닙니다.

헉!! 유해균이 이기고 있어!! 불균형이야

장내 미생물 불균형, 변비만이 문제가 아니다!

장 속 미생물들이 전쟁 중이라는 사실, 이제는 잘 아시겠죠?
이 전쟁에서 만약 유해균이 우세하게 이기고 있다면 어떻게 될까요?
흔히 장 건강에 문제가 생기면 "변비나 설사 같은 장 질환만 생기는 거 아니야?"라고 생각하기 쉽습니다. 하지만 놀랍게도, 장내 미생물 불균형은 단순히 장에만 문제를 일으키는 것이 아닙니다. 우리 몸의 혈관, 장기, 심지어 뇌에까지 심각한 영향을 미쳐 다양한 질병의 원인이 될 수 있습니다.

1. 장내 미생물 불균형이 초래하는 질병들

장내 미생물 불균형은 '장 누수 증후군'과 같은 문제를 유발할 수 있습니다.

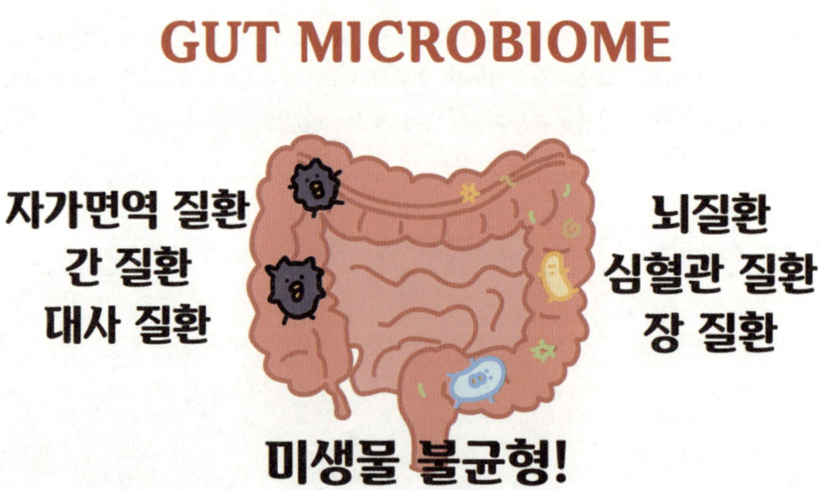

장벽이 튼튼해야 외부 독소나 유해균이 혈액 속으로 침투하는 것을 막을 수 있는데, 유해균의 증식과 염증 반응으로 장벽의 투과성이 높아지면 유해 물질들이 몸속으로 스며들게 됩니다. 이렇게 스며든 유해 물질들은 혈액을 타고 전신을 순환하며 우리 몸의 다양한 장기에 염증과 문제를 일으킵니다.

■ 장 질환을 넘어선 전신 건강의 문제 :

- **염증성 장 질환**: 크론병, 궤양성 대장염과 같은 만성 염증성 장 질환은 장내 미생물 불균형과 깊은 연관이 있습니다. 유해균의 과도한 증식과 특정 미생물의 결핍이 장벽의 손상을 촉진하고 만성 염증을 유발하는 것으로 알려져 있습니다.
- **대사 질환**: 비만, 당뇨병, 지방간과 같은 대사 질환 역시 장내 미생물과 밀접한 관련이 있습니다. 특정 미생물 군집은 에너지 대사에 영향을 미치거나 염증을 유발하여 인슐린 저항성을 높이고 지방 축적을 촉진할 수 있습니다.
- **심혈관 질환**: 장내 미생물이 생성하는 특정 대사산물(예: TMAO)은 동맥경화를 촉진하여 심혈관 질환의 위험을 높일 수 있습니다. 장내 불균형은 만성 염증을 유발하고 혈관 내피 세포에 손상을 주어 심혈관 건강에 부정적인 영향을 미칩니다.
- **자가면역 질환**: 류마티스 관절염, 루푸스 등 다양한 자가면역 질환의 발병에도 장내 미생물 불균형이 중요한 역할을 하는 것으로 밝혀지고 있습니다. 장내 미생물은 면역 세포의 발달과 기능에 영향을 미치며, 불균형은 면역 체계의 오작동을 유발할 수 있습니다.
- **피부 질환**: 아토피 피부염, 여드름, 건선과 같은 피부 질환도 장내 미생물과 연관이 있습니다. '장-피부 축(Gut-Skin Axis)'이라는 개념이 있을 정도로 장 건강은 피부 건강에 직접적인 영향을 미칩니다.
- **신장 질환**: 최근 연구에서는 장내 미생물 불균형이 만성 신장 질환의 진행에도 영향을 미칠 수 있음이 보고되었습니다. 특정 유해균이 생성하는 독성 물질이 신장에 부담을 줄 수 있기 때문입니다.

2. 뇌 건강과의 놀라운 연결고리: 장-뇌 축 (Gut-Brain Axis)

가장 놀라운 발견 중 하나는 바로 장과 뇌가 서로 긴밀하게 연결되어 있다는 사실입니다. 이를 '장-뇌 축(Gut-Brain Axis)'이라고 부르는데, 장내 미생물은 신경전달물질 생성, 염증 조절, 면역 반응 등을 통해 뇌 기능과 행동에 직접적인 영향을 미칩니다.

- **정신 건강 문제**: 우울증, 불안, 스트레스와 같은 정신 건강 문제에도 장내 미생물 불균형이 관여할 수 있습니다. 행복 호르몬으로 알려진 세로토닌의 약 90%가 장에서 생성되며, 장내 미생물은 이러한 신경전달물질의 생산에 영향을 미칩니다.
- **신경 퇴행성 질환**: 파킨슨병, 알츠하이머병과 같은 신경 퇴행성 질환의 발병 및 진행에도 장내 미생물의 역할이 주목받고 있습니다. 장내 미생물이 생성하는 특정 물질이나 염증 반응이 뇌에 영향을 미칠 수 있다는 연구 결과들이 나오고 있습니다.

이제 "장내 미생물 불균형은 변비만 문제 있는 거 아니야?"라는 생각은 완전히 잘못된 것이라는 걸 아시겠죠?
우리의 장은 단순히 음식물을 소화하는 기관이 아니라, 우리 몸의 모든 시스템과 연결되어 전신 건강에 지대한 영향을 미치는 중요한 허브인 셈입니다.
장내 미생물 균형을 지키는 것은 건강한 삶을 위한 필수적인 첫걸음입니다.

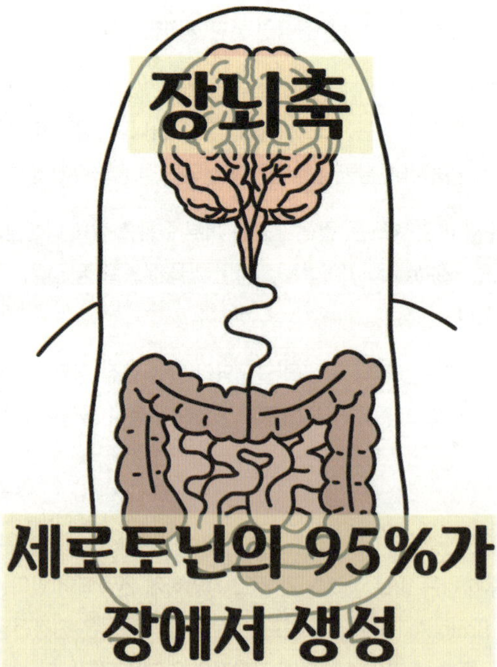

5장

마이크로바이옴!! 넌 못하는 게 뭐니?

마이크로바이옴이 여는 미래의학 및 맞춤형 건강 시대

지금까지 마이크로바이옴이 무엇인지, 우리 몸 어디에 살고 있는지, 그리고 장 속 미생물 불균형이 얼마나 다양한 질병과 연관되어 있는지 살펴보았습니다.

그렇다면 마이크로바이옴은 우리에게 어떤 미래를 열어줄까요?

과연 마이크로바이옴이 못하는 것이 있기는 할까요?

현재 마이크로바이옴 연구는 놀라운 속도로 발전하고 있으며, 미래 의학과 산업의 판도를 바꿀 핵심 열쇠로 주목받고 있습니다.

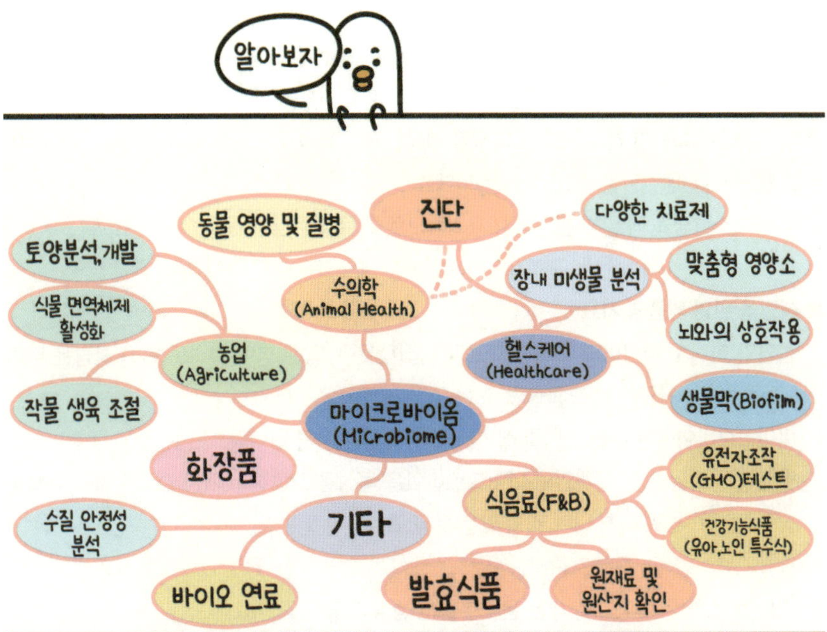

1. 미래의학의 새로운 패러다임

마이크로바이옴 연구는 질병의 진단, 치료, 예방에 혁명적인 변화를 가져올 잠재력을 가지고 있습니다.

■ 나에게 딱 맞는 건강 검진, 정밀 진단

혹시 병원에서 똑같은 검사를 받았는데도, 어떤 사람은 이상이 없고 어떤 사람은 질병이 있다는 진단을 받는 경우를 보셨나요?
마이크로바이옴은 이런 의문을 풀어줄 수 있는 열쇠가 될 수 있어요.
정밀 진단은 마치 우리 몸속 미생물 지도를 읽는 것과 같아요.
우리 몸에는 셀 수 없이 많은 미생물들이 각자의 역할과 특징을 가지고 살아가는데, 이들의 종류와 비율, 그리고 만들어내는 물질들을 자세히 분석하는 것이죠.

예를 들어볼게요.
대장암 환자의 장 속에는 건강한 사람과는 다른 특정 미생물들이 유난히 많거나 적게 나타나는 '패턴'이 있다고 해요. 이 패턴을 미리 알아낼 수 있다면, 아직 암이 발생하기도 전에 "아, 이 사람은 대장암 위험이 높으니 미리 조심해야겠네요!" 하고 알려줄 수 있는 거죠.

마찬가지로, 염증성 장 질환이나 심혈관 질환 같은 복잡한 질병들도 각기 다른 마이크로바이옴 패턴을 가지고 있을 가능성이 높습니다. 이러한 패턴들을 꾸준히 연구하고 찾아낸다면, 피검사나 다른 복잡한 검사 없이도 미생물 검사만으로 질병 위험도를 예측하거나, 질병이 아주 초기 단계일 때 진단할 수 있게 되는 거예요.
이렇게 되면 질병을 더 일찍 발견해서 효과적으로 치료할 수 있는 문이 열리는 거죠!

■ 나만을 위한 맞춤형 치료

감기약 하나도 사람마다 효과가 다르게 나타나듯이, 같은 병에 걸려도 어떤 사람은 약이 잘 듣고 어떤 사람은 약 효과를 못 보는 경우가 많아요.
마이크로바이옴은 이런 차이를 설명해 줄 중요한 단서가 됩니다.
맞춤형 치료는 환자 개개인의 마이크로바이옴 특성을 고려해서 가장 효과적인 치료법을 찾아주는 거예요. 마치 나에게 꼭 맞는 옷을 고르듯이 말이죠.

예를 들어, 항암제 치료를 받는 환자분들을 생각해 볼까요?

최근 연구에 따르면, 어떤 항암제가 잘 듣고 안 듣고는 환자의 장 속에 살고 있는 미생물 구성에 따라 달라질 수 있다고 해요.
특정 미생물이 항암제의 효과를 높여주기도 하고, 반대로 방해하기도 한다는 거죠.

만약 우리가 환자의 장내 미생물을 미리 분석해서, "아, 이 환자분은 이런 미생물을 가지고 있으니, 이 항암제가 더 효과적일 겁니다!" 또는 "이 미생물이 없으니, 이 미생물을 보충해주면서 항암 치료를 병행하면 더 좋겠네요!"라고 조언할 수 있다면 어떨까요?
약의 부작용은 줄이고 치료 효과는 극대화할 수 있는, 개인에게 최적화된 치료 전략을 세울 수 있게 되는 겁니다. 이제는 '모든 사람에게 똑같은 치료'가 아니라, '나에게 가장 잘 맞는 치료'가 가능해지는 시대가 오고 있는 거죠!

■ 질병을 미리 막고 관리하는 힘, 질병 예방 및 관리

아픈 후에 치료하는 것보다, 아프기 전에 미리 예방하는 것이 가장 좋겠죠?
마이크로바이옴은 바로 이 질병 예방과 관리에 핵심적인 역할을 합니다.

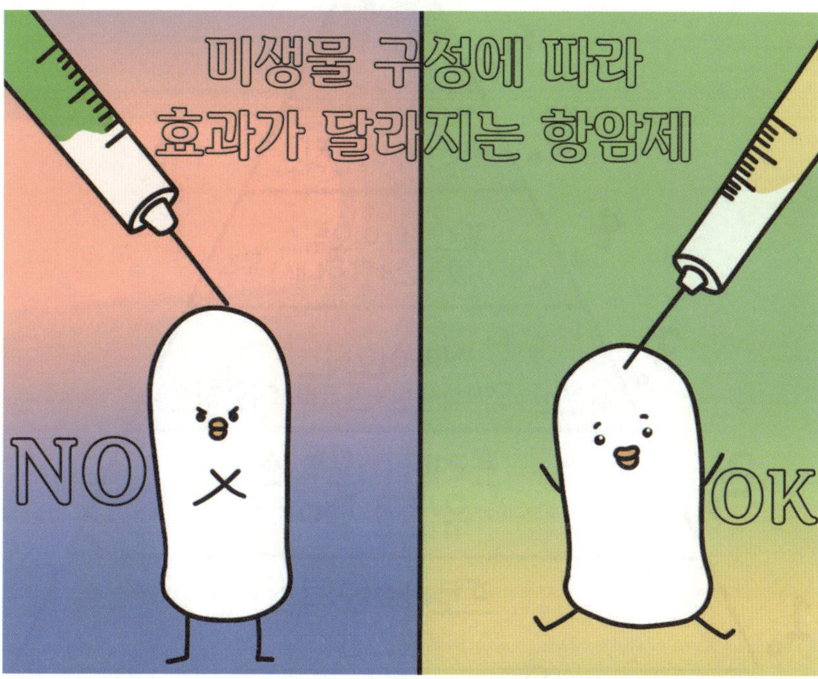

건강한 마이크로바이옴을 유지하는 것이 곧 건강한 삶을 위한 강력한 무기가 되는 거예요.

그렇다면 어떻게 건강한 마이크로바이옴을 만들 수 있을까요?

- **프로바이오틱스 (유익균)**: 우리가 흔히 알고 있는 요구르트나 유산균 제품에 들어있는 '유익균'들이 바로 프로바이오틱스입니다.
  이 친구들을 꾸준히 섭취해서 장 속에 좋은 균들을 늘려주는 거죠.
- **프리바이오틱스 (유익균의 먹이)**: 아무리 좋은 유익균을 넣어줘도 먹을 게 없으면 죽겠죠? 프리바이오틱스는 유익균이 좋아하는 '먹이'라고 생각하면 됩니다.
  섬유질이 풍부한 채소, 과일 등이 대표적이죠.
- **포스트바이오틱스 (유익균의 선물)**: 유익균이 프리바이오틱스를 먹고 활동하면서 만들어

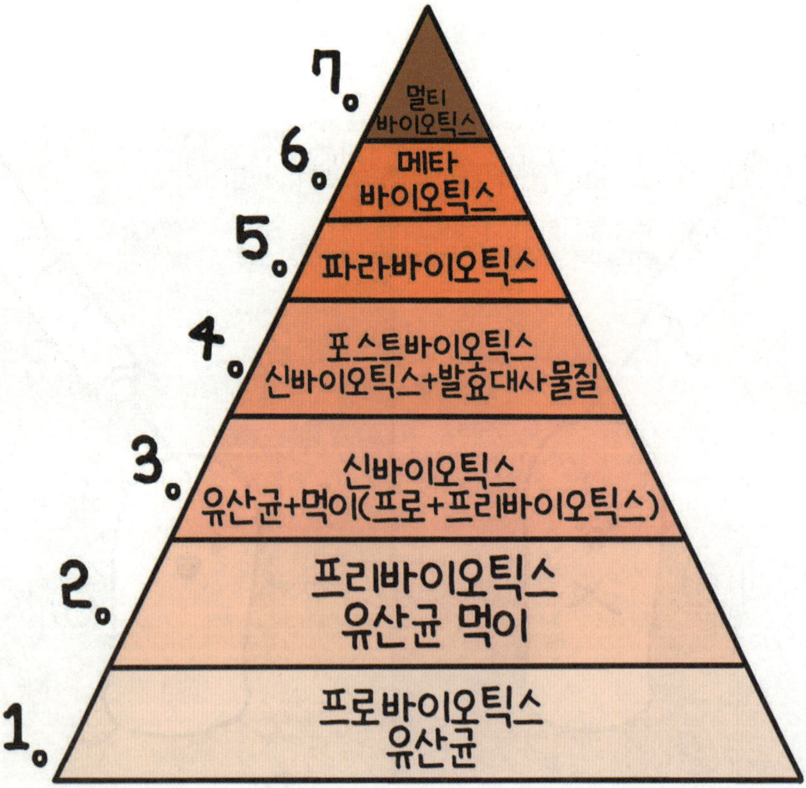

내는 좋은 물질들을 포스트바이오틱스라고 합니다. 이 물질들이 직접적으로 우리 몸의 면역력 강화나 염증 완화에 도움을 줄 수 있어요.

- **발효식품 섭취**: 발효식품은 미생물이 만드는 건강한 식품이예요. 김치, 된장, 고추장, 간장 등 미생물이 발효해서 만든 식품은 미생물과 미생물이 만든 물질들을 한꺼번에 먹는 거예요. 최고의 건강식이죠!

이러한 것들을 꾸준히 섭취해서 우리 장 속 환경을 좋게 개선하는 것은 물론, 더 나아가 혁신적인 치료법도 연구되고 있습니다. 그중 하나가 바로 대변 이식술(FMT)인데요, 이름은 다소 생소하고 거북하게 들릴 수 있지만, 그 효과는 매우 놀랍습니다.

대변 이식술은 건강한 사람의 장내 미생물을 환자에게 이식하여 질병을 치료하는 방법입니다. 마치 아픈 장에게 건강한 장의 '미생물 친구들'을 통째로 옮겨주는 것과 같죠. 특히 과민성 장 증후군(IBS)처럼 만성적으로 고통받는 장 질환이나, 특정 항생제에 내성이 생긴 슈퍼박테리아라 불리는 클로스트리듐 디피실 감염 같은 심각한 장 감염에 대변 이식술이 뛰어난 효과를 보이는 사례가 늘면서, 실제 병원에서도 치료법으로 활용되기 시작했습니다.

이처럼 마이크로바이옴은 우리가 질병을 바라보고 대처하는 방식을 완전히 바꾸고 있습니다. 단순히 병에 걸렸을 때만 병원을 찾는 것이 아니라, 내 몸속 미생물을 이해하고 관리함으로써 질병을 미리 예방하고, 만약 병에 걸리더라도 나에게 가장 효과적인 방법으로 치료받는 새로운 건강 시대가 열리고 있는 것이죠. 정말 흥미롭지 않나요?

2. 마이크로바이옴이 이끄는 산업 혁명

마이크로바이옴은 의학 분야를 넘어 다양한 산업 분야에서 혁신적인 변화를 이끌고 있습니다. 그 활용 범위는 우리의 상상을 초월합니다.

- **건강기능식품**: 프로바이오틱스 제품 시장은 이미 국내 2위에 올라 있으며, 선물 시장을 빼면 국내 건강기능식품 분야의 1위 입니다. 또한 개인의 장 환경에 맞는 맞춤형 프로바이오틱스 제품 개발이 활발히 진행될 것입니다.

- **화장품**: 피부 마이크로바이옴의 중요성이 부각되면서, 피부 미생물 균형을 맞춰 피부 건강을 개선하는 마이크로바이옴 기반의 화장품이 쏟아져 나오고 있습니다.
  아토피, 여드름 등 특정 피부 문제 개선에 특화된 제품들도 개발 중입니다.

- **연료 및 에너지**: 미생물을 활용하여 바이오 연료를 생산하는 연구도 활발합니다. 폐기물에서 에너지를 추출하거나, 효율적인 바이오매스 전환을 통해 친환경 에너지 생산에 기여할 수 있습니다.
- **환경 정화 (플라스틱 등)**: 미생물을 이용해 플라스틱을 분해하거나 유해 물질을 제거하는 생물학적 정화 기술은 환경 문제 해결에 큰 희망을 제시하고 있습니다. 미생물은 토양 오염, 수질 오염 등을 개선하는 데 활용될 수 있습니다.

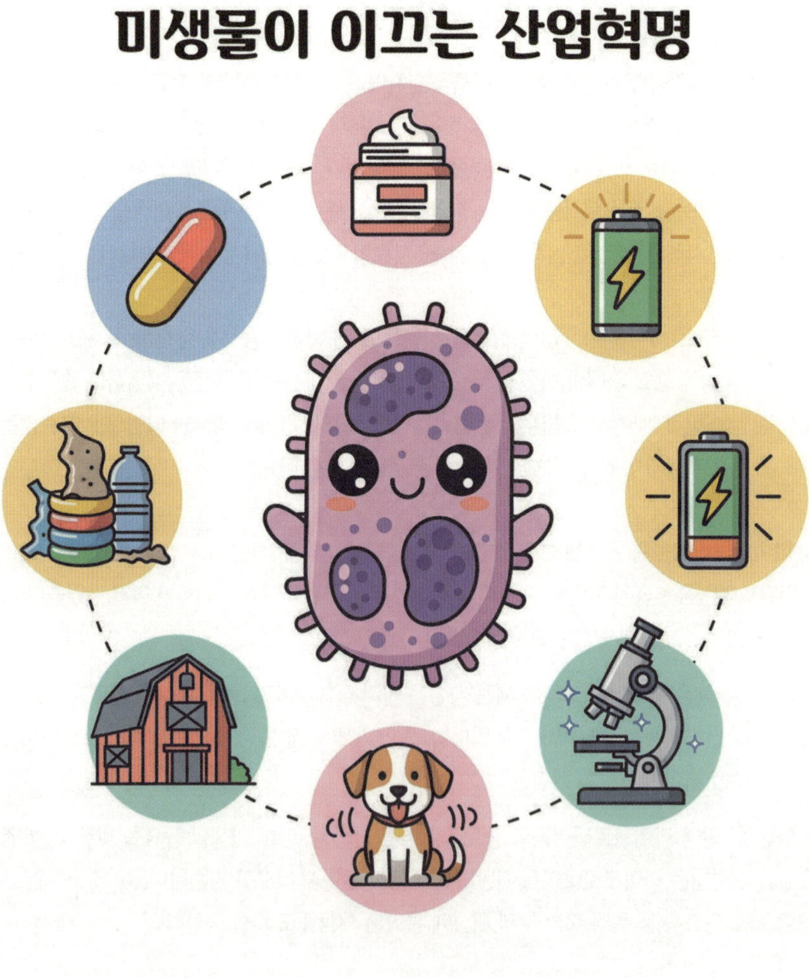

- **농업 및 축산업**: 마이크로바이옴은 농업 생산성 향상과 축산 환경 개선에도 기여합니다.
  - **농가 (축사 냄새 및 사료 효율)**: 축사 악취를 줄이는 미생물 제제 개발, 사료 효율을 높여 가축의 성장과 건강을 증진시키는 미생물 첨가제 개발 등이 이루어지고 있습니다.
  - **작물 생산성**: 식물 뿌리 주변의 토양 마이크로바이옴은 식물의 영양 흡수와 병충해 저항성에 영향을 미칩니다. 이를 조절하여 농작물의 생산량을 늘리고, 화학 비료 및 농약 사용을 줄이는 연구가 진행 중입니다.
- **애완동물 시장**: 사람처럼 애완동물의 건강에도 마이크로바이옴의 역할이 중요해지면서, 반려동물을 위한 맞춤형 사료, 영양제, 건강기능식품 등 관련 시장이 빠르게 성장하고 있습니다.
- **진단 시장**: 인체 및 환경 시료에서 미생물 유전체 분석을 통해 질병을 진단하거나, 특정 환경의 특성을 분석하는 진단 키트 및 서비스 시장이 급성장하고 있습니다.

정말이지 마이크로바이옴이 못하는 것을 찾기 어려울 정도로 그 잠재력은 무궁무진합니다. 우리는 이제 마이크로바이옴이라는 새로운 렌즈를 통해 질병과 건강을 바라보는 '맞춤형 건강 시대'에 진입하고 있습니다.
개인의 고유한 마이크로바이옴 특성을 이해하고 관리함으로써, 우리는 더욱 건강하고 지속 가능한 삶을 살아갈 수 있을 것입니다.

Chapter 02

작가: 김나은

김나은 저자 소개

마이크로바이옴 분야의 선구적인 전문가인 저자는 어린 시절 병약했던 경험과 두 아이를 키우며 인체 건강의 복잡성에 대한 깊은 의문을 품었다. 우연히 마이크로바이옴 교육을 접하게 된 저자는 기존 건강관을 뒤엎는 혁명적인 깨달음을 얻게 되었고, 그간 가족력으로 겪던 건강 문제들이 인체 마이크로바이옴에 맞춘 생활 습관 변화로 놀랍게 개선되는 경험을 통해 그 무한한 가능성을 확신하게 되었다.

이러한 깨달음을 바탕으로 저자는 마이크로바이옴 분야를 심도 깊게 연구하며 전문가로서 역량을 다졌다. 현재는 건강 전문 기자로 활동하며 대중에게 폭넓은 지식을 전달하고 있으며, 건강 세미나를 기획하고 이끌면서 마이크로바이옴의 중요성을 널리 알리는 데 앞장서고 있다.

이 책은 저자가 수년간 쌓아온 전문 지식과 실제 경험을 집대성한 결과물이다. 몸과 마음의 회복을 넘어 삶의 균형을 찾아가는 독자들에게 가장 실질적이고 신뢰할 수 있는 건강 가이드가 될 것이다. 마이크로바이옴을 통해 건강의 새로운 지평을 열어가는 저자의 이야기가 독자들의 건강한 삶에 도움이 되길 희망한다.

1장

시작의 기억:
"혹시나" 했던 떨림에서 "아마도"가 되기까지

2000년 1월 23일, 결혼이라는 새로운 문을 열고 이듬해인 2001년 6월 6일, 저는 첫아이를 자연분만으로 낳았습니다. 지금 돌아보면 그 여정은 단순히 '한 생명을 낳은 과정'이 아니라, 제 몸과 마음, 그리고 아이에게 축적된 하나의 거대한 생태계, 곧 마이크로바이옴의 탄생 이야기이기도 했습니다. 당시에는 상상조차 할 수 없었던, 과학이 밝혀낸 놀라운 비밀이 숨어 있었죠.

생애 초 마이크로바이옴과
출산의 기억

마이크로바이옴의 시작
생명의 첫 프로그래밍

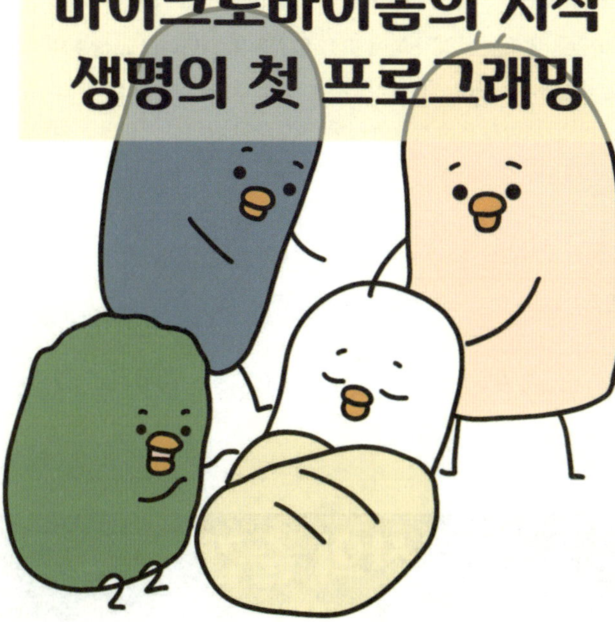

임신을 처음 알게 된 건 예상보다 이른 6주 차 무렵이었습니다.
몸이 조금 이상하다는 직감에 테스트기를 사용해 보았고, 선명하게 나타난 두 줄. 하지만 병원에서는 "아직은 확실하지 않다, 착상이 완료된 후에야 임신이라 할 수 있다"는 말을 들었습니다.
그 애매한 불확실성에 마음이 흔들릴 때, 친정엄마는 한의원에서 착상에 도움이 되는 한약을 지어 보내주셨습니다.
생명의 씨앗이 제 몸에 제대로 뿌리내리길 바라는 간절한 마음이 전해지던 순간이었습니다.

확정된 임신 이후로는 모든 것이 조심스러웠습니다.
그런데 입덧이 너무 심해 무려 7개월 동안 음식조차 제대로 먹을 수 없었습니다.
지금은 웃으며 말할 수 있지만, 당시에는 그저 '살아지더라'는 생각으로 버텼죠!
그때는 몰랐습니다. 이런 임신 중 경험들이 나와 아이의 마이크로바이옴, 그리고 평생의 건강에 지대한 영향을 미쳤을지도 모른다는 사실을요.

마이크로바이옴의 시작: 생명의 첫 프로그래밍

최근 마이크로바이옴 연구는 우리가 생애 초기에, 심지어 태어나기도 전에 어떻게 미생물과 만나고, 이 미생물들이 우리 몸의 건강을 어떻게 '프로그래밍'하는지 밝혀내고 있습니다. 과학자들은 과거에는 태아가 엄마 뱃속에서 완전히 무균 상태로 자란다고 믿었지만, 이제는 이러한 생각이 바뀌고 있습니다.

1. 엄마의 뱃속에서 시작되는 만남: 태아 마이크로바이옴

우리는 흔히 아기가 엄마 뱃속에서는 완전히 깨끗하고, 세균 하나 없는 무균 상태라고 알고 있었죠? 하지만 최근 과학 연구는 이러한 오랜 믿음에 흥미로운 도전을 하고 있습니다. 놀랍게도, 이제는 엄마의 자궁과 양수에서도 미량의 미생물이 발견될 수 있다는 연구 결과들이 나오고 있어요.

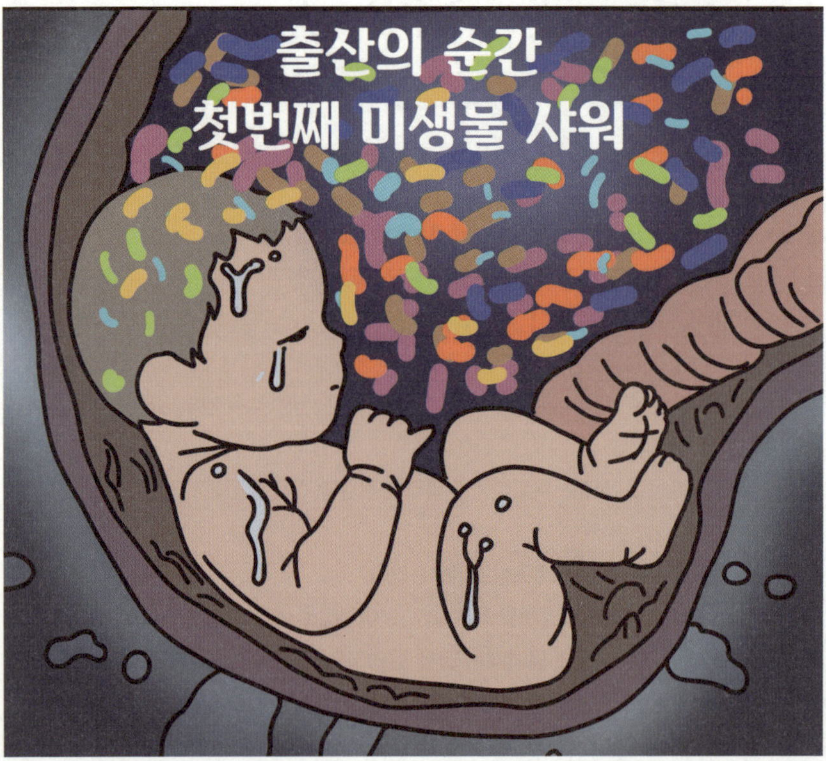

이는 곧 태아가 출생 전부터 엄마로부터 미생물을 전달받아 초기 마이크로바이옴을 형성할 수 있다는 놀라운 가능성을 제시합니다.
아직은 활발히 연구되고 논쟁 중인 분야이지만, 만약 사실이라면 우리 생명의 시작부터 미생물과의 만남이 이루어진다는 의미겠죠. 매우 놀랍습니다.

■ 어머니로부터의 첫 미생물 전달: 아주 작은 씨앗들

어떻게 태아가 뱃속에서 미생물을 만날 수 있을까요?
현재 제기되는 가설은 이렇습니다.
어머니의 장이나 구강에 살고 있는 일부 미생물들이 혈액을 통해 태반으로 이동하고, 여기서 다시 태아에게 전달될 수 있다는 것이죠. 또는 태아가 양수를 삼키면서 양수 속에 있는 미생물에 노출될 수도 있습니다.

이는 아기가 세상에 태어나기도 전에 외부 세계의 미생물을 만나고, 이들과 조용히 상호작용할 준비를 시작한다는 것을 의미합니다. 마치 새싹이 땅속에서 조용히 뿌리를 내리듯, 아기도 엄마 뱃속에서부터 자신만의 미생물 환경을 조금씩 만들어가는지도 모릅니다.

■ 면역 시스템 발달의 첫 단추: 세상에 대한 학습

이러한 초기 미생물과의 접촉은 태아의 미성숙한 면역 시스템이 '세상에 대한 학습'을 시작하는 아주 중요한 첫 단추가 됩니다. 태아의 면역 세포들은 아직 어떤 미생물이 우리 몸에 이로운지, 어떤 미생물이 해로운지 잘 알지 못해요. 그런데 엄마에게서 전달받은 미생물들을 통해 미리 경험을 하면서, 좋은 균과 나쁜 균을 구별하고, 이들에게 적절하게 반응하는 법을 배우는 데 중요한 영향을 받을 수 있다는 것이죠. 이는 마치 아기가 태어나기 전부터 '세균 예비 학교'에 다니면서 면역력이라는 학습 능력을 키우는 것과 같습니다.

2. 출산의 순간: 첫 번째 미생물 샤워

자, 이제 아기가 세상 밖으로 나오는 드라마틱한 순간입니다.
아기가 태어나는 바로 그 순간은, 말 그대로 생애 첫 '미생물 샤워'를 받는 극적인 경험이에요.
이때부터 아기의 마이크로바이옴은 폭발적으로 다양성을 키워나가기 시작합니다.
마치 새로운 세계에 발을 내딛는 순간, 수많은 새로운 친구들을 만나는 것처럼 말이죠.

■ 자연분만 vs. 제왕절개: 미생물 전달의 두 가지 길

아기가 어떻게 태어나느냐에 따라 처음 만나는 미생물의 종류가 크게 달라집니다.

이는 마치 서로 다른 길을 통해 세상으로 나오는 것과 같습니다.

- **자연분만**: 엄마의 특별한 선물 자연분만으로 태어난 아기는 엄마의 질(산도)을 통과하면서 산모의 질 및 장 마이크로바이옴에 풍부하게 노출됩니다.
  이때 아기의 몸에 가장 먼저 닿는 미생물들은 주로 락토바실러스나 비피도박테리움처럼 우리 몸에 아주 이로운 '유익균'들입니다. 아기는 이 미생물들을 삼키거나 피부에 접촉하며 생애 첫 미생물 씨앗을 받게 됩니다.
  이 유익균들은 아기의 장에 빠르게 정착하여 건강한 장내 환경을 형성하고, 미성숙한 면역 시스템이 외부 환경에 잘 적응하도록 돕는 데 결정적인 역할을 합니다.
  마치 엄마가 아기에게 직접 심어주는 '건강 씨앗'인 거죠.

- **제왕절개**: 병원 환경과의 첫 만남 반면, 제왕절개로 태어난 아기는 산도를 거치지 않고 직접 엄마의 배를 통해 세상 밖으로 나오게 됩니다. 이 과정에서 아기는 주로 수술실 환경이나 엄마의 피부 미생물(주로 스테필로코쿠스 같은 피부 상재균)에 먼저 노출됩니다.
  이로 인해 자연분만 아기와는 초기 장내 미생물 구성에 차이가 나타나게 됩니다.

일부 연구에서는 제왕절개로 태어난 아기들이 특정 알레르기, 천식, 비만 등의 질환에 더 취약할 수 있다는 가능성을 제시하기도 합니다.
하지만 이는 제왕절개 자체가 나쁘다는 의미는 결코 아닙니다!
의학적인 이유로 제왕절개가 필요한 경우가 많고, 실제로 제왕절개로 태어나도 건강하게 잘 자라는 아기들이 있습니다.
중요한 것은 초기 미생물 환경의 차이가 있을 수 있다는 점을 이해하고, 이후 모유 수유, 이유식, 식단, 생활 환경 등 다양한 요인이 아기의 마이크로바이옴 형성과 건강에 훨씬 더 큰 영향을 미친다는 사실을 기억하는 것입니다.

3. 모유 수유: 면역과 성장의 선물

출산 후 모유 수유는 아기의 마이크로바이옴을 건강하게 형성하고 성장시키는 데 더할 나위 없이 중요한 역할을 합니다. 모유에 대한 이야기는 다음장에 상세히 설명하도록 하겠습니다.

제 이야기는 그저 한 개인의 경험이었지만, 이제 와 돌이켜보니 그 모든 과정이 저와 아이의 마이크로바이옴 생태계를 구축하는 중요한 '기억'이었음을 알게 되었습니다.
입덧으로 고통받던 그 순간들조차 어쩌면 알 수 없는 방식으로 저의 장내 환경과 아이의 초기 마이크로바이옴 형성에 영향을 미쳤을지도 모른다는 생각에, 우리 몸의 신비로움과 미생물이라는 보이지 않는 파트너의 중요성을 다시금 깨닫게 됩니다.

2장

모르는 사이 지나갔던 것들: 마이크로바이옴이라는 이름 없는 동반자

첫아이는 모유 수유를 했어요.
이유식도 보건소에서 배우며 개월 수에 맞춰 정성껏 만들었죠.
저는 그저 '잘 소화하고, 유동식에서 고형식으로 잘 넘어가는 게 중요하겠지'라는 생각으로 임했었습니다. 하지만 그 시기야말로 아이의 장내 미생물 생태계가 본격적으로 확장되며 면역, 소화, 정서 발달의 토대가 되는 중요한 '성장의 창문'이었다는 사실을 뒤늦게야 알게 되었어요.

그때는 정말 몰랐습니다.
우리 몸에는 약 38조 개에 달하는 미생물이 살고 있고, 이들이 사람의 건강에 얼마나 깊은 영향을 미치는지. '마이크로바이옴(Microbiome)'이라는 단어조차 생소했으니까요.

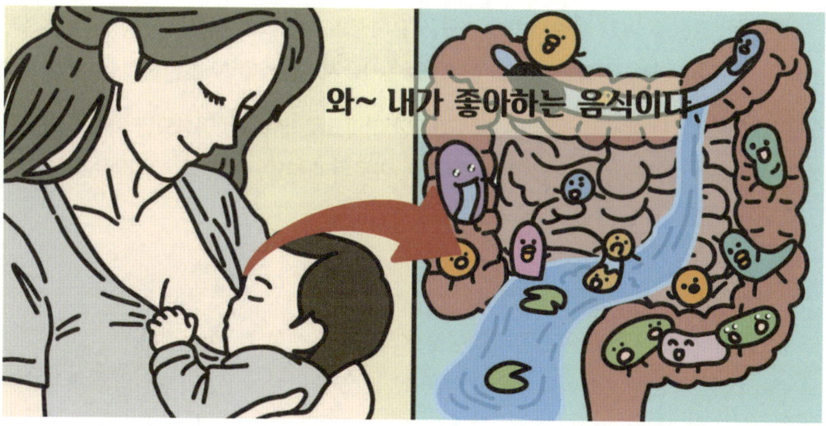

하지만 지금은 알게 되었죠. 아이가 세상에 나오는 그 순간부터 모유, 주변 환경, 그리고 섭취하는 음식에 이르기까지 모든 것이 마이크로바이옴 형성의 중요한 변수였다는 것을요.

■ 마이크로바이옴, 아기의 평생 건강을 설계하다

아이가 태어난 후 첫 1,000일, 즉 생후 약 3년 동안은 아이의 마이크로바이옴이 가장 활발하게 형성되고 발달하는 결정적인 시기입니다.
이 시기에 어떤 미생물과 만나고 어떤 환경에 노출되는지는 아기의 면역 시스템, 소화 기능, 뇌 발달, 나아가 비만이나 알레르기 같은 만성 질환의 발생 위험까지도 좌우할 수 있습니다.

1. 모유 수유: 아기의 첫 '프리바이오틱스 뷔페'

모유는 단순한 영양 공급원을 넘어, 아기의 장내 미생물을 건강하게 키우는 특별한 '선물'입니다.

- **살아있는 미생물의 보고**: 모유에는 엄마로부터 온 다양한 유익균(예: *Bifidobacterium, Lactobacillus*)이 살아있는 채로 아기에게 전달됩니다.
  이 균들은 아기의 장에 정착하여 유익균 군집 형성에 기여합니다.
- **미생물의 먹이, 모유 올리고당(HMOs)**: 모유에만 존재하는 특별한 모유 올리고당(Human Milk Oligosaccharides, HMOs)은 아기가 소화하지 못하는 섬유질 성분입니다.
  이 모유 올리고당은 아기의 장에 사는 특정 유익균, 특히 비피더스균(Bifidobacterium)의 최상급 먹이가 됩니다.
  모유 올리고당을 먹고 자란 비피더스균은 유해균의 증식을 억제하고, 장벽을 튼튼하게 하며, 면역 시스템을 강화하는데 필수적인 짧은사슬지방산(SCFA)을 만들어 냅니다.
- **면역력과 질병 예방**: 모유 수유를 통해 건강한 마이크로바이옴이 형성되면 아기의 면역력이 강화되어 감염에 대한 저항력이 높아지고, 아토피 피부염, 천식, 특정 알레르기 같은 면역 관련 질환의 발생 위험을 낮추는 데 도움이 됩니다.

2. 이유식 도입: '식단'이 미생물 지도를 바꾸다

이유식을 시작하는 시기는 아기 장내 미생물 생태계에 큰 변화를 가져옵니다.
모유에서 섭취하던 영양소 외에 다양한 식품을 접하면서 미생물 구성이 성인의 장과 비슷하게 복잡하고 다양해지기 시작합니다.

• **새로운 영양원과 미생물의 적응**: 곡물, 채소, 과일, 단백질 등 다양한 종류의 음식은 장내 미생물에게 새로운 영양원을 제공합니다. 이에 따라 기존의 모유 기반 미생물에서 새로운 음식물을 분해할 수 있는 미생물들이 증가하며, 장내 생태계의 다양성이 확장됩니다.

• **식이섬유의 중요성**: 특히 채소와 과일 등에서 섭취하는 식이섬유는 유익균의 중요한 먹이가 됩니다. 다양한 종류의 식이섬유는 다양한 유익균의 성장을 촉진하여 장내 미생물의 다양성을 높이는 데 필수적입니다.

• **가공식품의 영향**: 하지만 이 시기에 설탕이나 가공식품, 과도한 동물성 지방 위주의 식단에 노출되면 유익균의 성장이 저해되고 특정 유해균이 증식할 수 있습니다.
이는 아기의 초기 장내 미생물 불균형을 초래하여 장기적인 건강 문제의 씨앗이 될 수도 있습니다.

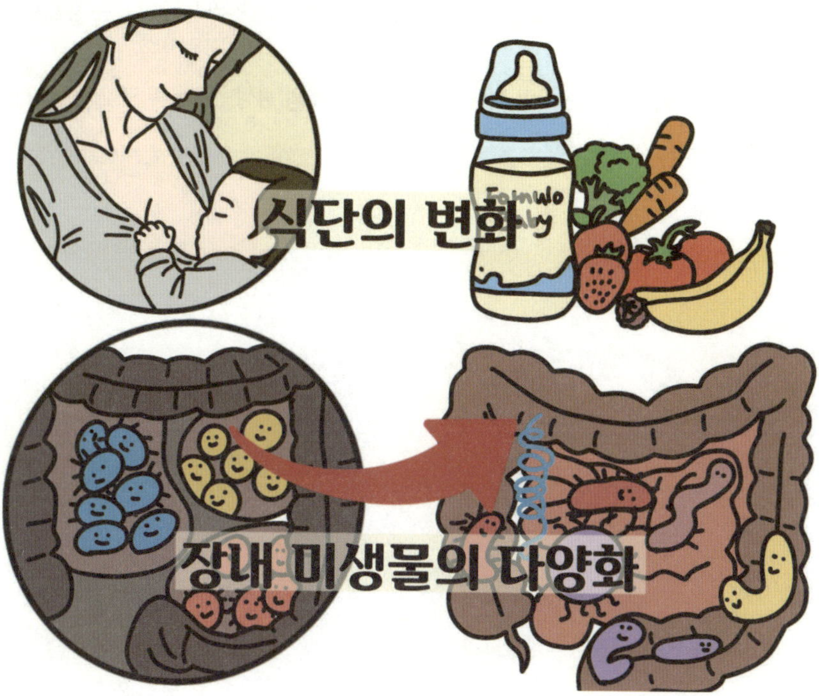

3. 환경과의 상호작용: 흙과 친구가 되는 시간

아기는 성장하면서 주변 환경에 노출되는 미생물의 종류도 점차 늘어납니다.
바닥을 기어 다니고, 장난감을 입으로 가져가고, 심지어 흙을 만지는 등의 행동은 아기의 마이크로바이옴 다양성을 풍부하게 하는 중요한 과정입니다.

- **다양한 환경 미생물 노출**: 너무 위생적인 환경보다는 적절하게 다양한 미생물에 노출되는 것이 아기의 면역 체계 발달에 긍정적인 영향을 미친다는 연구들이 있습니다.
  자연과의 접촉, 애완동물과의 교감 등은 아기의 마이크로바이옴 다양성을 높이는 데 기여할 수 있습니다.
- **면역 '훈련'의 기회**: 다양한 미생물과의 상호작용은 아기의 면역 세포들이 외부 항원에 대한 '훈련'을 받고, 과도한 면역 반응(알레르기 등)을 일으키지 않도록 '관용'을 배우는 중요한 기회가 됩니다.

그때는 정말 몰랐습니다. 제가 그저 '잘 먹이고 잘 키우고 싶다'는 단순한 마음으로 했던 모든 행동들이, 아이의 몸속에서 조용히, 그러나 매우 중요한 마이크로바이옴이라는 동반자를 만들고 있었다는 것을요.
이제 와서야 저는 그 '모르는 사이 지나갔던 것들'이 아이의 평생 건강을 위한 가장 중요한 설계 과정이었다는 사실을 깨닫고 있습니다.

둘째 출산: 같은 '자연분만'이지만, 다른 양상

둘째를 임신했을 때, 저는 첫아이를 키우며 얻은 경험 덕분에 더욱 조심했습니다. 불필요한 약 하나조차 손대지 않았고, 임신 내내 제 몸과 아기를 보호하는 데 집중했죠. 하지만 아이가 태어난 후에는 작은 이상이라도 느껴지면 이전보다 더 서둘러 병원을 찾게 되었습니다. 둘째도 모유를 먹였고, 이유식도 큰아이 때처럼 정성껏 해주었지만, 큰아이와는 체질이나 건강 반응이 다소 달랐습니다.

예를 들어, 큰아이는 잔병치레가 거의 없었던 반면, 둘째는 잦은 감기와 다양한 종류의 증상으로 병원을 제집 드나들 듯 했죠. 같은 부모에게서 태어나 같은 방식으로 양육했는데도 왜 이런 차이가 생기는 걸까 의아했습니다.

그리고 저는 이제야, 그 차이를 이해할 수 있는 언어와 지식, 그리고 마음의 준비를 갖추게 된 것입니다. 그 차이의 핵심에는 바로 마이크로바이옴이 자리하고 있었습니다.

■ 형제자매의 다른 마이크로바이옴: 개별성의 중요성

두 아이가 성장하며 드러낸 체질의 차이는 언뜻 보면 설명하기 어려워 보입니다.
하지만 마이크로바이옴의 관점에서 보면, 이는 지극히 자연스러운 현상입니다.
같은 '자연분만'을 했더라도, 아기의 마이크로바이옴 형성에 영향을 미치는 요소들은 무궁무진하기 때문입니다.

1. 출산 당시의 미묘한 차이: 순간의 영향

아무리 같은 '자연분만'이라 할지라도, 출산 당시의 미묘한 환경 차이가 아기의 초기 마이크로바이옴 구성에 영향을 줄 수 있습니다.

- **엄마의 미생물 변화**: 산모의 질 내 마이크로바이옴은 임신 기간 중에도 조금씩 변화할 수 있습니다. 첫째를 낳을 때와 둘째를 낳을 때 엄마의 건강 상태, 식단, 스트레스, 또는 특정 약물 복용 여부에 따라 질 내 미생물 구성이 달라질 수 있습니다.
  이러한 차이는 아기가 출생 시 어떤 미생물에 노출되는지에 영향을 미치고, 이는 아기의 '최초의 세균 접종'이 약간 다른 양상으로 이루어지게 만듭니다.
- **분만 과정의 차이**: 분만 진행 시간, 양수의 상태, 아기가 산도를 통과하는 방식 등도 미생물 노출의 양과 종류에 미세한 영향을 미칠 수 있습니다.

2. 출산 이후의 환경적 요인: 삶이 만드는 다양성

아기가 태어난 이후의 환경적 요인은 마이크로바이옴 형성에 더욱 큰 영향을 미칩니다.
같은 집에서 자라도, 각 아이가 겪는 미생물 노출 경험은 다를 수 있습니다.

- **식단의 변화**: 이유식 초기 단계에서 섭취하는 식품의 종류와 순서, 그리고 이후의 식습관 변화는 장내 미생물의 다양성과 구성에 직접적인 영향을 미칩니다.
  큰아이와 둘째의 선호하는 음식, 식사량, 간식 종류 등이 조금만 달라도 장내 미생물은 다르게 반응하며 성장합니다.
- **항생제 노출**: 생애 초기에 항생제를 복용하는 것은 장내 미생물 균형에 큰 변화를 가져올 수 있습니다. 항생제는 유해균뿐만 아니라 유익균까지 파괴하기 때문에, 아기의 마이크로바이옴 다양성을 현저히 떨어뜨릴 수 있습니다.

둘째가 큰아이보다 잦은 감기에 걸려 항생제를 더 많이 복용했을 가능성이 있다면, 이는 마이크로바이옴 불균형의 원인이 될 수 있습니다.

- **주변 환경 및 접촉**: 아기가 자라면서 접촉하는 사람, 애완동물, 자연 환경의 종류와 빈도도 마이크로바이옴 형성에 영향을 미칩니다.
  첫째는 주로 엄마, 아빠와 교류했지만, 둘째는 형제자매와의 놀이를 통해 더 다양한 미생물에 노출될 수도 있습니다.
- **스트레스 및 정서 상태**: 아기의 스트레스 수준이나 정서적인 안정감 또한 장-뇌 축을 통해 마이크로바이옴에 영향을 미칠 수 있습니다. 아기의 정서적 상태에 따라 장의 운동성이나 미생물 환경이 미묘하게 달라질 수 있습니다.

■ 마이크로바이옴, 개인 맞춤형 건강의 핵심

이처럼 두 아이가 같은 '자연분만'을 통해 태어났음에도 불구하고, 이후의 미세한 환경적 차이와 경험들이 각자의 독특한 마이크로바이옴 지도를 만들어냈을 수 있습니다.
그리고 이 지도는 아이들의 소화 능력, 면역 반응, 알레르기 민감도, 심지어 성장 과정에서의 정서적 특성에도 영향을 미쳤을 것입니다.

이제야 저는 이 모든 차이가 단순히 '체질'이라는 막연한 단어로 설명되는 것이 아니라, 마이크로바이옴이라는 구체적인 생태계의 결과일 수 있다는 것을 이해할 수 있는 지식과 마음의 준비를 갖추게 된 것입니다. 이러한 이해는 저의 아이들뿐만 아니라, 모든 사람의 건강을 개인 맞춤형으로 관리하는 시대가 오고 있음을 강력히 시사합니다. 각자의 고유한 마이크로바이옴을 이해하고 관리하는 것이, 건강한 삶을 위한 가장 중요한 전략이 될 것입니다.

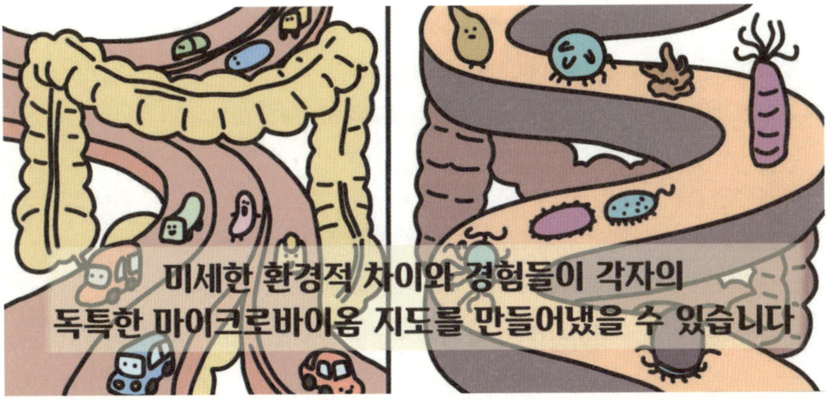
미세한 환경적 차이와 경험들이 각자의
독특한 마이크로바이옴 지도를 만들어냈을 수 있습니다

4장

이유식은 단순한 식단이 아니다: 미생물 생태계 구축기

이유식을 하며 '유동식에서 고형식으로 옮겨가는 전환기'라고만 생각했던 그 시기. 저는 그때 아이에게 필요한 영양을 골고루 주는 데만 집중했습니다.
하지만 지금은 그 시기가 곧 아이의 장내 미생물의 정착과 다양성을 키우는 가장 민감하고 결정적인 시기였다는 것을 깨닫습니다. 특히 식이섬유, 발효 식품, 그리고 모유가 이 시기의 핵심적인 마이크로바이옴 자극 요인이었다는 점도요.

이제는 압니다. 이유식은 단순히 아이의 먹는 법을 바꾸는 것이 아니라, 아이의 면역 시스템을 길들이고 뇌와 장을 연결하는 미생물 생태계를 구축하는 행위라는 것을요. 그리고 그 생태계는 아이의 정서, 집중력, 면역 반응 등 일생에 걸쳐 지대한 영향을 줄 수 있다는 것도요.

이유식, 아기의 장내 미생물 '텃밭' 가꾸기

아기의 장내 마이크로바이옴은 모유 수유를 통해 주로 비피더스균이 우세한 형태로 시작되지만, 이유식을 시작하면서부터는 외부 음식의 영향을 받아 성인의 마이크로바이옴과 유사하게 다채로운 미생물 텃밭으로 변모하기 시작합니다.
이 시기에 어떤 씨앗(음식)을 뿌리느냐에 따라 텃밭의 모습이 크게 달라집니다.

1. 새로운 영양원, 새로운 미생물 친구들

이유식을 통해 아기는 생애 처음으로 모유가 아닌 다른 식품들을 접하게 됩니다.
이는 아기의 장내 미생물에게도 새로운 '먹이'가 공급된다는 의미입니다.

- **다양한 탄수화물과 식이섬**유: 곡물, 채소, 과일 등에 포함된 다양한 종류의 탄수화

물과 식이섬유는 장내 미생물에게 중요한 영양원이 됩니다. 특히 식이섬유는 인간의 소화 효소로는 분해되지 않지만, 장내 유익균(예: *Bacteroides* 문에 속하는 균주, *Faecalibacterium prausnitzii*)에 의해 발효되어 짧은사슬지방산(SCFA)과 같은 유익한 대사산물을 생성합니다. 이 짧은사슬지방산(SCFA)은 장 점막 세포의 에너지원이 되고, 면역 시스템을 조절하며, 뇌 기능에도 긍정적인 영향을 미칩니다.

- **단백질과 지방의 영향**: 단백질과 지방 역시 장내 미생물의 먹이가 되지만, 과도한 동물성 지방 섭취는 특정 유해균의 증식을 촉진할 수 있으므로 균형 잡힌 섭취가 중요합니다.

2. 모유의 지속적 역할: 이별의 아쉬움과 함께하는 배려

이유식과 함께 모유 수유를 계속하는 것은 아기 장 건강에 더욱 좋습니다.
모유는 단순히 영양을 공급하는 것을 넘어, 이유식으로 인한 급격한 마이크로바이옴 변화를 완충하고, 꾸준히 유익균의 성장을 돕는 역할을 합니다.
모유 속 올리고당은 여전히 비피더스균의 훌륭한 먹이가 되어 장내 유익균의 비율을 높게 유지하는 데 기여합니다.

3. 발효 식품: 살아있는 유익균의 공급원

이유식 시기에 소량의 발효 식품을 포함시키는 것은 장내 미생물 다양성 증진에 도움을 줄 수 있습니다. 발효 식품은 살아있는 유익균(프로바이오틱스)을 직접적으로 공급하여 장내 미생물 균형을 개선하는 데 기여합니다.

- **한국 식단에서의 활용**: 김치(맵지 않은 백김치), 된장 등은 전통적인 발효 식품으로, 아기에게 적합한 형태로 소량씩 도입하여 다양한 미생물과 효소를 접하게 할 수 있습니다. 물론 알레르기 유발 가능성이 있는 식품은 주의해야 합니다.
- **다양성 증진**: 다양한 발효 식품을 통해 여러 종류의 유익균을 섭취하면 장내 마이크로바이옴의 다양성을 높이는 데 도움이 됩니다. 이는 아기의 면역 시스템이 더 폭넓게 '학습'할 수 있는 기회를 제공합니다.

4. 이유식 시기의 마이크로바이옴 불균형과 건강 영향

이유식 시기에 불균형한 식습관이나 항생제 노출 등으로 인해 장내 미생물 균형이 깨지면, 이는 장기적인 건강 문제로 이어질 수 있습니다.

- **면역 시스템 미숙**: 충분한 유익균과 다양성이 형성되지 못하면 면역 시스템이 제대로 '훈련'되지 못하여 알레르기, 아토피, 잦은 감염 등에 취약해질 수 있습니다.
- **소화 문제**: 특정 영양소를 분해하는 미생물이 부족하면 소화 불량이나 변비, 설사 등의 문제가 발생할 수 있습니다.
- **뇌 발달 및 정서**: 장-뇌 축(Gut-Brain Axis)을 통해 장내 미생물은 뇌 발달과 신경전달물질 생산에 영향을 미칩니다. 이 시기의 마이크로바이옴 불균형은 아기의 정서 발달, 집중력, 심지어 미래의 신경발달 장애 위험과도 연관될 수 있다는 연구들이 진행 중입니다.

이유식을 만들며 '이 정도면 잘 먹었겠지' 하며 안심했던 지난날의 저는, 사실은 아이의 몸속에서 조용히, 그러나 매우 중요한 미생물 생태계의 기초 공사를 담당하고 있었던 셈입니다. 단순히 영양을 공급하는 것을 넘어, 아이의 평생 건강과 삶의 질을 결정할 중요한 '생체 프로그램'을 깔아주고 있었던 것이죠.
이제는 그 사실을 알기에, 이유식은 제게 단순한 식단 준비가 아닌, 아기의 건강한 미래를 위한 중요하고 따뜻한 마음의 투자였습니다.

5장

내가 마이크로바이옴을 전하고 싶은 이유

두 아이는 이제 어엿한 성인이 되어, 제 손을 필요로 하지 않는 독립적인 삶을 살아가고 있습니다. 하지만 저는 여전히 그들이 살아갈 세상과, 언젠가 그들이 낳을 새로운 생명들, 그리고 제 주변의 소중한 지인들의 삶에 제가 전할 수 있는 '살아있는 지식'이 있다고 믿습니다.

한때는 저 역시 이 지식을 전혀 몰랐습니다.
'마이크로바이옴'이라는 단어를 들어본 적도 없었고, 제가 매일 먹는 음식과 몸속 미생물, 그리고 우리 아이의 면역과 출산 과정이 이토록 깊이 연결되어 있다는 개념조차 생소했습니다.

마치 보이지 않는 실타래가 우리 삶의 곳곳을 엮고 있었는데, 그 실타래의 존재조차 모르고 살았던 것이죠.

하지만 시간이 흐르고, 마이크로바이옴에 대해 배우고, 아이들의 성장 과정을 되돌아보며 깨달았습니다.
지식은 생명처럼 자라고, 그 유효기간은 내가 그것을 실천하고 다른 이들에게 전할 때 비로소 연장된다는 것을요.
단순히 아는 것을 넘어, 삶 속에서 경험하고 체득하며 나누는 순간, 지식은 더욱 단단한 지혜가 됩니다.

■ '노을미생', 사람과 사람을 잇는 지혜

저는 이제 이 살아있는 지식을 '노을미생'이라는 이름 아래 더 많은 이들과 나누고 싶습니다. '노을미생'은 단순히 '노을처럼 아름다운 미생물'을 뜻하기도 하지만, 저의 삶의 경험과 지혜가 농축된, 그리고 저녁노을처럼 따스하고 편안하게 다가가고 싶은 마음을 담은 이름입니다.

- **과학적 개념을 넘어선 삶의 연결**: 마이크로바이옴은 더 이상 어렵고 복잡한 과학적 개념이 아닙니다. 그것은 우리 몸의 이야기이자, 우리 주변의 환경 이야기이고, 무엇보다 사람과 사람 사이의 깊은 연결에 대한 이야기입니다.
  산모의 미생물이 아이에게 전달되고, 가족의 식습관이 서로의 건강에 영향을 미치며, 우리가 살아가는 공동체의 환경이 미생물 생태계에 영향을 주는 것처럼, 마이크로바이옴은 서로 연결된 우리 삶의 한 부분입니다.
- **세대를 이어가는 지혜**: 제가 몰랐던 사실들을 이제는 깨달았듯이, 제가 나눌 이 지식이 우리 아이들의 건강한 삶의 길잡이가 되고, 나아가 그들의 다음 세대에게도 이어지는 지혜로운 유산이 되기를 바랍니다.
  아이가 태어나는 순간부터 어떻게 건강의 기초를 다져줄 수 있는지, 성장 과정에서 어떤 식습관과 환경이 중요한지, 그리고 어른이 되어서도 자신의 마이크로바이옴을 어떻게 관리해야 하는지에 대한 정보는 분명히 그들에게 큰 힘이 될 것입니다.
- **가장 자연스럽고 진심 어린 선물**: 이 지식은 복잡한 처방이나 거창한 해결책이 아닐 수 있습니다. 오히려 가장 자연스럽고 우리 삶에 밀접하게 연결된, 그리고 진심이 담긴 선물입니다. 식탁 위의 작은 변화, 생활 속의 건강한 습관, 그리고 우리 몸속 수많은 미생물 친구들을 존중하는 마음가짐이야 말로 건강한 삶을 위한 가장 강력한 도구가 될 것입니다.

제가 마이크로바이옴을 전하고자 하는 이유는 바로 이것입니다.
저의 경험과 아이들의 건강을 통해 얻은 깨달음, 그리고 앞으로 태어날 모든 소중한 생명들에게 가장 자연스럽고 진심 어린 건강의 씨앗을 선물하고 싶은 마음 때문입니다.
이 책을 통해 독자 여러분도 자신의 몸속 미생물 친구들과 대화하며, 더욱 건강하고 활기찬 삶을 가꾸어 나가시기를 진심으로 응원합니다.

Chapter 03

작가: 강건임

강건임 저자 소개

마이크로바이옴 분야의 실질적인 변화를 이끄는 전문가인 저자는 어린 시절부터 편식과 만성 변비, 그로 인한 만성피로와 무기력증에 시달리다 마이크로바이옴을 통해 삶의 극적인 전환점을 맞았다. 장내 미생물이 건강에 미치는 영향을 깊이 탐구하며, “내가 먹은 것이 곧 나 자신이다”라는 진정한 의미를 깨닫게 되었다. 수많은 연구와 논문 분석, 그리고 발효식품 위주의 식단 개선을 통해 직접 장 건강 회복과 활력 증진을 경험했다.

이러한 개인적인 성공 경험은 저자를 마이크로바이옴 전문 강사의 길로 이끌었다. 마이크로바이옴의 중요성을 알리고 건강한 식습관으로 삶의 질 향상을 전파하는 것을 사명으로 삼고 있다. 현재 다양한 세미나와 워크숍을 기획 및 운영하며 실질적인 건강 변화의 기회를 제공하고, 건강 전문 기자로서 마이크로바이옴 정보를 대중에게 쉽고 정확하게 전달하고 있다.

이 책은 저자의 심도 깊은 지식과 직접적인 경험이 집대성된 결과물이다. 독자들이 건강한 식습관 변화를 통해 활력 넘치는 삶을 되찾는 데 강력한 지침서가 될 것이다.

1장

소화의 비밀: 마이크로바이옴이 열어주는 건강 이야기

우리 몸은 정말 신기한 세상입니다.

우리가 맛있는 음식을 먹으면, 그 음식이 우리 몸에 힘이 되고 피와 살이 되는 놀라운 과정이 펼쳐지죠. 이 모든 과정의 핵심에는 눈에 보이지 않는 작은 영웅들, 바로 마이크로바이옴이 숨어 있습니다.

지금부터 그 신비로운 소화의 비밀과 마이크로바이옴의 활약에 대해 이야기해 드릴게요.

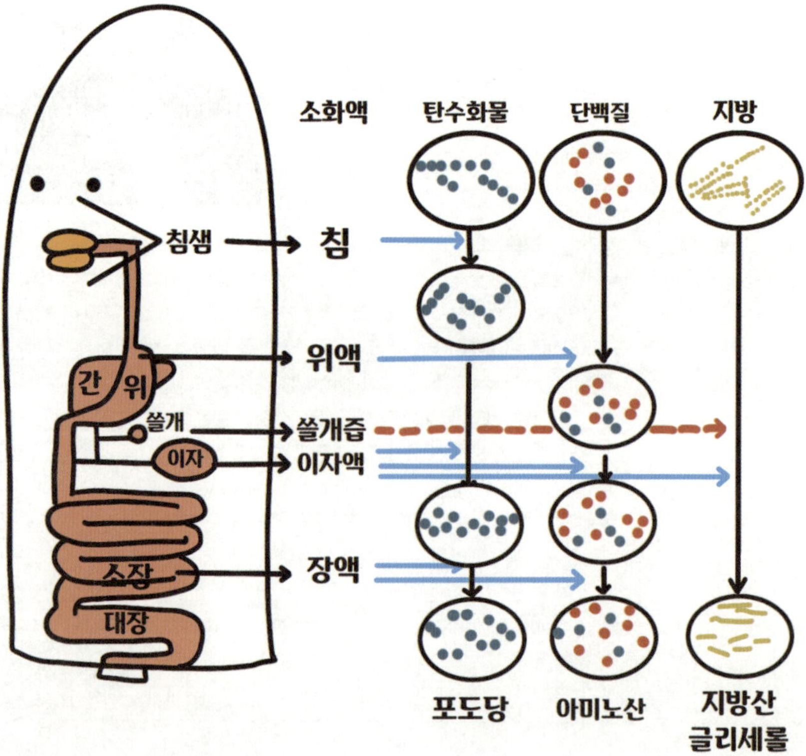

소화의 비밀: 우리 몸속 '영양소별 전담 주방' 이야기

우리 몸의 소화 과정은 정말 놀라워요. 마치 음식을 종류별로 담당하는 '전문 주방'들이 있는 레스토랑과 같아요!

밥, 고기, 기름진 음식처럼 다양한 손님(영양소)이 오면, 각 손님에게 딱 맞는 특별한 요리사(소화 효소)들이 나타나 음식물을 우리 몸이 흡수할 수 있는 형태로 바꿔준답니다.

자, 그럼 우리 몸속 마법의 주방을 영양소별로 탐험해 볼까요?

1. 든든한 에너지원, 탄수화물! (주식: 밥, 빵, 면, 과일 등)

우리 몸의 주된 에너지원인 탄수화물은 마치 '빠르게 불을 붙일 수 있는 장작'과 같아요.

소화가 시작되는 순간부터 마지막까지 탄수화물을 전담하는 주방들이 활발하게 움직인답니다.

① 첫 번째 주방: 입 속 '침샘 레스토랑'

"자, 오늘의 첫 손님은 따끈한 밥 한 공기입니다!"

탄수화물 소화의 첫 시작은 바로 입입니다.

음식을 입에 넣고 오물오물 씹으면, 우리 입에서는 침이 샘솟듯 나오죠.

이 침 속에는 아밀레이스라는 특별한 소화 효소가 들어 있어요.

- 아밀레이스는 밥이나 빵 같은 복잡한 탄수화물 덩어리를 우리 몸이 이해하기 쉬운 작은 설탕 분자(맥아당)로 부수는 일을 시작합니다.
- 신기한 경험: 밥을 오래 씹으면 씹을수록 점점 단맛이 느껴지는 이유가 바로 이 아밀레이스가 밥의 탄수화물을 당으로 분해하고 있기 때문이에요!

② 두 번째 주방: "위"는 잠깐 '휴게소'

"여기는 탄수화물 소화 구역이 아닙니다. 다음 장소로 이동해 주세요!"

꿀꺽 삼킨 음식은 식도를 지나 위로 내려가요. 그런데 여기서 잠깐!

위는 단백질 소화의 메인 주방이라서, 탄수화물 소화 효소는 위에서 거의 나오지 않아요.

위는 강력한 위산으로 음식물을 부수고 살균하는 역할을 주로 합니다.

그래서 탄수화물은 위를 그저 잠깐 들렀다 가는 '휴게소'처럼 지나쳐 다음 장소로 이동합니다.

③ 세 번째 주방: 소장 속 '이자(췌장)의 특급 뷔페' & '소장 벽의 마지막 접시'

"자, 이제 탄수화물 손님들을 완벽하게 소화시켜 볼까요?"
위에서 내려온 음식물은 드디어 탄수화물 소화의 메인 주방인 소장으로 도착합니다.
소장에서는 두 곳에서 강력한 소화 효소들이 쏟아져 나옵니다.

- **이자(췌장)**: 이자에서는 강력한 췌장 아밀레이스가 분비되어 위에서 미처 소화되지 못한 탄수화물을 더 작은 당 분자로 열심히 분해합니다.
  마치 믹서기로 남은 덩어리를 다시 한번 곱게 갈아주는 것과 같아요.
- **소장 벽**: 소장 벽 자체에서도 말타아제, 수크라아제, 락타아제 같은 다양한 탄수화물 소화 효소들이 나와서, 이자들이 부숴준 작은 당 분자들을 우리 몸이 바로 흡수할 수 있는 가장 작은 형태인 포도당으로 최종 분해합니다. 우리가 흔히 '단당류'라고 부르는 바로 그 형태죠.

이렇게 완벽하게 분해된 포도당은 소장 벽의 작은 혈관들을 통해 우리 몸속으로 쏙쏙 흡수되어 에너지원으로 사용됩니다.

④ 네 번째 주방: 대장 속 '마이크로바이옴의 특별 해체장' (식이섬유 전담!)

"우리 몸이 못하는 건 우리가 해낸다!"
여기서 중요한 비밀이 하나 더 있습니다!
탄수화물 중에는 우리 몸의 소화 효소들이 아무리 노력해도 분해할 수 없는 특별한 손님들이 있어요. 바로 식이섬유입니다. 복합탄수화물에 식이섬유가 많이 들어있죠.
이 식이섬유는 소장까지 무사히 통과하여 대장으로 넘어옵니다.
그리고 여기서 우리의 작은 영웅들, 즉 장내 마이크로바이옴이 등장합니다!

- 우리 몸의 효소들이 포기한 식이섬유를 장내 미생물들이 마치 '특별 해체 전문가'처럼 나서서 분해합니다. 이들은 식이섬유를 먹이 삼아 발효시키고, 그 과정에서 우리 몸에 매우 이로운 물질들을 만들어냅니다.
- 가장 대표적인 것이 바로 짧은 사슬 지방산(Short-Chain Fatty Acids, SCFAs)입니다. 이 짧은 사슬 지방산은 대장 세포의 중요한 에너지원이 되기도 하고, 면역력을 조절하며, 염증을 줄이는 등 우리 몸 전체 건강에 긍정적인 영향을 미친답니다.

그러니까 탄수화물은 크게 두 가지 길로 소화된다고 볼 수 있어요. 설탕이나 녹말처럼 소화 효소로 분해되는 탄수화물은 소장에서 흡수되고, 식이섬유처럼 소화 효소로 분해되지 않는 탄수화물은 대장에서 장내 미생물들에 의해 '발효'되어 우리 몸에 이로운 물질로 변하는 거죠!

2. 근육과 힘의 원천, 단백질! (주식: 고기, 생선, 계란, 콩 등)
튼튼한 몸과 근육을 만드는 데 꼭 필요한 단백질은 마치 '복잡한 성 모양의 레고 블록'과 같아요. 이 복잡한 구조를 잘게 부수는 전담 주방들을 살펴볼까요?

① 첫 번째 주방: 입 속은 '워밍업'만!
"음, 일단 잘게 씹어서 부드럽게 해드릴게요!"
단백질 소화는 입에서 물리적으로 잘게 부수는 것(씹는 것)부터 시작하지만, 입에서는 단백질 소화 효소가 나오지 않아요. 그저 위에서 소화하기 좋게 잘게 잘라주는 역할만 합니다.

② 두 번째 주방: 위의 '강력한 단백질 분해 공장'
"어서 와, 단백질! 여기는 내가 최고 전문가!"
꿀꺽 삼킨 단백질 덩어리는 위로 내려오자마자, 강력한 주방을 만납니다.
위에서는 염산이라는 아주 강한 산성 물질과 함께 펩신이라는 핵심 소화 효소가 분비됩니다.

- **염산**: 이 강력한 산성은 고기 같은 단백질의 복잡한 구조를 흐물흐물하게 풀어주고, 펩신이 단백질을 자르기 좋게 준비시켜 줍니다.
  또한, 음식물에 딸려 들어온 나쁜 세균들을 죽이는 살균 역할도 해요.
- **펩신**: 펩신은 풀어헤쳐진 단백질을 조금 더 작은 조각인 펩타이드 형태로 잘라냅니다. 마치 커다란 고깃덩어리를 여러 개의 작은 조각으로 나누는 것과 같죠.
  위는 단백질 소화의 가장 중요한 시작점이라고 할 수 있어요!

③ 세 번째 주방: 소장 속 '이자(췌장)의 단백질 해체 전문가들' & '소장 벽의 최종 분해 작업'
"이제 단백질 조각들을 더 잘게 잘라볼까요?"
위에서 펩타이드 조각이 된 단백질은 소장으로 내려옵니다.
소장에서는 이자의 또 다른 특급 요리사들이 등장합니다.

- **이자(췌장)**: 이자에서는 트립신, 키모트립신 같은 여러 종류의 단백질 분해 효소들이 나와 위에서 잘라진 펩타이드 조각들을 더더욱 작게 잘라냅니다.
- **소장 벽**: 소장 벽에서는 펩티다아제 같은 효소들이 나와 이 작은 펩타이드들을 우리 몸이 바로 흡수할 수 있는 가장 작은 단위인 아미노산으로 최종 분해합니다. 아미노산은 우리 몸의 근육을 만들고 다양한 기능을 수행하는 '레고 블록'의 최소 단위예요.

이렇게 분해된 아미노산은 소장 벽을 통해 혈액으로 흡수되어 우리 몸의 근육과 세포를 만들고 수리하는 데 사용됩니다.

3. 고농축 에너지원, 지방! (주식: 기름, 버터, 견과류 등)

지방은 우리 몸의 중요한 에너지 저장고이자 세포막을 구성하는 필수 영양소예요.
하지만 물과 잘 섞이지 않아 소화가 까다로운 '특별 손님'이기도 합니다.

① 첫 번째 주방: 입과 위는 '준비 운동'

"음, 일단 섞이기 좋게 흔들어 볼까요?"
지방 소화는 입에서 아주 미미하게 시작될 수 있습니다.
침 속의 리파아제라는 효소가 소량의 지방을 분해할 수 있다고 알려져 있지만, 그 역할은 아주 작아요. 위에서도 위 리파아제가 분비되지만, 역시 주요 소화 과정은 아닙니다.
입과 위에서는 주로 지방을 작은 방울 형태로 섞어주는 '준비 운동'만 합니다.

② 두 번째 주방: 소장 속 '쓸개(담낭)의 유화 매직' & '이자(췌장)의 지방 분해 스페셜리스트' "기름과 물을 섞어주는 마법을 보여줄게요!"

지방 소화의 핵심은 바로 소장에서 이루어집니다.
지방은 물에 잘 녹지 않기 때문에, 먼저 '유화'라는 과정을 거쳐야 해요.

- **쓸개즙(담즙)**: 간에서 만들어져 쓸개(담낭)에 저장된 쓸개즙이 소장으로 분비됩니다. 쓸개즙은 기름 방울들을 비누처럼 아주 작고 미세한 방울들로 쪼개는 '유화' 작업을 합니다. 이렇게 해야 지방 분해 효소가 더 넓은 면적에 작용하여 효율적으로 소화할 수 있어요. 마치 큰 기름 덩어리를 잘게 잘라 주는 것과 같습니다.
- **이자(췌장)**: 유화된 지방 방울들을 만나면, 이자에서 분비되는 강력한 췌장 리파아제가 출동합니다! 췌장 리파아제는 지방을 우리 몸이 흡수할 수 있는 가장 작은 단위인 지방산과 글리세롤로 최종 분해합니다.

이렇게 분해된 지방산과 글리세롤은 소장 벽을 통해 흡수되어 우리 몸의 에너지로 쓰이거나 저장됩니다.

어때요?
우리 몸속 소화는 정말 복잡하지만, 각 영양소에 맞춰 전문적으로 돌아가는 '마법의 주방' 같지 않나요? 입부터 위, 소장에 이르기까지 각 장기들이 긴밀하게 협력하고, 그 안에서 다양한 소화 효소들이 자기 역할을 톡톡히 해내고 있다는 사실!
이 모든 과정이 잘 이루어져야 우리가 건강하게 생활할 수 있는 에너지를 얻게 된답니다!

소화 효소와 대사 효소: 우리 몸의 두 가지 마법사

이렇게 음식물을 잘게 부숴서 몸에 흡수된 영양소들은 또 다른 효소들을 만납니다.
이들은 대사 효소라고 불리는데, 흡수된 영양소들을 이용해서 우리 몸이 살아가는 데 필요한 여러 가지 일들을 처리해 줍니다.
에너지를 만들거나, 새로운 세포를 만들거나, 몸속에 있는 나쁜 물질들을 청소하는 등 정말 많은 일을 합니다!

마치 공장에서 재료들을 가지고 여러 가지 물건들을 만들어내는 것처럼요.
소화 효소가 음식을 잘게 부수는 '요리사'라면, 대사 효소는 그 재료들을 가지고 우리 몸을 움직이는 에너지를 만들고, 몸을 건강하게 유지하는 여러 가지 '제품'을 만들어내는 '기술자'인 셈입니다.

중요한 건, 우리 몸에서 만들어지는 효소의 양은 정해져 있다는 점입니다.
마치 식당에 있는 요리사의 수가 정해져 있는 것처럼요.
만약 우리가 너무 많이 먹으면, 소화 효소들이 엄청나게 바빠집니다!
갑자기 손님이 확 몰아닥친 식당의 요리사처럼 정신없이 음식을 분해하느라 힘을 쫙 빼는 것이죠. 평소보다 음식이 많이 들어오면, 이 효소들은 평소보다 훨씬 더 많은 일을 해야 합니다. 계속해서 음식을 잘게 부수고 녹여야 하니까요. 그러다 보면 효소들이 부족해지고 소화를 제대로 못 하게 될 수도 있습니다. 요리사가 너무 많은 주문에 녹초가 되어 음식을 엉망으로 만들 수 있는 것처럼요.
그래서 음식을 너무 많이 먹으면 속이 더부룩하고 소화가 잘 안 되는 것입니다.

더 큰 문제는, 우리가 소화시키는 데 너무 많은 소화 효소를 써버리면, 상대적으로 다른 중요한 일을 하는 대사 효소들이 부족해질 수 있다는 점입니다.
대사 효소들은 우리가 움직이는 에너지를 만들거나, 몸속 나쁜 것들을 청소하는 등 여러 가지 중요한 일을 하는데, 소화 효소 때문에 힘이 부족해지는 것이죠.
에너지를 만들지 못하고, 청소가 제대로 안 되는 상황이 벌어질 수 있습니다.
식당의 요리사들이 설거지나 청소 같은 다른 일은 전혀 못 하고 주방 일에만 매달리는 것과 같은 상황이라고 볼 수 있습니다.

결국 과식하게 되면, 우리 몸속의 소화 효소들이 너무 힘들어서 자기 역할을 제대로 못 하고, 다른 중요한 일을 하는 대사 효소들까지 영향을 받아서 몸 전체가 삐걱거릴 수 있다는 것입니다.

맛있는 음식을 먹는 건 좋지만, 몸이 힘들지 않도록 적당히 먹는 게 중요합니다!
맛있는 뷔페에 갔더라도 배가 너무 부르지 않게 조금씩 여러 번 먹는 것처럼요.
그래야 몸속의 효소들도 자기 역할을 잘 하면서 우리가 건강하게 지낼 수 있습니다!
소화가 잘 되면 우리는 활기찬 에너지를 얻고, 튼튼하게 살아갈 수 있습니다.
자동차가 좋은 기름을 넣어야 잘 달리는 것처럼, 우리 몸도 건강한 소화 과정을 통해 힘을 얻습니다.

3장

장, 우리 몸의 국경! 그리고 그 안의 작은 영웅들 마이크로바이옴

우리가 먹는 음식은 우리 몸이라는 '나라'에 '바깥 세상에서 온 손님'과 같습니다. 이 손님들이 우리 몸 '안쪽 세상'으로 들어와 에너지를 주고 영양분이 되려면, '국경'과 같은 곳을 통과해야 하는데, 그 중요한 국경이 바로 장입니다.

장은 단순히 음식을 소화시키는 곳이 아닙니다.
장은 외부에서 오는 여러 가지 물질들(우리는 이들을 항원이라고 부르는데, 면역 반응을 일으킬 수 있는 물질들을 통칭합니다)을 가장 먼저 만나는 곳입니다.
마치 공항의 보안 검색대처럼, 어떤 손님(영양분)은 받아들여야 하고 어떤 손님(유해 물질, 병원균)은 막아야 할지 결정하는 아주 중요한 역할을 합니다. 우리 몸의 방패이자 문지기인 셈이죠.

이 중요한 국경 안에는 '장내 마이크로바이옴'이라는 아주 작은 영웅들이 살고 있습니다.
수많은 종류의 미생물들이 모여 사는 이 작은 영웅들은 우리 몸을 위해 두 가지 중요한 임무를 수행합니다.

첫 번째 임무는 '소화 돕기'입니다.
우리가 먹은 음식 중에는 우리 몸의 소화 효소만으로는 완전히 분해하기 어려운 것들이 있어요. 예를 들어, 채소와 과일에 풍부한 식이섬유 같은 것들이죠.
이때 장내 마이크로바이옴 친구들이 나서서 이 음식물들을 잘게 부수고, 우리 몸이 흡수하기 쉬운 형태로 만들어줍니다. 심지어 유익한 비타민이나 짧은 사슬 지방산 같은 영양소를 직접 만들어 내기도 하는 고마운 친구들입니다.

두 번째 임무는 '몸 지키기'입니다.
외부에서 나쁜 물질(예: 병원균)이 들어오면, 이 영웅들이 먼저 알아채고 우리 몸의 '군대(면역 세포)'에게 신호를 보내 싸울 준비를 시킵니다. 장 벽은 튼튼한 성벽과 같고, 그 안의 마이크로바이옴은 성벽 위를 지키는 정찰병처럼 우리 몸을 외부의 공격으로부터 든든하게 지켜주는 거죠.
실제로 장내 마이크로바이옴의 균형이 깨지면 면역력도 약해져서 질병에 쉽게 걸릴 수 있습니다.

건강한 소화 기능은 이 두 번째 임무를 더 잘 수행할 수 있도록 도와줍니다.
음식이 잘 소화되어 우리 몸이 필요한 에너지를 충분히 얻게 되면, 이 에너지는 우리 몸의 군대, 즉 면역 세포들이 힘을 내서 싸우는 데 쓰입니다.
잘 먹어야 힘이 나서 싸울 수 있는 군인들 처럼요!

결국, 우리 몸 안에 사는 이 작고 착한 영웅들, 건강한 장내 마이크로바이옴은 음식을 잘 소화시켜 우리에게 힘을 주고, 동시에 외부의 나쁜 녀석들로부터 우리 몸을 튼튼하게 지켜주는 일석이조의 능력자인 것입니다.

우리가 건강하게 살려면, 균형 잡힌 식사로 이 작은 영웅들이 좋아하는 먹이를 주고, 건강한 생활 습관으로 편안하게 지낼 수 있도록 보살펴주는 것이 아주 중요합니다!
장내 마이크로바이옴의 균형은 우리 몸 전체의 건강을 지키는 비밀 열쇠와 같은 존재입니다!

4장

장 속 작은 친구들이 우리 마음까지 조절한다?!

우리 장 속에는 상상 이상으로 많은 작은 미생물들, 즉 장내 마이크로바이옴이 살고 있습니다. 이 마이크로바이옴은 우리가 먹은 음식을 소화시키는 것뿐만 아니라, 놀랍게도 우리 마음 건강에도 아주 큰 영향을 미친다는 사실이 밝혀지고 있습니다!
마치 장과 뇌가 비밀 통로로 연결된 것과 같은데, 우리는 이것을 '마이크로바이옴-장-뇌 축(Gut-Brain Axis)'이라고 부릅니다.

그렇다면 이 비밀 통로는 어떻게 연결되어 있을까요?

- **마음으로 가는 고속도로, 미주 신경**: 뇌와 장은 마치 고속도로처럼 굵고 중요한 신경으로 직접 연결되어 있습니다. 이 신경을 미주 신경이라고 부르는데, 이 신경을 통해 장의 소식

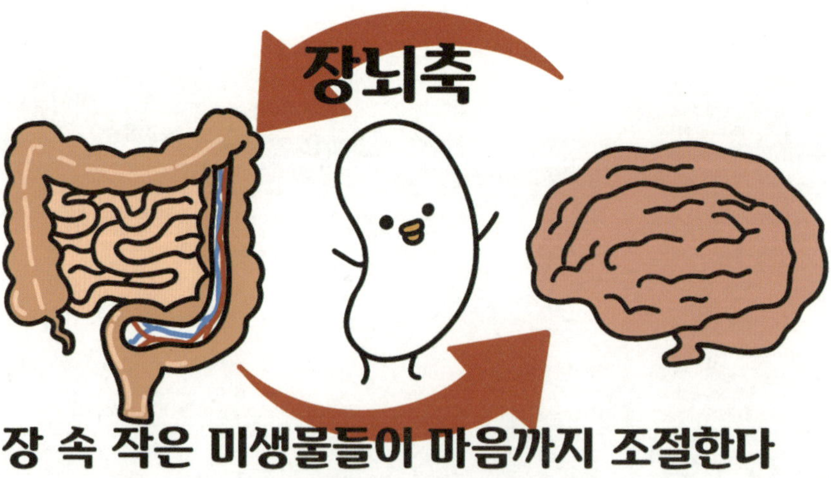
장뇌축
장 속 작은 미생물들이 마음까지 조절한다

은 뇌로 빠르게 전달되고, 뇌의 명령도 장으로 전달됩니다.
마치 실시간으로 정보를 주고받는 메신저 같아요.

- **몸속 경찰, 면역 체계**: 장내 미생물들은 우리 몸의 경찰과 같은 면역 세포들을 깨우고, 여러 가지 신호 물질을 만들어서 온몸으로 보냅니다. 이 신호들이 피를 타고 뇌까지 가서 뇌 기능과 감정 상태에 영향을 줄 수 있습니다.
장 건강이 면역력과 직결되는 이유이기도 하죠.

- **기분 조절 물질 공장, 신경 전달 물질**: 신기하게도 장내 미생물들은 우리 기분을 좋게 해주는 세로토닌(행복 호르몬)이나 마음을 안정시키는 GABA 같은 신경 전달 물질을 직접 만들거나, 이 물질들의 재료를 만들어서 뇌 기능에 영향을 줄 수 있습니다!
특히 세로토닌은 우리 몸에서 만들어지는 양의 약 90%가 장에서 만들어진다는 사실! 정말 놀랍죠?
장이 행복하면 우리 마음도 행복해지는 데 큰 영향을 미친다는 것을 알 수 있습니다.

- **뇌에 영양을 주는 택배, 대사 산물**: 장내 미생물들이 우리가 먹은 음식을 분해하면서 짧은 사슬 지방산(Short-Chain Fatty Acids, SCFAs)이라는 특별한 물질을 만듭니다.
이 물질은 피를 타고 뇌까지 가서 뇌가 활동하는 데 필요한 에너지를 주기도 하고, 뇌 기능을 조절하기도 합니다.
장내 미생물이 만들어내는 이 작은 택배들이 뇌 건강에 중요한 역할을 하는 셈입니다.

그렇다면 장내 미생물이 우리 마음에 주는 영향은 구체적으로 어떤 것들일까요?

- **울적함과 불안감**: 장내 미생물들의 균형이 깨지면, 울적하거나 불안한 기분이 들 수 있습니다. 나쁜 미생물이 많아지면 몸에 염증이 생기고, 기분을 조절하는 신경 물질 시스템에 문제가 생기기 때문입니다. 실제로 우울증이 있는 사람들의 장내 미생물 구성은 건강한 사람들과 다르다는 연구 결과들이 많이 보고되고 있습니다.

- **스트레스를 조절해?** : 장내 미생물들은 스트레스 호르몬 조절에도 관여해서, 건강한 유익균들이 많으면 스트레스를 잘 이겨낼 수 있도록 도와줍니다.
스트레스 상황에서 장내 미생물 균형이 깨지기 쉽고, 이로 인해 스트레스 반응이 더 심해질 수 있다는 연구도 많이 있습니다.

- **똑똑해지는 비밀?** : 아직 활발히 연구 중이지만, 장내 미생물들이 우리의 기억력이나 학습 능력 같은 인지 기능에도 영향을 줄 수 있다는 이야기도 나오고 있습니다.

장과 뇌의 연결고리가 생각보다 훨씬 더 복잡하고 깊다는 것을 시사합니다.

- **특별한 아이들의 어려움, 자폐 스펙트럼 장애도?** : 자폐 스펙트럼 장애를 가진 아이들의 장내 미생물들을 연구해보니, 일반 아이들과 다른 점이 발견되었습니다.
  일부 연구에서는 장내 미생물 환경을 개선하는 것이 자폐 스펙트럼 장애 아동의 행동 개선에 긍정적인 영향을 미칠 수 있다는 가능성을 제시하기도 합니다.

우리 마음까지 건강하게 해주는 착한 장내 미생물들을 어떻게 잘 키울 수 있을까요?

- **채소, 과일, 곡물 많이 먹기**: 이런 음식들에 들어있는 식이 섬유는 착한 장내 미생물들의 가장 좋은 먹이가 됩니다! 밥을 잘 먹어야 쑥쑥 자라겠죠?
- **발효 음식 좋아하기**: 김치, 요구르트, 된장 같은 발효 음식에는 우리 몸에 좋은 프로바이오틱스라는 유익 미생물들이 많이 들어있어서 마이크로바이옴 균형을 맞춰줍니다.
- **유산균 챙겨 먹기**: 필요하다면 프로바이오틱스 보충제나 프리바이오틱스(유익균의 밥)가 들어있는 식품을 먹는 것도 도움이 될 수 있습니다.
- **스트레스 줄이기**: 스트레스는 장내 미생물들의 균형을 깨뜨리는 나쁜 녀석입니다! 스트레스를 잘 풀 수 있는 방법을 찾아보는 게 중요합니다.
  명상, 운동, 취미 활동 등 자신에게 맞는 스트레스 해소법을 찾아보세요.
- **규칙적인 생활**: 잠도 잘 자고, 밥도 제때 먹는 규칙적인 생활 습관은 장내 미생물들 뿐만 아니라 우리 마음 건강에도 아주 좋습니다.

아직 장내 미생물들과 마음 건강의 관계는 계속 연구 중이지만, 우리 장이 건강해야 마음도 건강해질 수 있다는 건 점점 더 확실해지고 있습니다.
장은 우리 몸의 '제2의 뇌'라고 불릴 만큼 중요하며, 이 작은 친구들이 우리 몸과 마음에 미치는 영향은 앞으로도 계속해서 놀라운 사실들을 밝혀낼 것입니다.

Chapter 04

작가: 유지원

유지원 저자 소개

아토피로 고통받는 아이를 위한 간절한 마음에서 시작된 여정은 저자를 마이크로바이옴 전문가의 길로 이끌었다. 결혼 후 아이의 아토피로 큰 어려움을 겪으며 좋다는 것은 무엇이든 찾아 헤매던 중, 대체 의학에 깊이 몰두하며 면역의 중요성을 깨달았다.

하지만 파편처럼 흩어져 있던 지식의 갈증을 느끼던 저자는 마이크로바이옴을 배우면서 비로소 모든 지식이 하나로 정리되는 경험을 했고, 동시에 아이의 아토피가 호전된 명확한 이유를 알게 되었다. 이 경험을 통해 저자처럼 면역 문제로 고통받는 이들에게 희망을 주고자 하는 강한 열망이 샘솟았다.

그리하여 마이크로바이옴 전문가들과 함께, 배우고 경험한 지식을 담아 이 책을 공동 출간하며 마이크로바이옴 분야의 전문가로서 그 역량을 입증했다. 이 책을 통해 많은 이들이 면역력을 되찾고 건강한 삶을 누리기를 진심으로 바라며, 독자들의 건강한 행복을 응원한다.

1장

면역과 우리 삶의 질: 무너진 균형을 되찾는 여정

우리 가족의 경험으로 시작하는 면역 이야기

"엄마, 나 또 간지러워."
밤새 아이의 등을 긁어주며, '대체 무엇이 문제일까?' 수없이 되뇌던 날들이 있었습니다.
첫째 아이를 임신했을 때 저는 지독한 변비로 고생했는데, 마치 그 고통을 그대로 물려받은 듯 아이 역시 태어나자마자 변을 제대로 보지 못해 병원을 들락거렸습니다.
돌이 지나면서는 아토피 피부염이 시작되어 온 가족이 잠 못 이루는 힘든 시간을 보내야 했습니다. 좋다는 건 다 해봤지만 차도가 없던 중, 마지막 희망처럼 시작한 발효음식과 식단 관리가 아이의 피부에 기적 같은 변화를 가져다 주었습니다.
지금은 언제 그랬냐는 듯 건강하게 자라준 아이를 보며, 그리고 둘째는 첫째 때의 경험을 거

울삼아 임신 기간부터 세심하게 관리하여 건강하게 태어난 것을 보며, 저는 '면역'과 '균형'이라는 화두를 붙잡게 되었습니다.

이 책은 의학 논문을 분석하는 전문가의 시선과, 아이를 키우며 직접 부딪히고 해결책을 찾아 나섰던 엄마의 마음을 담아 쓰였습니다.
우리가 매일 마주하는 음식, 정보, 환경, 그리고 스트레스가 어떻게 우리 몸의 면역 균형을 깨뜨리고 삶의 질을 떨어뜨리는지, 그리고 그 균형을 회복하기 위해 우리는 무엇을 할 수 있는지 함께 고민하고 해답을 찾아가고자 합니다.
이 책이 면역 문제로 고민하는 많은 분들에게 작은 희망과 실질적인 도움이 되기를 바랍니다.

새 생명의 희망, 그러나 태어나면서부터 시작되는 불균형

새로운 생명의 탄생은 그 자체로 경이로운 축복입니다.
하지만 아이는 엄마 뱃속이라는 따뜻하고 안전한 보금자리를 떠나 세상 밖으로 나오는 순간부터 수많은 외부 환경의 도전에 직면하게 됩니다.
이때 가장 중요한 방패는 바로 엄마로부터 물려받는 '초기 면역'입니다.

1. 엄마의 건강이 아기의 첫 면역을 결정한다: 뱃속 작은 씨앗의 중요성

아기가 태어나기 전, 엄마 뱃속에서의 시간은 아기의 평생 건강을 좌우할 만큼 중요합니다.
마치 좋은 씨앗이 건강한 땅에서 자라야 튼튼한 나무가 되는 것처럼 말이죠.

태내 환경과 장내 미생물의 유산: 보이지 않는 선물

임신 중 엄마의 건강 상태, 특히 장 건강은 뱃속 태아에게 지대한 영향을 미칩니다.
제가 첫째 아이 임신 중 겪었던 심한 변비는 단순히 저만의 문제가 아니었습니다.
연구에 따르면, 임산부의 장내 미생물 불균형(dysbiosis)은 태아의 장내 미생물 초기 정착에 영향을 줄 수 있습니다.

임신 중 산모의 마이크로바이옴(미생물 군집)이 출생 후 아이의 면역계 발달, 특히 알레르기 질환 발생 위험과 관련이 있음을 시사하는 연구 결과들이 많이 있습니다.
산모의 변비는 장내 유해균 증가와 유익균 감소를 의미할 수 있으며, 이러한 불균형한 장 환경이 아기에게 전달될 가능성을 배제할 수 없습니다. 비록 태아가 무균 상태라는 오랜 믿음에 대한 새로운 연구들이 진행 중이지만, 산모의 건강, 특히 장내 미생물 환경이 아기의 초기 면역 형성에 영향을 미친다는 점은 여러 연구에서 공통적으로 강조됩니다.

■ 출생 직후, 면역 시스템의 첫 시험대: 아기의 첫 배변 이야기

아이가 태어나 처음 겪는 어려움 중 하나가 바로 배변 문제입니다.
신생아의 장 기능은 아직 미숙하기 때문에, 모유 수유나 분유 적응 과정에서 변비나 설사를 경험하는 것은 흔한 일입니다. 하지만 제 첫째 아이처럼 심한 변비는 장내 환경이 원활하지 않다는 중요한 신호일 수 있습니다.

우리 몸의 면역 세포 중 70% 이상이 장에 존재한다는 사실, 알고 계셨나요?
장은 우리 몸의 '면역 본부'라고 불릴 만큼 중요한 기관입니다. 장 기능이 원활하지 않으면 독소 배출이 어렵고, 장내 유익균 증식이 저해되어 면역 시스템 구축에 어려움을 겪을 수 있습니다.
건강한 배변 활동은 단순히 편안함을 넘어, 아이의 면역 체계가 튼튼하게 자리 잡는 데 필수적인 과정인 셈입니다.

2. 아토피 피부염, 면역 불균형의 신호: 피부가 보내는 SOS

밤새 가려움에 시달리는 아이의 등을 긁어주면서 제가 가장 많이 들었던 말은 "엄마, 나 또 간지러워"였습니다. 아토피 피부염은 단순한 피부 질환이 아니라, 우리 몸의 면역계가 너무 예민하게 반응하여 발생하는 대표적인 만성 염증성 질환입니다.
마치 몸 안의 경보기가 너무 민감해져서 작은 자극에도 시끄럽게 울리는 것과 같습니다.

■ 장 건강과 아토피의 연결고리 (Gut-Skin Axis): 피부는 장의 거울

최근 연구들은 장 건강과 피부 건강이 매우 밀접하게 연결되어 있다는 '장-피부 축(Gut-Skin Axis)' 이론을 강력하게 뒷받침합니다.
장내 미생물 불균형은 장 점막의 투과성을 높여(이를 '장 누수 증후군' 또는 '새는 장 증후군(Leaky Gut Syndrome)'이라고 부릅니다), 미처 소화되지 않은 음식물 입자나 독소, 유해균 등이 장 벽을 뚫고 혈류로 유입되게 만듭니다.

이렇게 혈액으로 들어온 이물질들은 전신적인 염증 반응을 유발하고, 면역계를 과도하게 자극하여 아토피 피부염과 같은 알레르기 질환을 악화시킬 수 있습니다. 《Allergy, Asthma & Immunology Research》와 같은 저명한 의학 저널에서도 장내 미생물 불균형이 아토피 피부염의 발병 및 악화에 중요한 역할을 한다는 연구 결과들을 꾸준히 발표하고 있습니다. 아이의 피부가 계속해서 보내는 SOS는 사실 장이 보내는 신호일 수 있는 것이죠.

■ 발효음식의 재발견: 면역 균형을 돕는 프로바이오틱스

제 아이의 아토피가 발효음식을 통해 극적으로 호전된 경험은 제게 큰 깨달음을 주었습니다. 이는 발효음식에 풍부하게 들어있는 프로바이오틱스(유익균)의 역할 덕분일 가능성이 큽니다. 프로바이오틱스는 우리 장내 유익균의 비율을 높이고 유해균의 증식을 억제하여 장내 환경을 건강하게 개선합니다. 또한, 장 점막 장벽을 강화하여 '새는 장'을 막고, 우리 몸에 이로운 면역 조절 물질(예: 짧은 사슬 지방산) 생성을 촉진하여 염증 반응을 완화하며 면역계의 균형을 잡는 데 도움을 줄 수 있습니다.
다수의 임상 연구에서 특정 프로바이오틱스 균주가 아토피 피부염 증상 개선에 효과가 있음이 보고되었습니다. 김치, 된장, 요거트 등 우리 주변의 발효음식들이 단순한 먹거리를 넘어 '천연 면역 조절제' 역할을 할 수 있다는 것이죠.

3. 경험에서 얻은 교훈: 둘째 아이의 건강한 출발

첫째 아이를 키우면서 얻은 값진 경험 덕분에 둘째 아이를 임신했을 때는 식단 관리와 스트레스 조절에 더욱 신경 썼습니다.
임신 기간 동안 프로바이오틱스가 풍부한 발효음식을 꾸준히 섭취하고, 가공식품을 멀리하며 섬유질이 풍부한 자연식을 즐겼습니다. 그 결과, 둘째는 별다른 문제없이 건강하게 태어나 자라고 있습니다. 이는 임신 중 엄마의 노력이 아이의 평생 건강의 초석을 다지는 데 얼마나 중요한지 보여주는 생생한 증거입니다.

엄마의 건강은 곧 태어날 아이 면역력의 씨앗입니다.
임신을 계획하거나 임신 중인 예비 엄마라면, 자신의 장 건강과 전반적인 생활 습관을 점검하고 개선하는 노력이 아이에게 줄 수 있는 최고의 선물임을 기억해야 합니다.

식생활, 면역의 기본을 흔드는 현대인의 밥상

"우리 몸은 우리가 먹는 것으로 이루어진다"는 말처럼, 음식은 우리 건강의 가장 기본적인 요소이자 우리 몸을 이루는 재료입니다. 하지만 현대인의 식탁은 과거와 너무나 달라졌습니다. 빠르고 간편함을 쫓는 사이, 우리 몸의 면역 균형은 소리 없이 무너지고 있습니다.

1. 패스트푸드와 가공식품: 면역 교란의 주범

언제 어디서나 쉽게 접할 수 있는 패스트푸드와 가공식품은 아이들의 입맛을 사로잡고 바쁜 현대인의 삶을 편리하게 해주지만, 우리 몸의 건강에는 빨간불을 켭니다.

■ 영양 불균형과 만성 염증: 몸과 마음에 미치는 영향

어떤 음식을 먹느냐에 따라 아이의 기분이나 행동도 달라지는 것을 경험하신 부모님들이 계실 거예요. 저 또한 제 아이를 보면서 불균형한 식습관이 아이의 컨디션뿐 아니라 때로는 성격 형성에도 영향을 미칠 수 있다는 것을 어렴풋이 느낄 수 있었습니다.

실제로 우리가 쉽게 접하는 패스트푸드는 대부분 칼로리와 지방, 나트륨, 설탕은 넘쳐나는 반면, 우리 몸, 특히 면역 기능에 꼭 필요한 비타민이나 미네랄, 식이섬유 같은 필수 영양소는 부족하기 쉽습니다.

이런 식단이 반복되면 우리 몸속에서는 자신도 모르게 '만성 염증'이라는 불씨가 서서히 타오르기 시작합니다. 마치 몸 안에서 계속 작은 다툼이 일어나는 것과 같아요.
독일 본 대학 연구팀의 연구(《Cell》지 발표)에 따르면, 패스트푸드와 비슷한 서구식 식단은 우리 몸의 방어군인 면역세포를 마치 끊임없이 적과 싸우는 것처럼 긴장시키고 지치게 만듭니다.
이러한 '염증성 반응'은 장기적으로 동맥경화나 당뇨병 같은 생활습관병으로 이어질 위험을 키울 수 있다고 경고합니다.

무분별한 식품 첨가제로 아이들의 몸이 병들어 갑니다

■ **우리 몸속 작은 정원, 장 건강도 위협받아요:**

우리 장 속에는 건강을 돕는 착한 균(유익균)과 문제를 일으킬 수 있는 나쁜 균(유해균)이 함께 살고 있어요. 마치 비옥한 흙과 풀, 꽃이 어우러진 작은 정원과 같죠. 그런데 가공식품에 많이 들어있는 하얀 밀가루나 설탕, 여러 가지 인공 첨가물들은 이 정원의 균형을 깨뜨릴 수 있습니다. 착한 균들이 좋아하는 먹이(식이섬유 등)는 줄어들고, 나쁜 균들이 좋아하는 환경이 만들어지기 때문이에요. 이렇게 장 속 착한 균과 나쁜 균의 균형이 무너지는 것을 '장내 미생물 불균형(Dysbiosis)'이라고 부르는데, 이 상태가 되면 우리 몸의 방어력, 즉 면역력도 약해지기 쉽습니다.

2. 식품 첨가물: 보이지 않는 위협

우리가 무심코 먹는 많은 가공식품에는 맛, 색, 보존성을 높이기 위한 다양한 화학적 첨가물이 들어갑니다. 눈에 잘 띄지 않지만, 이들은 우리 몸속에서 조용히 면역계에 영향을 미칠 수 있습니다.

■ **방부제, 합성 감미료, 착색료의 공습:**

- **방부제(보존료)**: 식품의 부패를 막아 유통 기한을 늘리는 중요한 역할을 하지만, 일부 방부제는 장내 미생물에 영향을 미치거나 알레르기 반응을 유발할 수 있다는 연구가 있습니다.
- **합성 감미료**: 설탕 대신 단맛을 내 칼로리를 줄여주지만, 아스파탐, 수크랄로스 등의 일부 인공 감미료가 장내 미생물 구성을 변화시키고 포도당 불내성을 유발할 수 있다는 연구 결과가 있습니다. 이는 대사 건강과 면역 기능에 부정적인 영향을 미칠 수 있다고 경고합니다.
- **착색료(타르색소 등)**: 식품의 색을 먹음직스럽게 만들지만, 일부 인공 착색료는 어린이의 과잉행동(ADHD)과 관련이 있다는 논란이 있으며, 특정 색소는 알레르기 반응을 일으키기도 합니다.

■ **학교 급식과 피부 발진: 식생활의 중요성을 깨닫다:**

제 아이가 학교 급식을 먹고 온 날 유독 피부 발진이 심해지는 것을 보면서 식단의 중요성을 절감했습니다. 급식 메뉴를 확인하고, 가정에서라도 최대한 첨가물이 적은 자연 식재료로 식단을 구성하려 노력했습니다. 이는 특정 음식이나 첨가물에 대한 민감성 반응일 수 있으며,

장기적으로는 면역계에 부담을 줄 수 있습니다.

실제 많은 연구에서 식품 첨가물이 장 점막 투과성을 높이거나, 면역세포에 직접적인 영향을 미칠 수 있음을 시사하고 있습니다. 특히 가공식품에 흔히 사용되는 유화제가 장내 미생물에 부정적인 영향을 미치고 염증을 유발할 수 있다는 연구는 큰 파장을 일으켰습니다

3. 면역 균형을 되찾는 건강한 식생활 원칙: 주방을 바꾸는 용기

무너진 식생활의 균형을 바로잡기 위해서는 의식적인 노력이 필요합니다. 큰 변화가 부담스

럽다면, 오늘부터 작은 것 하나라도 바꿔보는 용기가 필요합니다.

- **자연 그대로의 식품 선택**: 가공을 최소화한 통곡물(현미, 잡곡), 신선한 채소와 과일, 그리고 질 좋은 단백질(살코기, 생선, 콩류, 계란) 위주로 식단을 구성합니다. 우리 할머니, 할아버지 시대의 밥상을 떠올려 보세요.
- **다양한 색상의 채소와 과일 섭취**: 무지개처럼 다양한 색상의 채소와 과일에는 각기 다른 파이토케미컬(식물성 생리활성물질), 비타민, 미네랄이 풍부하여 항산화, 항염증 작용을 통해 면역력을 높입니다.
- **섬유질 섭취 늘리기**: 섬유질은 장내 유익균의 좋은 먹이(프리바이오틱스)가 되어 장 건강을 개선하고, 배변 활동을 원활하게 합니다. 하루 3끼 식사에서 식이섬유를 충분히 섭취하는 것이 중요합니다.
- **발효식품 꾸준히 섭취**: 김치, 된장, 청국장, 요거트 등 전통 발효식품은 우리 몸에 좋은 프로바이오틱스를 공급하여 장내 환경 개선에 도움을 줍니다.
  매일 한두 가지 발효식품을 식단에 포함해 보세요.
- **'무엇을 먹지 않을까'도 중요**: 정제된 설탕, 트랜스지방(마가린, 쇼트닝 등), 과도한 포화지방, 그리고 인공 첨가물이 많이 든 음식은 피하도록 노력합니다.
  식품을 구매할 때는 성분표를 확인하는 습관을 들이는 것이 좋습니다.

식생활 개선은 단번에 이루어지기 어렵습니다. 하지만 작은 변화가 쌓여 큰 차이를 만듭니다. 오늘 저녁 식탁부터 조금씩 건강한 선택을 시작하는 것이 면역 균형을 되찾는 첫걸음입니다.

정보의 홍수 속에서 건강한 길 찾기

인터넷과 소셜 미디어 덕분에 건강 정보를 얻기는 그 어느 때보다 쉬워졌습니다.
손가락 하나만 움직이면 수많은 건강 상식과 민간요법이 쏟아져 나오죠.
하지만 그만큼 검증되지 않은 정보에 현혹되기도 쉽습니다.
잘못된 정보는 우리에게 불필요한 불안감을 조성하고, 때로는 그릇된 선택으로 이어져 건강과 삶의 균형을 무너뜨릴 수 있습니다.

1. 검증되지 않은 정보: 스트레스와 혼란의 근원

"OOO만 먹으면 암이 낫는다", "XXX요법으로 모든 병을 고쳤다" 식의 자극적인 정보는 질병으로 고통받는 절박한 사람들의 마음을 쉽게 흔듭니다.

■ 잘못된 건강 상식의 위험: 득보다 실이 많은 길

과학적 근거가 부족한 민간요법이나 대체 의학 정보는 때로 심각한 결과를 초래할 수 있습니다. 표준 치료를 거부하거나 지연시켜 병을 악화시키기도 하고, 불필요한 경제적 손실은 물론 심각하게는 건강까지 해치는 경우가 발생합니다.

예를 들어, 특정 성분이 특정 질환에 좋다는 단편적인 연구 결과를 전체에 적용하거나, 효능이 과장된 건강기능식품에만 맹목적으로 의존하는 것은 매우 위험합니다.

■ 건강 염려증과 스트레스 증가: 걱정이 병이 된다

넘쳐나는 정보 속에서 무엇이 옳고 그른지 판단하기 어려워지면 사람들은 더 큰 불안과 스트레스를 느낍니다. 사소한 증상에도 큰 병이 아닐까 걱정하고, 인터넷에서 여러 정보를 찾아 헤매지만 명확한 답을 얻지 못해 혼란만 가중되는 악순환에 빠질 수 있습니다.

이러한 만성적인 스트레스는 단순히 심리적인 문제를 넘어 우리 몸의 면역 체계에 직접적인 타격을 줍니다.

■ 스트레스, 우리 몸의 '경보음'을 켜다!

우리 몸은 정말 신비로워요.

우리가 받는 스트레스가 단순히 마음만 힘들게 하는 게 아니라는 사실, 알고 계셨나요?

스트레스는 우리 몸의 면역 시스템과 마치 실처럼 단단히 묶여 있어서, 마음이 힘들어지면 몸까지 힘들게 만드는 마법 같은 일이 벌어져요.

우리 몸과 마음, 그리고 면역 세포들이 마치 하나의 팀처럼 움직인다는 것을 '정신신경면역학'이라는 재미있는 분야에서 밝혀냈답니다.

2. 스트레스 받으면 '경보음 호르몬'이 울려 퍼져요!

스트레스를 받으면 우리 몸은 마치 비상 상황처럼 반응해요. 이때 몸속에서 '경보음 호르몬'이라고 부를 수 있는 특별한 물질이 분비되는데, 바로 코르티솔(cortisol)이라는 호르몬이에요.

이름은 어렵지만, 하는 일은 아주 중요하답니다.

이 코르티솔은 단기적으로는 우리 몸에 도움이 될 때도 있어요.
예를 들어, 갑자기 위험한 상황에 처했을 때 몸이 빠르게 반응하도록 에너지를 공급해 주거나, 작은 염증을 일시적으로 잠재우는 역할도 하죠.
마치 소방차가 긴급 출동해서 불을 끄는 것처럼요.

하지만 소방차가 계속 출동해서 불을 끄다 보면 지치고 고장 나겠죠?
코르티솔도 마찬가지예요. 스트레스가 너무 오래 지속되거나 너무 심하면, 이 경보음 호르몬이 계속해서 높은 수치를 유지하게 돼요. 그러면 우리 몸의 면역 군대, 그러니까 우리 몸을 지키는 '면역 세포'들이 과도하게 긴장하고 지치게 된답니다.
우리 몸의 면역 세포들은 마치 훌륭한 군인들 같아요. T세포, B세포, NK세포 같은 다양한 면역 세포들이 외부의 세균이나 바이러스 같은 적들과 싸우고, 몸속의 나쁜 세포들을 찾아 제거하는 역할을 하죠.
그런데 경보음 호르몬(코르티솔)이 계속 울려 퍼지면서 면역 군인들이 장기간 너무 긴장하게 되면, 제대로 쉬지 못하고 지쳐버려요. 결국 적과 싸울 힘이 떨어지고, 염증 반응도 뒤죽박죽이 되어 감염에 대한 저항력이 약해지는 거예요.

쉽게 말해, 스트레스는 우리 몸의 면역 군대를 지치게 만들고, 우리를 지키는 방패를 약하게 만드는 주범인 셈이죠.

3. 스트레스로 인한 '정체불명'의 질병: 몸이 보내는 비명 소리

가끔 우리는 "이유 없이 아프다", "별다른 병명 없이 계속 몸이 힘들다"고 호소하는 사람들을 만나곤 해요. "모르는 질병"은 어쩌면 극심한 스트레스나 건강하지 못한 생활 습관들이 쌓이고 쌓여 우리 면역계의 균형을 깨뜨려 나타나는 복합적인 증상일 수 있어요.

예를 들어, 겪어보지 않으면 모를 자율신경계 이상 (몸의 균형을 조절하는 신경계가 망가져 나타나는 어지럼증, 소화 불량 등), 늘 피곤해서 아무것도 할 수 없는 만성 피로 증후군, 온몸이 쑤시고 아픈 섬유근육통 같은 질환들은 명확한 원인을 찾기 어려운 경우가 많아요.
하지만 많은 연구에서 이들 질환이 만성 스트레스와 면역 기능 저하와 깊은 관련이 있는 것으로 밝혀지고 있답니다.

이런 증상들은 우리 몸이 스트레스로 인해 더 이상 버티기 힘들다고 보내는 간절한 '비명 소리'일 수 있습니다. 그러니 몸이 보내는 작은 신호에도 귀 기울이고, 스트레스를 현명하게 관리하는 것이 건강한 삶의 첫걸음이라고 할 수 있어요.

숨 쉬는 공간, 주거환경과 면역의 조화

우리가 매일 생활하는 집은 가장 안전하고 편안한 안식처여야 합니다.

하지만 눈에 보이지 않는 실내 환경 요소들이 우리의 면역 체계를 위협할 수 있다는 사실을 아셨나요? 특히 새집이나 새 가구에서 나오는 유해 물질은 피부 질환이나 호흡기 질환, 알레르기를 유발하며 우리의 삶의 질을 떨어뜨립니다.

집이 더 이상 안전한 피난처가 아니라, 우리 면역력을 갉아먹는 '숨겨진 적'이 될 수도 있다는 뜻이죠.

1. 새집증후군: 보이지 않는 실내의 적

새로 지은 집이나 인테리어를 한 집에 입주했을 때 두통, 눈 따가움, 피부 가려움, 기침 등의 증상을 경험하는 것을 '새집증후군'이라고 합니다.

이름 그대로 '병든 건물'이 우리를 아프게 하는 것이죠.

■ 휘발성 유기 화합물의 습격: 코를 찌르는 유령들

새집증후군의 주요 원인은 건축 자재, 벽지, 페인트, 접착제, 새 가구 등에서 방출되는 포름알데히드, 벤젠, 톨루엔, 자일렌과 같은 휘발성 유기 화합물 입니다.

이러한 화학물질은 눈에 보이지 않지만, 독특한 냄새를 풍기며 공기 중에 떠다닙니다.

이들은 호흡기나 피부를 통해 체내에 흡수되어 점막을 자극하고, 면역 기능이 약한 어린이나 노약자, 알레르기 체질인 사람들에게 더욱 심각한 영향을 미칠 수 있습니다.

미국 환경보호청(EPA)은 실내 공기 오염이 실외보다 최대 100배까지 높을 수 있다고 경고하며, 새집 증후군의 위험성을 강조합니다.

■ 피부, 호흡기 질환 및 알레르기 유발: 불편함의 시작

새집 증후군에 지속적으로 노출되면 아토피 피부염, 천식, 비염과 같은 알레르기 질환이 악화되거나 새롭게 발생할 수 있습니다. 이미 알레르기가 있는 사람들에게는 증상을 더욱 심하게 만들고, 없던 사람에게는 새롭게 민감성을 유발하는 것이죠. 또한, 만성적인 피로감, 집중력 저하, 두통 등을 유발하여 전반적인 삶의 질을 현저히 저하시킵니다. 더 심각하게는, 일부 새집 증후군에 장기간 노출 시 암을 유발할 수도 있는 것으로 알려져 있어 주의가 필요합니다.

2. 주거환경 속 또 다른 면역 교란 물질들: 숨어있는 위험들

새집증후군 외에도 우리 집 안에는 면역을 위협하는 요소들이 곳곳에 숨어 있습니다.

- **곰팡이와 집먼지진드기**: 습한 곳의 불청객 습도가 높은 환경(욕실, 주방, 결로가 생기는 벽 등)에서는 곰팡이가 쉽게 번식합니다.
  곰팡이 포자는 공기 중에 떠다니며 호흡기를 통해 들어와 알레르기 비염, 천식 등을 유발하거나 악화시킵니다. 침구류, 카펫, 천 소파 등에 서식하는 집먼지진드기의 사체나 배설물 또한 강력한 알레르기 항원으로 작용하여 우리 몸의 면역계를 자극합니다.
- **미세먼지와 실내 공기 오염**: 보이지 않는 공격 창문을 통해 유입되는 미세먼지뿐 아니라, 실내에서의 요리(특히 굽거나 튀기는 음식), 흡연, 난방기 사용, 심지어 향초나 방향제 사용 등도 실내 공기 질을 악화시키는 요인입니다. 이러한 오염물질은 호흡기 점막을

자극하고 염증 반응을 일으켜 면역력을 저하시킵니다.

3. 건강한 주거환경을 위한 실천 가이드: 우리 집을 면역의 요새로!

면역력을 지키고 건강한 생활을 영위하기 위해 다음과 같은 방법으로 주거환경을 개선할 수 있습니다. 사소해 보이지만 꾸준한 실천이 중요합니다.

- **환기는 기본 중의 기본**: 하루 최소 2~3회, 30분 이상 창문을 활짝 열어 맞통풍을 시켜 실내 오염물질을 배출하고 신선한 공기를 유입시키는 것이 가장 중요합니다.
  요리할 때나 청소할 때는 반드시 환풍기를 사용하거나 창문을 엽니다.
  미세먼지가 심한 날에도 짧게라도 환기하는 것이 도움이 됩니다.
- **베이크 아웃(Bake-out) 실시**: 새집에 입주하기 전이나 새 가구를 들인 후에는 실내 온도를 35~40℃로 높여 7~8시간 동안 유지한 후 1~2시간 환기하는 과정을 여러 번 반복(3~5회)하면 새집 증후군을 효과적으로 줄일 수 있습니다.
  마치 새집의 독성을 '굽고 날려버리는' 과정이라고 생각하면 됩니다.
- **적정 실내 습도 유지**: 실내 습도는 40~60%로 유지하는 것이 좋습니다. 너무 습하면 곰팡이와 집먼지 진드기가 번식하기 쉽고, 너무 건조하면 호흡기 점막이 건조해져 바이러스나 세균 침투에 취약해집니다. 가습기나 제습기를 활용하고, 빨래를 널거나 숯을 두는 것도 도움이 됩니다.
- **주기적인 청소와 침구 관리**: 진공청소기를 자주 사용하고, 물걸레질을 통해 바닥 먼지를 제거합니다. 침구류는 최소 2주에 한 번 뜨거운 물(55℃ 이상)로 세탁하거나 햇볕에 말려 집먼지진드기를 제거합니다. 침대 매트리스 청소도 중요합니다.
- **공기정화식물 활용 및 공기청정기 사용**: 공기정화식물(아레카야자, 스투키, 산세베리아 등)은 일부 유해물질 제거에 도움을 줄 수 있습니다. 미세먼지가 심한 날이나 환기가 어려운 경우에는 헤파(HEPA) 필터가 장착된 공기청정기를 사용하는 것이 도움이 됩니다. 필터는 주기적으로 교체하거나 청소해야 합니다.
- **천연 세제 및 방향제 사용**: 화학 성분이 강한 세제나 인공 향이 첨가된 방향제 대신 베이킹소다, 구연산, 식초 등 천연 재료를 활용하거나 에센셜 오일 등을 소량 사용하는 것이 좋습니다.

건강한 주거환경은 하루아침에 만들어지지 않습니다. 꾸준한 관심과 작은 실천들이 모여 나와 가족의 면역력을 지키는 튼튼한 울타리가 될 수 있습니다.

항생제의 두 얼굴: 남용을 넘어선 지혜로운 사용

감기만 걸려도 병원을 찾아 항생제 처방을 원하는 사람들이 많습니다.
인류의 질병 치료에 혁신을 가져온 항생제지만, 그 오용과 남용은 우리 몸의 면역 균형을 심각하게 위협하고 더 큰 문제를 야기할 수 있습니다.

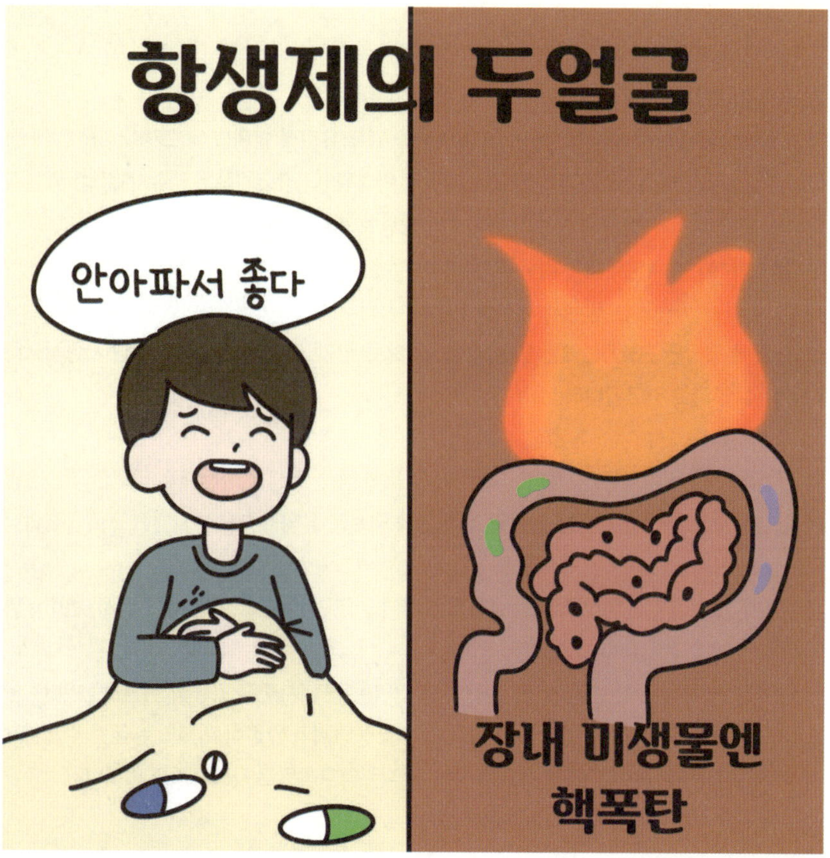

항생제는 '약'이 아니라 '독'이 될 수도 있는, 두 얼굴을 가진 양날의 검과 같습니다.

1. 항생제 남용의 현실과 그 위험성: 슈퍼박테리아의 그림자

앞서 언급된 여러 이유(잘못된 식습관, 스트레스, 유해 환경 노출 등)로 면역력이 저하되면 각종 감염 질환에 취약해지고, 병원을 찾는 빈도가 늘어납니다. 이때 항생제가 무분별하게 사용될 가능성이 커집니다.

가장 중요한 사실은 항생제는 세균(박테리아)을 죽이거나 성장을 억제하는 약물이라는 점입니다. 감기, 독감(인플루엔자) 등 대부분의 호흡기 감염은 바이러스가 원인이므로, 항생제는 이러한 바이러스에는 아무런 효과가 없습니다. 그럼에도 불구하고 바이러스성 질환에 항생제가 처방되거나, 심지어 환자가 항생제를 요구하는 경우가 많습니다. 이는 불필요한 항생제 노출로 이어집니다.

■ 항생제 내성균(슈퍼박테리아)의 출현: 인류의 위협

항생제를 오남용하면 세균이 항생제에 살아남기 위해 유전적 변이를 일으켜 내성을 갖게 됩니다. 이러한 내성균은 기존 항생제로는 치료가 어려워 '더 강한' (혹은 다른 계열의) 항생제를 사용해야 하거나, 심지어 치료가 불가능한 상황에 이를 수도 있습니다.
우리는 이들을 '슈퍼박테리아'라고 부릅니다.
세계보건기구(WHO)는 항생제 내성을 인류 건강의 가장 큰 위협 중 하나로 규정하고 있으며, 현재 추세라면 2050년에는 항생제 내성균으로 인한 사망자가 암으로 인한 사망자보다 많아질 수 있다고 경고합니다.

항생제의 가장 큰 부작용 중 하나는 바로 우리 몸의 장내 미생물 생태계를 파괴한다는 점입니다. 항생제는 병원성 세균뿐 아니라 우리 몸에 이로운 유익균까지 무차별적으로 공격합니다.
이는 장내 미생물 불균형(Dysbiosis)을 초래하여 면역력 저하, 소화기 문제(설사, 변비), 영양 흡수 장애를 일으킬 수 있습니다.
더 나아가, 장기적으로는 알레르기 질환, 자가면역질환, 대사증후군 등의 위험을 높일 수 있습니다. 연구에 따르면, 한 번 파괴된 장내 미생물 생태계가 완전히 회복되는 데는 수개월에서 수년이 걸릴 수 있으며, 일부 중요한 유익 균주는 영구적으로 사라지기도 합니다.

2. "더 강한 항생제"라는 착각과 악순환: 함정에 빠지다

사용자께서 "우리가 모르는 바이러스와 싸워야 하면서 더 강한 항생제를 복용하는 현실"이라고 하신 부분은 두 가지 측면에서 짚어볼 필요가 있습니다.

첫째, 앞서 말했듯 항생제는 바이러스에 효과가 없습니다.
따라서 바이러스 질환에 항생제를 사용하는 것은 아무런 의미가 없으며, 오히려 우리 몸에 불필요한 부담을 주고 항생제 내성 문제만 키울 수 있습니다. 마치 망치로 나사를 박으려는 것과 같습니다.

둘째, 세균 감염이라 할지라도, 기존 항생제에 내성이 생긴 세균 때문에 "더 강한" (혹은 다른 계열의) 항생제를 사용하게 되는 악순환이 발생합니다. 이는 결국 의사들이 사용할 수 있는 항생제의 선택지를 줄어들게 만들고, 결국 치료가 불가능한 질병으로 이어질 위험을 높입니다.

항생제는 인류가 얻은 위대한 의학적 성과이지만, 이제는 '최후의 보루'로 남겨두어야 할 소중한 자원입니다. 무분별한 사용을 줄이고, 우리 몸 본연의 면역력을 키우는 것이 장기적으로 건강을 지키는 가장 현명한 길입니다.

6장

무너진 균형을 회복하는 길: 삶의 질을 높이는 통합적 접근

지금까지 우리는 우리 몸의 면역 균형이 왜 깨지는지, 그 숨겨진 이유들을 하나하나 들여다 봤습니다. 임신과 출산 과정부터 우리가 매일 먹는 음식, 넘쳐나는 정보 속 스트레스, 심지어 우리가 사는 집과 무심코 쓰는 항생제까지, 이 모든 것들이 마치 도미노처럼 얽혀 우리 몸의 면역력을 약하게 만들 수 있다는 걸 알게 되었죠.
저희 아이의 아토피와 변비도 이런 복잡한 문제들이 한데 얽혀 나타난 결과였어요.

그렇다면, 이렇게 깨진 균형을 어떻게 다시 잡고, 건강하고 활기찬 삶으로 돌아갈 수 있을까요?

1. 문제의 근원을 바르게 보기: 면역 불균형과 삶의 질 저하

우리 몸의 면역 시스템이 균형을 잃으면, 마치 무방비 상태의 성처럼 외부 공격에 취약해져요.
동시에 몸 안에서는 '만성 염증'이라는 보이지 않는 불씨가 계속 타오를 수 있답니다.

면역 균형이 깨지면 종종 만성 염증으로 이어지는데, 이 만성 염증은 정말 무서워요. 당뇨병, 심장병, 암, 그리고 우리 몸이 스스로를 공격하는 자가면역질환 등 우리가 흔히 겪는 많은 현대 질병의 숨겨진 원인이 되거든요. 마치 몸 안에 작은 불씨가 계속 타오르면서 우리 장기들을 서서히 손상시키는 것과 같아요.

우리 몸의 면역 시스템과 뇌는 상상하는 것보다 훨씬 더 긴밀하게 연결되어 있습니다.
단순히 '장과 뇌가 연결되어 있다'는 이야기뿐만 아니라, 면역계 자체가 우리 뇌에 직접적인 영향을 미치는 연구들도 활발히 진행 중이에요.
만성 염증이나 면역 세포가 분비하는 '사이토카인'이라는 신호 물질의 균형이 깨지면 뇌 기능에 영향을 미쳐 우울증, 불안감, 심지어 기억력이나 집중력이 떨어지는 현상까지 유발할 수 있답니다. 반대로, 우리가 우울하거나 스트레스를 너무 많이 받으면 면역 기능도 뚝 떨어지는 걸 경험하기도 하죠. 그러니까 몸이 아프면 마음도 힘들고, 마음이 힘들면 몸도 아픈 이유가 바로 여기에 있는 겁니다.

■ 삶의 질이 떨어지는 악순환: 굴레에서 벗어나기

자주 아프고, 늘 피곤하고, 이유 없이 몸이 쑤시고, 마음까지 우울해지면 어떻게 될까요? 당연히 일상생활이 힘들어지고, 밖에 나가 활동하기도 싫어지고, 사람들과 어울리는 것도 귀찮아지게 됩니다. 이런 상황은 다시 우리 면역력을 더 약하게 만들어서, 마치 갇힌 수레바퀴처럼 계속해서 삶의 질을 떨어뜨리는 악순환에 빠지게 합니다. 이 굴레에서 벗어나려면, 한 가지 방법만으로는 안됩니다. 여러 가지 노력을 함께해야 한답니다.

2. 균형 회복을 위한 통합 솔루션: 우리 모두 '건강 지휘자'가 되어봐요!

우리 몸의 면역 균형을 되찾고 삶의 질을 높이려면, 마치 오케스트라의 지휘자처럼 우리 삶의 다양한 부분들을 조화롭게 이끌어가야 해요. 어느 한 가지만 잘한다고 되는 게 아니라, 모든 악기(생활 습관)가 제 역할을 해야 아름다운 음악(건강)이 완성되는 것처럼요.

1) 건강한 식단으로 면역의 기초 다지기: 내 몸을 위한 '진짜 음식'

우리 몸은 우리가 먹는 것으로 만들어져요. 그러니 우리 몸을 위한 최고의 연료를 넣어주는 것이 면역력 회복의 가장 기본이자 핵심이죠.

- **자연식 위주로 바꿔봐요**: 공장에서 찍어낸 듯한 가공식품, 패스트푸드, 설탕이 넘쳐나는 음료, 몸에 안 좋은 트랜스지방 등은 최대한 줄이세요. 대신 자연 그대로의 통곡물 (현미, 잡곡), 신선한 채소와 과일, 그리고 질 좋은 단백질 (살코기, 생선, 콩류, 달걀)을 골고루 섭취하는 데 집중해 보세요.
  우리 몸은 자연에서 온 진짜 음식을 가장 잘 활용할 수 있답니다.
- **장 건강에 신경 쓰세요**: 우리 장은 면역력의 사령부라고 했죠? 김치, 된장, 요거트처럼 프로바이오틱스(유익균)가 풍부한 발효식품을 꾸준히 드세요. 필요하다면 좋은 프로바이오틱스 보충제를 섭취하는 것도 방법이에요.
  또한, 유익균이 좋아하는 먹이인 프리바이오틱스(식이섬유)가 풍부한 채소, 과일, 통곡물도 충분히 챙겨 드세요. 건강한 장은 튼튼한 면역력의 든든한 시작이니까요.
- **'불 끄는 음식'을 활용하세요**: 우리 몸속의 만성 염증 불씨를 꺼뜨리는 데 도움이 되는 음식들이 있어요. 고등어, 연어 같은 등푸른생선 (오메가-3가 풍부하죠!), 견과류, 올리브오일, 강황, 생강, 베리류 등은 염증을 줄이는 데 효과적이니 식단에 적극적으로 포함해 보세요.

2) 규칙적인 신체 활동으로 활력 더하기: 움직이는 만큼 강해지는 몸

몸을 움직이는 것은 면역력을 높이는 아주 강력한 방법이에요.
앉아만 있지 말고, 활기차게 움직여 봐요!

- **'적절한' 운동을 시작하세요**: 걷기, 조깅, 수영, 자전거 타기 등 숨이 살짝 차오르는 유산소 운동과 함께 가벼운 근력 운동을 병행하여 일주일에 3~5회, 하루 30분 이상 꾸준히 실천해 보세요. 운동은 혈액순환을 좋게 하고, 면역 세포의 활동을 활발하게 하며, 스트레스 해소에도 탁월한 도움이 된답니다. 다만, 너무 과도한 운동은 오히려 면역력을 떨어뜨릴 수 있으니, 내 몸에 맞는 강도와 시간을 찾는 것이 중요해요.
- **일상 속에서 더 움직이세요**: 굳이 헬스장을 가지 않아도 돼요. 엘리베이터 대신 계단을 이용하고, 가까운 거리는 걸어 다니고, 자전거로 출퇴근하는 등 생활 속에서 몸을 움직이는 작은 습관들이 모여 큰 변화를 만듭니다.

3) 질 좋은 수면으로 몸과 마음 재충전하기: 우리 몸의 '밤샘 근무'는 이제 그만!

잠은 우리 몸과 마음이 회복되는 가장 중요한 시간이에요.
면역 시스템도 잠자는 동안 재정비되고 강해진답니다.

- **충분한 수면을 취하세요**: 성인 기준으로 하루 7~8시간의 질 좋은 수면은 면역 체계가 재정비되고 강화되는 데 필수적이에요. 잠자는 동안 우리 몸은 낮 동안 손상된 세포를 복구하고 면역 물질들을 열심히 생산하죠.
- **규칙적인 수면 습관을 만드세요**: 매일 같은 시간에 잠자리에 들고 일어나는 규칙적인 생활이 숙면을 돕습니다. 침실 환경을 어둡고 조용하며 쾌적하게 만들고, 자기 전 스마트폰 사용을 자제하는 것도 깊은 잠을 자는 데 큰 도움이 된답니다.
'멜라토닌'이라는 수면 호르몬이 잘 분비되도록 어두운 환경을 만들어주는 게 중요해요.

4) 스트레스 관리로 마음의 평화 찾기: 면역의 '지휘자'는 바로 당신의 마음!

우리 마음은 면역 시스템의 중요한 지휘자예요.
스트레스를 잘 다루는 법을 배우면 면역력도 함께 튼튼해진답니다.

- **'이완'의 시간을 가지세요**: 명상, 요가, 심호흡, 점진적 근육 이완법 등 자신에게 맞는 스트레스 해소법을 찾아 꾸준히 실천해 보세요. 스트레스를 완전히 없앨 수는 없지만, 건강하게 다루고 풀어내는 법을 배우는 것이 정말 중요해요.
- **긍정적인 마음을 키우세요**: 매일 감사 일기를 써보거나, 좋아하는 취미 활동을 즐기거나, 자연 속에서 시간을 보내거나, 반려동물과 교감하는 등 긍정적인 감정을 느끼는 활동을 통해 스트레스에 대한 저항력을 키워보세요. 긍정적인 생각은 실제로 면역력을 높인다는 연구 결과도 있답니다.
- **사회적 지지를 활용하세요**: 혼자 모든 것을 해결하려 하지 마세요. 가족, 친구, 동료와의 건강한 관계를 유지하고, 어려울 때는 주저하지 말고 도움을 요청하세요. 혼자 고민하는 것보다 함께 나누는 것이 훨씬 효과적이고 마음의 짐도 덜 수 있어요.

5) 건강한 생활환경 조성하기: 우리 집이 주는 '안식처'

우리가 매일 숨 쉬고 잠자는 집이 건강해야 우리 몸도 건강할 수 있어요.
우리 집을 면역력을 지켜주는 안식처로 만들어 봐요.

- **주기적인 환기와 청소는 필수**: 실내 공기를 쾌적하게 유지하고, 우리 몸에 해로운 물질이

나 알레르겐(곰팡이, 집먼지진드기 등)을 제거하는 것이 중요해요. 하루 2~3회는 창문을 활짝 열어 환기하는 습관을 들이세요.

- **유해 화학물질 노출을 줄이세요**: 강한 화학 성분이 들어간 세제나 인공 향이 가득한 방향제 대신, 친환경 제품을 사용하고 불필요한 화학물질 사용을 줄이는 것이 좋아요. 베이킹소다나 식초 같은 천연 재료를 활용하는 것도 좋은 방법이에요.

■ 내 안의 치유력을 믿고, 오늘부터 시작하세요

면역과 삶의 질은 마치 동전의 양면과 같아요. 어느 한쪽이 무너지면 다른 쪽도 영향을 받게 되죠. 저희 가족의 아토피와 변비, 그리고 이를 극복하는 과정은 면역 균형의 중요성을 너무나 생생하게 깨닫게 해주었습니다.

하지만 여기서 가장 중요한 희망적인 사실은, 우리 몸 안에는 스스로를 치유하고 균형을 되찾으려는 놀라운 힘이 있다는 거예요. 우리의 몸은 우리가 생각하는 것보다 훨씬 더 강하고 지혜롭답니다.

이 책에서 제시한 방법들은 어쩌면 특별하거나 새로운 것이 아닐 수 있어요.
오히려 우리 할머니, 할아버지가 아셨던 지극히 기본적인 건강 원칙들이죠.
그러나 이러한 기본적인 원칙들을 꾸준히 실천하는 것이야 말로 가장 강력하고 지속 가능한 건강 전략이에요. 완벽하지 않아도 괜찮아요.
중요한 건 '시작'하는 겁니다.
오늘 당장 작은 것 하나부터 시작해 보세요. 아침에 일어나 물 한 잔 마시기, 점심 식사 후 10분 산책하기, 잠들기 전 스마트폰 대신 책 읽기처럼 말입니다.

균형을 되찾는 여정은 때로는 길고 지루하게 느껴질 수 있지만, 그 과정 속에서 당신은 분명 더욱 건강하고 활기찬 자신을 만나게 될 거예요.
내 안의 치유력을 믿고, 오늘, 지금 이 순간부터 건강한 삶을 향한 발걸음을 내딛기를 진심으로 응원합니다.

Chapter 05

작가: 이율겸

이율겸 저자 소개

건강 정보의 홍수 속에서 많은 이들이 겪는 혼란을 해소하고자 인체에 대한 깊은 탐구를 시작한 저자는, 특히 마이크로바이옴 분야에서 무궁무진한 가능성과 경이로운 인체 적용 결과를 직접 경험하며 전문가의 길을 걷게 되었다.

40대부터 약에 의존하며 간 수치 상승과 불편한 증상으로 힘겨워하던 이가 마이크로바이옴 관리를 통해 약을 끊고 건강을 회복하는 위대한 변화를 목격한 것이 결정적인 계기였다.

이처럼 인체의 비밀을 파헤치고 건강의 본질에 다가가려는 저자의 끝없는 도전과 탐구 정신이 마이크로바이옴에 더욱 깊이 몰두하는 원동력이 되었다.

이 책은 수많은 임상 사례와 끊임없는 연구를 통해 얻은 저자의 깊이 있는 지식과 실제적인 경험을 담아낸 결과물이다. 이 뜻깊은 여정을 통해 얻은 지식과 경험이 독자들에게 건강한 삶을 되찾는 길을 제시하리라 확신한다.

마음이 아플 때, 혹시 장이 보내는 신호는 아닐까?
뇌와 장, 그리고 숨겨진 친구들 '마이크로바이옴' 이야기

내 몸의 '이상 신호'는 어디에서 시작되었을까?

혹시 이런 경험 있으신가요?

"왠지 모르게 몸이 자꾸 안 좋아지는 것 같은데… 뭐가 문제일까?"

"머릿속이 복잡하고 답답한데, 도대체 어디서부터 잘못된 걸까?"

만약 당신의 건강에 의문 부호가 찍혔던 순간이 있었다면, 지금부터 제가 들려드릴 이야기에 귀 기울여 주세요.
이 이야기는 저의 경험담이자, 우리가 미처 알지 못했던 우리 몸속의 비밀, 그리고 그 비밀을 풀어줄 작은 친구들에 대한 이야기입니다.

■ 편식쟁이의 몸이 보내온 '긴급 경보'

저는 어릴 때부터 지독한 편식쟁이였습니다.
밥보다는 빵, 고기보다는 과자… 한식은 거의 입에도 대지 않았죠.
안타까운 마음에 저희 엄마는 제가 조금이라도 먹게 하려고 제가 좋아하는 음식 위주로 주셨고, 저는 그렇게 '길들여진 입맛'의 노예가 되어버렸습니다.
한번 길들여진 입맛은 마치 끈끈한 거미줄처럼 저를 묶어두는 것 같았어요.
적어도 '마이크로바이옴'이라는 신비로운 친구의 존재를 제대로 알기 전까지는요.

시간이 흘러 사회생활을 시작하고, 아이를 낳고 기르는 과정을 겪으면서 제 입맛은 조금씩 변하긴 했어요. 예전보다는 먹는 음식의 종류가 다양해졌지만, 그래도 여전히 그 '편식의 그림자'에서 완전히 벗어나지는 못했죠.

사회생활은 저를 늘 긴장 상태에 두었어요.
부산, 경남 인근을 하루 2~3곳씩 약속 시간에 맞춰 이동하는 강행군의 연속이었습니다.
밥은 건너뛰기 일쑤였고, 차 안에서 김밥이나 비스킷으로 대충 허기를 채우는 날들이 많았어요. 몸은 늘 천근만근 피곤했고, 속은 항상 더부룩했습니다.
그렇게 시간이 흐르자, 저는 점점 더 음식을 제대로 먹는 것 자체가 힘들어졌습니다.

그러던 어느 날, 사춘기에도 안생긴 여드름이 40대의 저에게 화농여드름으로 드러나면서 멍게피부가 되어 미관상으로도 불편했지만 보여지는 부분이라 건강일을 하는 저에게는 이만저만 스트레스가 아니였어요.
이 힘든 날들이 계속되던 어느 날, 제 손과 발, 그리고 얼굴에 정체 모를 수포들이 생겨나기 시작했습니다. 병원에 가보니 의사 선생님은 큰 병원으로 가보라는 의뢰서를 써 주셨어요.

대학병원에서 온갖 검사를 다 마친 후, 의사 선생님은 제게 예상 밖의 말을 했습니다.
"환자분은 면역력이 완전히 무너져서 생긴 일이라, 병원에서는 딱히 해드릴 게 없어요.

일단 일주일치 약을 처방해 드릴게요."
일주일 내내 잠만 쏟아졌고, 온몸은 퉁퉁 부어 인간의 모습이 아니었습니다.

늘 바쁘게 분초를 쪼개가며 살던 저에게 일주일이라는 시간은 십 년처럼 길게 느껴졌어요.
아이들도, 남편도 각자의 생활이 있었기에 그 아픔의 시간을 오롯이 혼자 견뎌야 했습니다.
그때 문득 "만약 내가 대책 없이 요양병원에서 갈 날만 기다리는 노인이 된다면 어떨까?" 하는 생각에 등골이 오싹해지면서 너무나 슬펐습니다.

발바닥까지 수포가 잡혀 꼼짝도 못 하던 제가, 용기를 내 차를 몰고 인연 닿는 대로 자연치료를 찾아 나섰습니다. 그렇게 해독을 알게 되었고, 장 환경과 먹거리가 얼마나 중요한지 깨닫게 되었습니다. 한참의 시간이 흐르고 나서야, 여러 몸 공부를 통해 제가 그동안 힘들다고 몸이 보내온 수많은 '시그널'들을 비로소 이해하게 되었습니다. 우리 몸에 점 하나, 기미, 주근깨, 주름, 심지어 그것들의 위치까지도 아무 이유 없이 생기는 것은 아무것도 없다는 것을요.

면역력을 위해서는 '장'이 중요하다는 것, 장부터 바꿔야 한다는 것을 그때서야 절실히 알게 되었습니다. 해독을 꾸준히 하면서 몸도 많이 회복하고 건강도 많이 좋아졌습니다.
하지만 중요한 문제가 있었습니다. 우리는 하루도 안 먹고는 살 수 없고, 먹는 동안은 내가 먹는 음식이 피와 살, 영양이 되기도 하지만 동시에 '독소'가 되기도 한다는 사실이었죠.
결국, 먹거리를 바꾸지 않고서는 근본적인 답이 없다는 것을 온몸으로 절감했습니다.

그동안 다양한 건강 프로그램을 접하면서 좋은 방법들을 많이 배웠지만, 몸이 병들어 지내온 시간만큼 회복하는 데도 시간이 필요하다는 것을 그때는 몰랐습니다.
빨리 좋아질 방법만을 찾았던 제가 참 어리석었다는 것을 깨달았죠.

이제 제가 마침내 발견한, 그리고 저의 삶을 통째로 바꾼 '마이크로바이옴'이라는 친구에 대해 이야기해 볼 차례입니다.
저는 제가 의지가 부족해서 음식 조절도 못 하고 반복된 나쁜 식습관 패턴에서 벗어나지 못한다고 생각했습니다. 그런데 그게 아니었습니다.
진정한 답은, 해결책은 바로 '마이크로바이옴'에 있었어요!

우리는 우리가 먹고 싶은 것을 먹고, 우리가 생각하는 줄 알았죠?

하지만 놀랍게도 그렇지 않았습니다. 사실은 '내 몸속에 있는 미생물이 먹고 싶어 하는 것'이었고, 이 미생물들의 상태에 따라 우리가 긍정적일 수도, 부정적일 수도, 우울할 수도, 불안할 수도 있었다는 사실을 알게 되었습니다.
그렇다면 장 환경은 어떻게 만들어질까요?
결국 내가 먹은 음식에 의해 만들어진다면, 우리가 무엇을 먹느냐는 정말 너무너무 중요하겠죠? 여러분, 이제부터 어떤 음식을 우리 몸에 주어야 할까요?

앞서 저의 긴 스토리를 푼 것은 지금부터 할 이야기를 더 생생하게 전달하기 위함입니다.
오랫동안 심한 편식으로 면역이 무너졌고, 면역을 지키기 위해 장이 중요하다는 것을 알게 되었지만, 이번에는 저의 조급함을 내려놓고 '마이크로바이옴'에게 맡겨보기로 했습니다.
일부러 먹고 싶은 것을 참지 않고 먹으면서도, 다양한 재료로 발효하여 꾸준히 마셨습니다.
발효는 이전 챕터에서도 다른 작가님이 설명하였듯이 미생물이 자신들의 먹이인 식이섬유를 먹는 과정을 발효라고 합니다. 이 발효를 통해서 미생물들이 만드는 것을 우리가 통째로 먹게 되는 것입니다.

발효식품을 오랜기간 동안 섭취하자 놀라운 일이 벌어졌습니다.
그렇게 좋아하던 빵이, 과자가, 튀긴 음식이 예전에 먹던 맛이 아니었습니다.
예전에는 맛있다고 먹었던 것들이 이제는 속을 니글거리게 만들고, 말할 수 없는 불편함으로 더 이상 먹을 수가 없게 된 거예요. 반대로 평소에는 먹고 싶지 않았던 채소나 건강한 음식들이 먹고 싶어졌고, 막상 먹어보니 너무 맛있었고 몸도 편안해지기 시작했습니다.

이론이 아닌 온몸으로 '진짜 체험'을 하게 된 것이죠. 이뿐만이 아니었습니다.
몸이 가벼워지고 편안해지니 마음도 가벼워졌고, 마음이 가벼워지니 저절로 즐겁고 좋은 생각을 하면서 기뻐졌어요.
드디어 제 장내 미생물이 바뀐 결과로 이런 놀라운 일들이 일어난 것이었습니다.

여러분도 저처럼 '의지'가 아닌 '장내 미생물'을 바꿔 이런 놀라운 경험을 해보고 싶지 않으신가요?

장과 뇌가 '절친'이었다니!
어떻게 대화할까?

여러분, 우리 몸에서 장(腸)과 뇌(腦)는 생각보다 훨씬 더 긴밀한 관계를 맺고 있다는 사실, 알고 계셨나요? 마치 서로에게 속삭이듯 끊임없이 대화하는 '절친' 같아요.
이 특별한 연결 통로를 우리는 '장-뇌 축(Gut-Brain Axis)'이라고 부른답니다.

이 축 덕분에 우리가 무엇을 먹는지, 얼마나 스트레스를 받는지 같은 것들이 뇌에 직접적인 영향을 줄 수 있습니다. 그리고 반대로, 우리의 기분이나 생각 같은 뇌의 상태 역시 장 건강에 영향을 미칠 수 있죠.

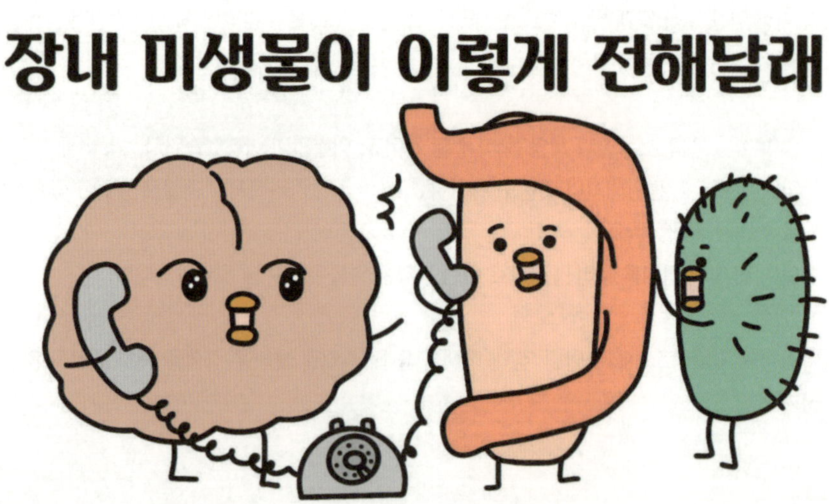

장과 뇌는 어떻게 서로 신호를 주고받을까요?

첫 번째 대화 채널은 바로 '미주신경' 입니다.
미주신경은 우리 몸에서 가장 긴 신경 중 하나로, 뇌에서 시작해 목, 가슴을 지나 심장, 폐, 위장까지 연결되어 있답니다. 이 신경은 장에서 일어나는 일들을 뇌에 직접 전달하는 '고속도로' 역할을 합니다.
예를 들어, 장이 불편하면 뇌에 신호를 보내 불쾌감을 느끼게 하고, 반대로 뇌가 스트레스를 받으면 미주신경을 통해 장으로 신호를 보내 소화 불량을 일으키기도 하죠. 마치 전화선처럼 장과 뇌를 이어주는 중요한 역할을 하는 거예요.

두 번째는 '신경전달물질' 입니다.
여러분, 행복 호르몬이라고 불리는 세로토닌에 대해 들어보셨나요?
놀랍게도 우리 몸속 세로토닌의 80~95%가 뇌가 아닌 장에서 만들어진다는 사실!
세로토닌은 우리의 기분을 조절하고, 식욕과 수면에도 영향을 미치는 아주 중요한 물질입니다.
장에서 세로토닌이 충분히 만들어지지 않으면 기분이 가라앉거나 우울감을 느끼기 쉬워지는 이유가 바로 여기에 있습니다. 이 외에도 장에서는 도파민, GABA 같은 다양한 신경전달물질의 전구체(만들어지기 전 단계 물질)가 생성되어 뇌로 보내진답니다.
장이 건강해야 뇌가 필요로 하는 중요한 물질들을 잘 만들어낼 수 있는 셈입니다.

세 번째는 '면역 체계' 입니다.
장에는 우리 몸 면역세포의 약 70%가 존재한다고 알려져 있습니다.
장 건강이 나빠지면 장 벽이 손상되어 염증 물질이나 독소가 혈액을 타고 뇌로 올라가 뇌의 염증 반응을 유발할 수 있습니다. 뇌의 염증은 우울증, 불안, 인지 기능 저하 등 다양한 정신 건강 문제와 관련이 깊습니다. 장 건강이 곧 뇌 건강을 지키는 방패인 셈이죠.

마지막으로, 이 모든 대화에 결정적인 역할을 하는 숨겨진 주인공이 있습니다.
바로 '장내 미생물' 친구들 입니다.
우리 장 속에는 수십조 개의 미생물들이 살고 있는데, 이들은 단순히 소화를 돕는 것을 넘어 뇌 건강과도 깊은 관련을 맺고 있습니다. 이들이 만들어내는 다양한 물질들이 장-뇌 축을 통해 뇌에 영향을 미치면서 우리의 기분, 감정, 심지어 행동까지 조절하는 데 영향을 줄 수 있어요.
균형 잡힌 장내 환경을 유지하면 뇌도 더 맑고 편안한 상태를 유지할 가능성이 높아지는 이유가 바로 여기에 있답니다.

결국, 건강한 장이 건강한 마음으로 이어진다는 말은 빈말이 아니었습니다.
균형 잡힌 식사를 하고, 스트레스를 관리하고, 프로바이오틱스처럼 장에 좋은 것들을 챙기면 뇌도 더 맑고 편안해질 수 있다는 사실!
생각보다 장과 뇌는 서로 꽤 많은 대화를 나누고 있는 셈이죠?
마치 비밀 코드를 주고받는 첩보원들처럼 말이에요.

마이크로바이옴 친구들이 장-뇌 축에 미치는 어마어마한 영향

우리 몸속에는 우리 세포 수보다도 더 많은 수의 미생물들이 함께 살아가고 있습니다. 특히 우리 장 속에는 수백 조 개의 다양한 미생물들이 모여 사는데, 이들을 통틀어 '마이크로바이옴'이라고 부릅니다.

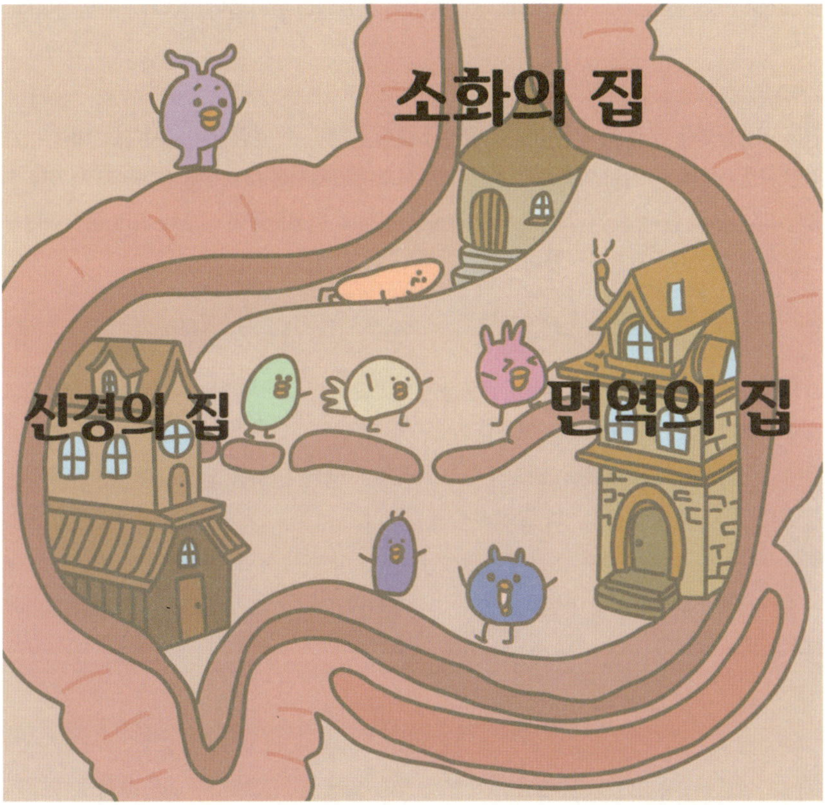

이 작은 생명체들은 단순히 소화를 돕는 것뿐만 아니라, 장-뇌 축(Gut-Brain Axis)에서 그야말로 '어마어마한' 역할을 해내고 있습니다. 우리의 기분, 감정, 스트레스 반응, 심지어 인지 기능까지도 이 작은 친구들의 손에 달려있다고 해도 과언이 아니죠.

마이크로바이옴이 장-뇌 축에 어떻게 영향을 미칠까요?

1. '신경 경로'를 통한 비밀 메시지

장내 미생물들은 미주신경을 자극해서 뇌로 신호를 보내는 능력자입니다. 이 과정은 우리의 감정과 스트레스 반응을 조절하는 데 아주 중요한 역할을 한답니다.
마치 무전기처럼 장에서 뇌로 "지금 내 기분은 이래!", "스트레스 받고 있어!" 같은 메시지를 보내는 거죠. 《Nature》지에 실린 연구에 따르면, 특정 장내 미생물들이 미주신경을 통해 뇌의 특정 영역을 활성화시켜 불안 행동을 감소시키기도 한다는 사실이 밝혀지기도 했습니다.

2. '면역 경로'를 통한 방패 역할

장내 미생물들은 우리 몸의 면역 시스템을 조절하는 데도 큰 영향력을 행사해요. 이들이 건강한 균형을 이루면 뇌의 염증을 감소시키고, 심지어 뇌세포를 보호하는 효과까지 제공할 수 있답니다. 우리 몸속의 '경찰관'인 면역 세포들이 장내 미생물들의 신호에 따라 움직이면서 뇌를 염증으로부터 지켜주는 것이죠.

3. '대사 경로'를 통한 행복 물질 생산

가장 놀라운 사실 중 하나는 장내 미생물들이 우리의 기분을 좌우하는 중요한 신경전달물질들을 만들어내는 데 관여한다는 거예요.
앞에서 언급했듯이, 세로토닌, 도파민, GABA와 같은 행복, 만족감, 안정감과 관련된 물질들을 장내 미생물들이 생산하거나 그 생산을 돕습니다.
특히 세로토닌의 80~90%가 장에서 만들어진다는 사실은, 장이 우리의 감정 조절에 얼마나 중요한지, 그리고 장내 미생물들이 우리의 행복에 얼마나 큰 영향을 미치는지 명확하게 보여줍니다.

■ 그럼, 장내 미생물 균형이 깨지면 어떤 일이 일어날까요?

- **마음이 아파와요**: 장내 미생물의 균형이 깨지면 우울증, 불안감이 증가할 수 있다는 연구 결과가 많습니다. 장이 불편하면 마음도 불편해지는 이유가 여기에 있었던 거죠.
- **스트레스가 독이 돼요**: 스트레스가 많으면 장내 미생물의 다양성이 감소하고, 건강에 해로운 '병원성 미생물'들이 증가해요. 이렇게 되면 장 건강뿐만 아니라, 우리의 정신 건강에도 아주 나쁜 영향을 미친답니다.

■ 그렇다면, 건강한 장-뇌 축을 유지하려면 무엇을 해야 할까요?

- **유익균을 위한 '뷔페'를 차려주세요**: 섬유질이 풍부한 음식(채소, 과일, 통곡물)을 섭취해서 장내 유익균들이 마음껏 먹고 자라날 수 있도록 해주세요.

- **발효식품을 가까이하세요**: 김치, 된장, 요거트 같은 발효식품은 장내 미생물 균형을 유지하는 데 아주 큰 도움이 된답니다.

- **스트레스 관리도 필수**: 명상, 운동, 충분한 수면은 장과 뇌를 건강하게 유지하는 데 중요한 요소예요. 마음이 편해야 장도 편해지거든요.

마이크로바이옴은 단순히 우리 장 속에 사는 미생물이 아닙니다. 그들은 우리의 몸과 마음을 조율하는 숨은 조력자이자, 우리의 행복을 좌우할 수 있는 '슈퍼 히어로'인 셈이죠.
그러니 장 건강을 챙기는 것이 곧 우리의 정신 건강을 챙기는 지름길이랍니다!

마이크로바이옴 균형이 깨지면 생기는 '나쁜 일들'

우리 장 속에 사는 마이크로바이옴 친구들이 제각기 행복하게 균형을 이루며 살면 우리 몸도 평화롭습니다. 하지만 만약 이들의 균형이 깨지기 시작하면, 마치 평화로운 마을에 불청객들이 들어와 질서를 어지럽히는 것처럼 우리 몸에 다양한 '나쁜 일들'이 벌어질 수 있습니다. 장내 미생물의 균형이 무너지면 단순히 소화가 안 되는 것을 넘어, 면역력 저하, 정신 건강 악화 등 상상 이상으로 많은 문제들이 나타날 수 있어요.

마이크로바이옴 불균형이 초래하는 문제들을 살펴볼까요?

1. 소화 불량과의 싸움

가장 먼저, 소화 시스템에 비상이 걸려요. 변비, 설사, 복부 팽만감(배에 가스가 차서 빵빵한 느낌)이 심해질 수 있습니다. 장내 유익균이 줄어들면 음식물 분해가 원활하지 않고, 나쁜 균

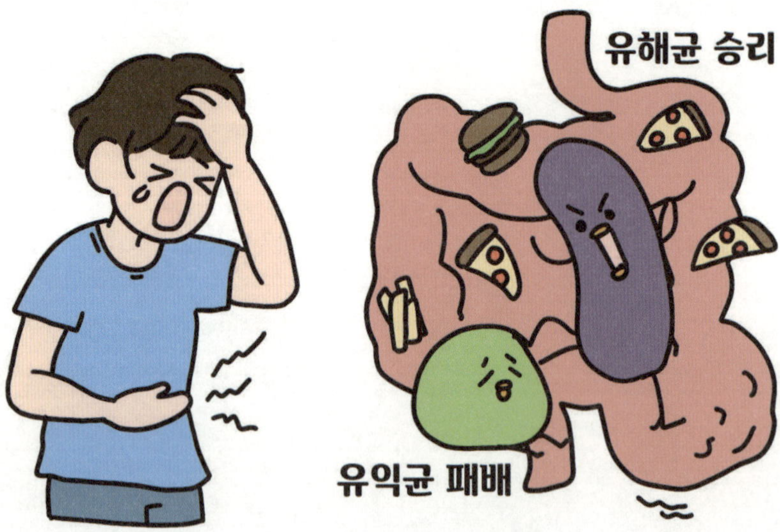

들이 가스를 만들어내기 때문이죠. 마치 공장이 제대로 돌아가지 않아 폐기물이 쌓이는 것과 같습니다.

2. 면역력 저하: 우리 몸의 방패가 약해져요:

앞서 말씀드렸듯이, 장에는 우리 몸 면역세포의 70% 이상이 존재합니다. 마이크로바이옴 균형이 깨지면 이 면역 기능이 약해져서 감염병에 쉽게 걸리고, 감기도 잘 낫지 않는 등 외부의 공격에 취약해져요. 우리 몸을 지켜주는 든든한 방패가 약해지는 셈이죠.

3. 정신 건강 악화: 마음의 그림자가 드리워져요:

가장 놀라운 부분입니다. 장-뇌 축(Gut-Brain Axis)을 통해 장내 미생물이 신경전달물질을 조절하는데, 균형이 깨지면 우울증, 불안감이 증가할 수 있습니다. 행복 호르몬인 세로토닌의 대부분이 장에서 만들어진다는 것을 기억한다면, 장이 건강하지 않으면 마음도 우울해질 수 있다는 사실이 더욱 분명해질 겁니다.

4. 체중 증가 및 대사 문제: 몸의 균형이 깨져요:

장내 미생물은 우리가 섭취한 음식을 어떻게 에너지로 만들고 저장할지, 즉 지방 저장과 대사 작용에도 영향을 미치게 됩니다.
균형이 깨지면 살이 찌기 쉬워지고, 비만이나 당뇨병 같은 대사성 질환의 위험이 높아질 수 있다는 연구 결과가 많아요.

5. 염증 증가: 몸속의 작은 불씨가 커져요:

장내 미생물 불균형은 우리 몸 전체에 만성 염증을 유발할 수 있습니다. 이 염증이 지속되면 관절염, 심혈관 질환(심장병, 혈관 질환), 심지어 암 같은 심각한 질병의 위험이 증가할 수 있어요. 마치 몸속에 보이지 않는 작은 불이 계속 타오르는 것과 같죠.

6. 알레르기 및 자가면역질환 악화:

장내 미생물은 면역 반응을 미세하게 조절하는 역할을 하는데, 균형이 깨지면 알레르기 반응이 심해지거나, 아토피, 류마티스 관절염 같은 자가면역질환(우리 몸이 스스로를 공격하는 질환)이 악화될 수 있어요. 저의 아토피도 이와 무관하지 않았다는 것을 깨닫게 되었습니다.

마이크로바이옴은 단순한 장내 미생물이 아니라, 우리 몸 전체 건강을 조율하는 '컨트롤 타워'와 같은 중요한 요소입니다.
이들의 균형을 잘 유지하면 몸과 마음이 훨씬 더 건강해질 수 있다는 사실, 기억하세요!

우울증, 불안… 왜 나를 찾아올까요?
(특히 여자에게 더 많은 이유)

"왜 이렇게 우울할까?" "괜히 불안하고 초조해." 이런 감정들이 우리를 찾아올 때면, 우리는 흔히 '마음의 문제'라고만 생각하기 쉬워요. 물론 심리적인 요인이 크지만, 우울증과 불안은 단순히 마음의 문제가 아니라 우리 몸, 특히 '장 건강'과 깊은 관련이 있다는 사실을 이제는 아실 거예요. 그리고 흥미롭게도, 이 우울증과 불안은 특히 여성에게 더 많이 나타나는 경향이 있습니다.

왜 그럴까요? 여기에는 생물학적, 심리적, 사회적 요인들이 복합적으로 작용하고 있답니다.

여자에게 우울증과 불안이 더 많은 이유들을 파헤쳐 볼까요?

1. 생물학적 요인: 춤추는 호르몬의 영향

- **호르몬 변화의 파도**: 여성의 삶은 호르몬 변화의 연속이라고 할 수 있습니다.
  월경 주기, 임신, 출산, 그리고 폐경에 이르기까지 에스트로겐과 프로게스테론 같은 여성 호르몬들이 격렬하게 변동하죠.
  이 호르몬들은 우리의 기분을 조절하는 세로토닌과 같은 신경전달물질과 아주 밀접한 관계를 맺고 있습니다.
  호르몬 수치가 급격히 변하면 세로토닌 균형이 깨지기 쉽고, 이로 인해 감정 기복이 커지거나 우울감을 느낄 가능성이 높아지는 겁니다.
  마치 롤러코스터를 타는 것처럼 감정의 오르락내리락이 심해지는 거죠.
- **뇌 구조의 미묘한 차이**: 일부 연구에 따르면, 여성의 뇌는 감정을 처리하는
  영역이 남성보다 더 활성화되어 있어서 스트레스나 불안을 더 강하게 느끼는 경향이 있다고 합니다.

감정에 더 민감하게 반응할 수 있는 뇌의 특성 때문이라고 볼 수 있습니다.

2. 심리적 요인: 마음의 가면과 완벽주의의 덫

- **감정 표현 방식의 차이**: 사회적으로 여성은 남성보다 감정을 더 많이 표현하는 경향이 있습니다. 울고, 슬퍼하고, 불안해하는 감정을 드러내는 것이 비교적 용인되는 분위기죠. 반면 남성은 “남자는 울면 안 돼”, “강해야 해” 같은 사회적 메시지 때문에 감정을 억누르는 경우가 많습니다. 그래서 남성의 우울증은 겉으로 잘 드러나지 않는 ‘가면성 우울증’으로 나타나기도 합니다.

◦ **완벽주의의 굴레**: 여성은 사회적으로 '좋은 엄마', '좋은 아내', '유능한 직장인' 등 다양한 역할을 완벽하게 해내야 한다는 압박감을 더 많이 받는 경향이 있습니다. 이런 완벽주의 성향과 그에 따른 부담감은 스트레스를 가중시키고, 결국 우울증과 불안을 유발하는 원인이 될 수 있습니다.

■ **그렇다면, 이 우울증과 불안의 그림자에서 벗어나려면 어떻게 해야 할까요?**

• **규칙적인 생활로 균형 잡기**: 충분한 수면과 건강한 식습관을 유지하는 것은 호르몬 균형을 맞추고 전반적인 신체 컨디션을 좋게 하는 데 도움이 됩니다.
이전에도 강조하였지만 장내 미생물이 뇌 호르몬을 생성한다는 것 기억하실 겁니다.
그러므로 장 건강을 챙기는 것이 가장 중요하다는 것을 기억해야 합니다.

• **사회적 지지를 활용하세요**: 혼자 끙끙 앓지 마세요. 가족, 친구, 믿을 수 있는 동료, 또는 전문가와의 대화를 통해 감정을 나누고 지지를 받는 것이 중요합니다.

여성에게 우울증과 불안이 더 많이 나타나는 이유는 단순히 생물학적 차이뿐만 아니라, 사회적 환경과 심리적 요인이 복합적으로 작용하기 때문입니다.
하지만 이러한 복합적인 원인들을 이해하고, 적절한 대처 방법을 찾는다면 우리는 충분히 이 어려움을 극복하고 더 건강한 삶을 살아갈 수 있습니다.
당신은 혼자가 아니라는 것을 기억하시기 바랍니다.

ADHD, 혹시 '장' 때문일지도 몰라요!

"ADHD는 뇌의 문제인데, 장이랑 무슨 상관이야?"
아마 이런 질문을 하는 분들이 많을 겁니다. 저도 그랬으니까요!
ADHD는 주로 집중하기 어렵거나, 가만히 있지 못하고 부산스러운 행동을 보이거나, 순간적인 감정을 조절하기 힘든 증상이 나타나는 뇌의 문제라고 알려져 있습니다.

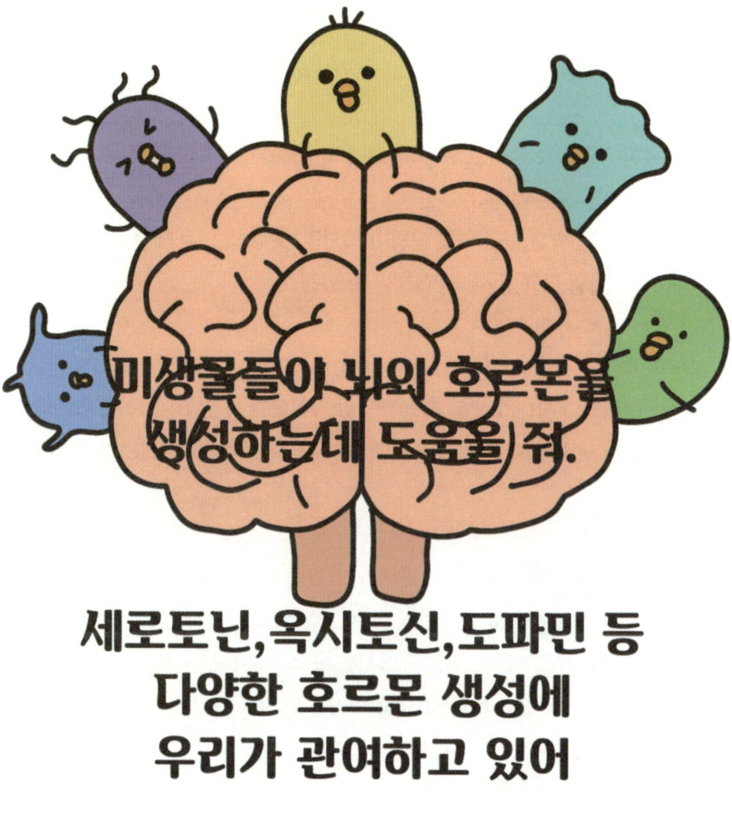

미생물들이 뇌의 호르몬을
생성하는데 도움을 줘.
세로토닌, 옥시토신, 도파민 등
다양한 호르몬 생성에
우리가 관여하고 있어

그러나 연구를 통해 밝혀진 내용은 우리 몸속의 '장'과 ADHD 증상이 깊이 연결되어 있다는 겁니다. 특히 우리 장 속에 사는 작은 친구들, 즉 '장내 미생물'들이 ADHD 증상에 영향을 줄 수 있다는 연구들이 계속해서 나오고 있는 겁니다.

ADHD와 장은 어떻게 연결되어 있을까요?

1. 장내 미생물이 '뇌 속 화학 물질'을 조율합니다.

ADHD의 주된 원인 중 하나는 뇌 속의 '도파민'과 '노르에피네프린'이라는 특별한 화학 물질들이 균형을 잃는 겁니다.

이 물질들은 우리가 집중하고, 동기 부여를 느끼고, 감정을 조절하는 데 아주 중요하죠.

그런데 놀랍게도, 우리 장 속에 사는 미생물들이 이 도파민뿐만 아니라, 행복 호르몬인 세로토닌, 그리고 마음을 안정시키는 GABA 같은 중요한 뇌 속 화학 물질들을 만들거나, 이들이 잘 만들어지도록 돕는 역할을 합니다.

상상해보세요.

뇌 속에서 중요한 연주회가 열리고 있는데, 장내 미생물들이 마치 오케스트라의 지휘자처럼 이 화학 물질들을 조율하는 겁니다.

만약 이 지휘자들이 제 역할을 못 하고 균형이 깨지면, 뇌 속의 연주가 엉망이 되면서 ADHD 증상(집중력 저하, 과잉 행동 등)이 더 심해질 수 있겠죠?

실제로 《정신의학 최전선 (Frontiers in Psychiatry)》이라는 과학 잡지에 실린 연구를 보면, ADHD를 겪는 아이들의 장내 미생물 구성이 일반 아이들과 다르다는 사실을 발견했습니다. 특정 미생물 그룹이 뇌 속 화학 물질의 균형에 영향을 미칠 수 있다는 겁니다.

2. 장의 '작은 불씨'가 뇌까지 번질 수 있어요!

ADHD를 겪는 사람들의 장을 자세히 살펴보니, 건강에 좋은 미생물(유익균)은 부족하고, 염증을 일으키는 나쁜 미생물들이 많아지는 경향이 있습니다. 이렇게 장에 염증이 심해지면, 마치 우리 장 벽에 '미세한 구멍'이 생기는 것처럼 될 수 있습니다.

이것을 '장 누수 증후군'이라고 부르는데, 장 벽이 느슨해 지면서 소화가 덜 된 음식물 찌꺼기나 몸에 해로운 독소들이 혈액 속으로 새어 나가는 현상입니다.

이 독소들이 혈액을 타고 뇌까지 올라가면 어떻게 될까요?
마치 뇌에 작은 불씨가 옮겨붙는 것처럼 '뇌 염증'을 일으킬 가능성이 있습니다.
뇌에 염증이 생기면 집중력이 더 떨어지고, 감정 조절이 더 힘들어지는 등 ADHD 증상이 더 심해질 수 있습니다. 우리 몸의 염증이 뇌 건강까지 위협하는 겁니다.

3. 면역 시스템과 ADHD의 '숨겨진 연결 고리'

우리 장 속에 사는 미생물들은 우리 몸의 면역 시스템과도 아주아주 친합니다.
장내 미생물들이 건강하면 면역 시스템도 튼튼해집니다. 그런데 ADHD를 겪는 사람들의 경우, 면역 시스템이 과도하게 반응하는 경향이 있다는 연구 결과들이 있습니다.

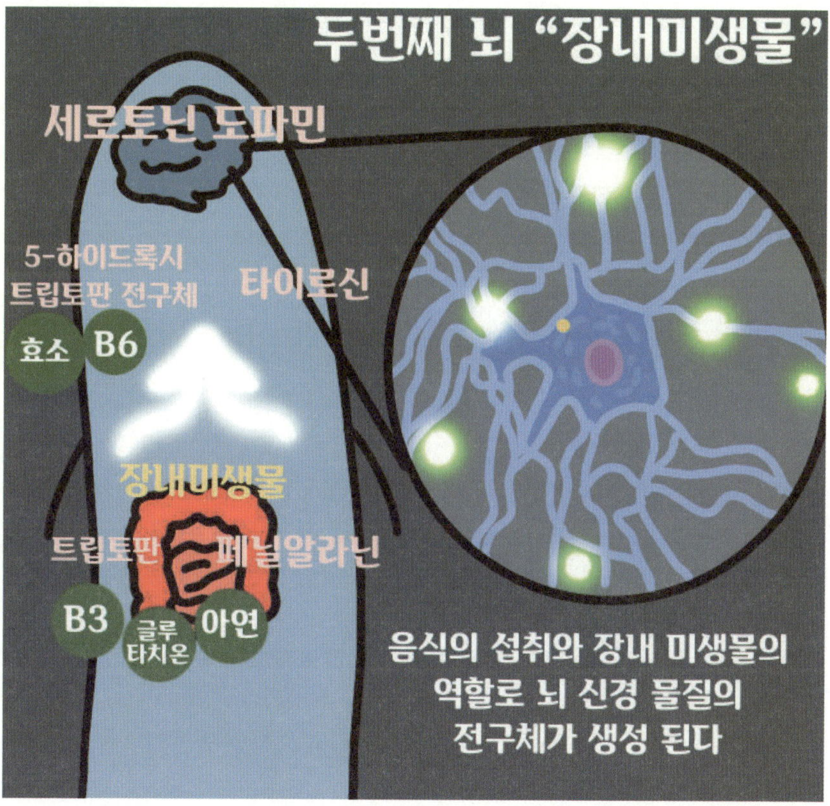

이는 장내 미생물의 균형이 깨진 것과 관련이 있을 수 있답니다. 면역 반응이 너무 과도해지면 뇌에 염증이 생길 수 있고, 이 염증은 다시 ADHD 증상에 영향을 미치는 악순환을 만들 수 있습니다. 마치 면역 시스템이 너무 예민해져서 작은 자극에도 과민 반응을 보이는 것과 같습니다.

■ 그럼 ADHD 증상 완화를 위해 장 건강은 어떻게 관리해야 할까요?

ADHD 증상을 조절하는 데 뇌뿐만 아니라 장 건강을 함께 관리하는 것이 정말 중요하다는 연구 결과가 점점 늘어나고 있습니다. 우리 아이들, 그리고 우리 자신의 집중력과 감정 조절 능력을 향상시키기 위해 장을 돌보는 방법을 알아볼까요?

'유익균'을 위한 잔치를 열어주세요!
프리바이오틱스(유익균이 좋아하는 먹이, 예를 들면 식이섬유가 풍부한 채소, 과일, 통곡물)와 프로바이오틱스(유익균 자체, 예를 들면 김치, 된장, 요거트 같은 발효식품이나 유산균 보충제)를 꾸준히 섭취해서 장내 유익균들이 신나게 활동할 수 있는 환경을 만들어 주세요.

'나쁜 음식'은 과감히 멀리하세요!
가공식품, 인공 색소, 설탕이 잔뜩 들어간 달콤한 음식들은 장내 나쁜 균들을 키우는 주범입니다. 이런 음식들은 최대한 줄이는 것이 장 건강에 큰 도움이 됩니다.

규칙적인 '생활 리듬'으로 장을 행복하게!
잠을 충분히 자고, 규칙적으로 운동하는 등 건강한 생활 습관은 장내 미생물의 다양성을 높이고 장 환경을 건강하게 만드는 데 큰 도움이 됩니다. 몸이 편안해야 장도 편안해집니다.

ADHD 증상을 조절하는 데 있어서 뇌만 보는 것이 아니라, 장 건강까지 함께 신경 쓰는 것이 얼마나 중요한지 알게 되었을 겁니다. 우리 몸속의 작은 장이 사실은 우리 아이들의 집중력, 감정 조절 능력, 그리고 나아가 우리 모두의 미래에까지 큰 영향을 미칠 수 있다는 사실, 정말 놀랍지 않나요?
오늘부터 우리 장 친구들을 좀 더 살뜰히 보살펴 주는 건 어떨까요?

7장

마음이 아플 때, 혹시 '장이 보내는 신호'는 아닐까?

"왠지 모르게 기운이 없고, 자꾸만 처져. 그냥 잠시 우울한 걸까?"
"특별한 이유 없이 불안하고 초조해. 왜 이러지?"

여러분, 우리가 마음이 힘들고 아플 때, 우리는 흔히 정신적인 원인만을 찾으려 합니다. 하지만 이제 우리는 알게 되었습니다. 우리 마음의 고통이 어쩌면 '장이 보내는 간절한 신호'일 가능성도 있다는 것을 말입니다. 장과 뇌는 장-뇌 축을 통해 그야말로 '한 몸'처럼 긴밀하게 연결되어 있어서, 장 건강이 나빠지면 정신 건강에도 직접적인 영향을 미칠 수 있습니다.

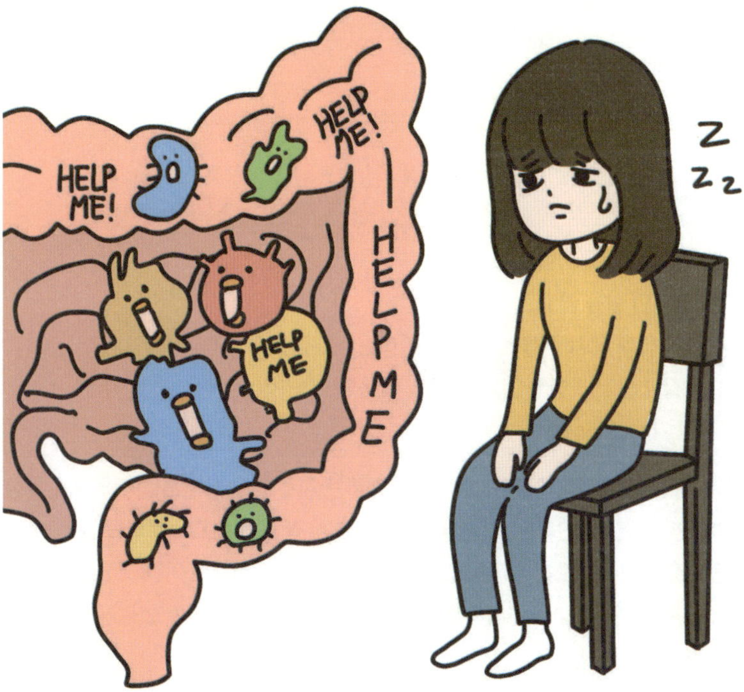

특히 장내 미생물 균형이 깨지거나 장에 염증이 증가하면 우울감, 불안, 심한 피로감 같은 증상이 나타날 수 있다는 연구 결과가 많습니다.

■ 장이 우리에게 보내는 'SOS 신호'들을 한번 알아볼까요?

- **소화 문제**: 변비, 설사, 복부 팽만감(배에 가스가 차서 불편한 느낌)이 오랫동안 지속된다면, 당신의 장내 미생물 균형이 깨졌을 가능성이 높습니다. 장이 불편하다는 것은 장내 미생물들이 불행하다는 뜻일 수 있고, 이들의 불행은 뇌로 고스란히 전달될 수 있습니다.

- **식욕 변화**: 평소와 다르게 갑자기 식욕이 줄거나, 반대로 폭식하는 경향이 생기지는 않았나요? 이것 역시 장내 미생물의 불균형이 식욕 조절 호르몬에 영향을 미쳐 나타나는 신호일 수 있습니다.

- **피로감**: 충분히 쉬었는데도 늘 피곤하고 기운이 없다면, 혹시 장내 염증이 증가했을 가능성도 생각해 봐야 합니다. 장의 염증은 온몸의 에너지를 고갈시키고, 뇌의 피로를 유발할 수 있습니다.

- **기분 변화**: 이유 없이 우울하거나 불안한 느낌이 자주 드시나요?

  앞서 강조했듯이, '행복 호르몬'인 세로토닌의 80~90%가 장에서 만들어진다는 사실을 기억하세요. 장 건강이 나빠지면 세로토닌 생성이 줄어들어 기분에도 직접적인 영향을 미칠 수 있습니다.
  마치 장이 "나 힘들어! 행복 호르몬 못 만들겠어!" 하고 시위하는 것과 같습니다.

■ 행복의 열쇠는 '마이크로바이옴'에 있다!

우리는 누구나 행복한 삶을 꿈꾸고, 행복해야 할 권리가 있습니다.
그런데 종종 "내 맘인데 왜 내 맘대로 안 될까?" 하는 좌절감을 느낄 때가 있습니다.
닭이 먼저냐, 달걀이 먼저냐 하는 것처럼, 몸과 마음도 어느 것이 먼저라고 할 수 없는 상호보완적인 관계를 가지고 있습니다.

하지만 분명한 것은, 우리 몸의 '마이크로바이옴'이라는 아주 작은 생명체들이 우리의 건강과 행복에 지대한 영향을 미친다는 사실입니다. 그들은 우리 몸의 세포 수보다도 많고, 우리 몸의 '파수꾼'으로서 매우 중요한 역할을 합니다. 건강한 삶을 위해서는 이 작고 소중한 친구들을 잘 지키고 관리해야 합니다. 그렇다 보니, 마이크로바이옴이 잘 살 수 있는 환경을 만들어주는 것이 무엇보다 중요합니다.

■ 마이크로바이옴이 잘 살 수 있는 환경의 중요한 세 가지 요소는 바로 이것입니다!

첫째, **'균주'가 중요해요**.

마이크로바이옴도 종류가 다양합니다.

시중에 다양한 유산균 제품이 있지만, 어떤 '균주'로 만들어졌느냐에 따라 효능도, 가격도 천차만별이랍니다. 프로바이오틱스라고 다 똑같지 않으니, 꼼꼼히 따져서 당신의 장에 맞는 튼튼하고 효과적인 균주를 선택하는 것이 중요합니다.

둘째, **'온도'예요**.

여러분은 어떤 곳을 좋아하세요? 따뜻하고 포근한 곳? 아니면 춥고 싸늘한 곳?

당연히 따뜻한 곳이 좋겠죠? 우리 장내 미생물들도 마찬가지입니다.

현대인들이 즐겨 마시는 차가운 음료, 배를 드러내는 배꼽티 같은 습관들은 장을 차갑게 만들어 미생물이 번식하기 힘든 환경을 만듭니다. 따뜻한 음식을 즐겨 마시고, 배를 항상 따뜻하게 유지해 주어야 합니다.

이 작은 습관이 장내 미생물들에게는 따뜻한 보금자리가 될 수 있습니다.

셋째, **'먹이'예요**.

어떤 곳이든 먹이가 풍요로운 곳에서는 생명체가 잘 번식하겠죠?

우리 장내 미생물도 마찬가지입니다. 미생물들의 맛있는 먹이가 되는 '식이섬유'를 다양한 종류로 충분히 섭취하는 것이 좋습니다.

채소, 과일, 통곡물, 콩류 등 다양한 식재료를 통해 골고루 섭취하여 우리 장내 미생물 친구들이 배불리 먹고 건강하게 자라날 수 있도록 도와주세요.

몸을 건강히 하면… 좀 더 정확히 꼭 집어서 얘기하자면, 마이크로바이옴의 서식처인 '장'을 잘 관리하면, 우리의 삶에서 바라는 건강과 행복의 문턱에 훨씬 더 쉽게 다가설 수 있을 겁니다.

"건강한 신체에 건강한 정신이 깃든다"는 말, 이제 그 이유를 정확히 아셨죠?

오늘부터 행복 1일을 시작하고 싶으시다면, 장내 미생물이 잘 살 수 있는 환경을 만들어보면 어떨까요? 작고 미약한 미생물들이 행복하면, 그 행복은 선순환으로 이어져 우리의 건강과 행복으로 보답할 겁니다.

당신의 장 속에 숨어있는 작은 영웅들이 당신의 삶을 더욱 빛나게 해줄 것입니다.

오늘부터, 당신의 장내 미생물들을 위한 행복한 집을 만들어주세요!

Chapter 06

작가: 김문숙

김문숙 저자 소개

마이크로바이옴 분야의 건강 전도사인 저자는 어린 시절부터 만성적인 냉증과 소화 불량으로 고통받으며 건강과는 거리가 먼 삶을 살았다. 하지만 마이크로바이옴에 대한 깊이 있는 탐구는 그의 삶을 완전히 바꾸어 놓았다.

수많은 미생물이 건강을 좌우한다는 진실을 깨닫고 식습관을 혁신적으로 개선하며, 차가웠던 몸은 온기를 되찾았고 미식의 즐거움까지 누리게 되었다.

이러한 개인적인 경험과 심도 있는 학습을 바탕으로 저자는 마이크로바이옴 전문가이자 뇌교육 상담사로서 건강 전도사의 삶을 살고 있다. 또한 자연 속에서 얻는 치유의 힘을 나누고자 힐링 공간을 조성하는 꿈을 키워나가고 있다. 이 책은 저자가 직접 경험하고 연구하며 얻은 건강 지식과 마이크로바이옴의 놀라운 힘을 독자들과 나누고자 하는 열정의 결과물이다.

마이크로바이옴과 해독, 그리고 다이어트

늘 천근만근 무거운 피로감, 이유 모를 통증, 좀처럼 빠지지 않는 뱃살…
혹시 이런 증상들로 오랫동안 지쳐있지는 않으신가요?
건강 관련 정보는 넘쳐나지만, 무엇이 진짜 나에게 필요한 것인지 갈피를 잡기 어려우셨나요? 시도했던 수많은 다이어트는 번번이 실패로 돌아가고, 병원 문턱은 어느새 익숙한 풍경이 되어 버렸을지도 모릅니다.

현대사회의 무분별한 식습관과 급변하는 환경은 우리의 몸을 더욱 지치게 만들고 있습니다. 편리함 뒤에 숨겨진 가공식품, 과도한 스트레스, 오염된 공기 등은 우리 몸의 자연스러운 균형을 깨뜨리고, 알 수 없는 불편함과 질병을 초래하게 됩니다.

저 역시 오랜 시간 건강 문제와 씨름하며 '이대로는 안 된다'는 절실함을 느껴왔습니다.

INSTANT
SOUP
SOUP
독소는 간으로
가기 전 미생물이
먼저 해독해요

그러다 마침내, 우리 몸속에 숨겨진 놀라운 비밀을 발견했죠.
우리 몸을 구성하는 또 다른 나, 바로 '마이크로바이옴', 그중에서도 '장내 미생물'이라는 작은 존재들입니다.
이 작은 생명체들이 우리 몸의 해독 능력은 물론, 소화, 체중 조절, 면역력, 대사 조절, 심지어 우리의 기분과 생각에까지 지대한 영향을 미친다는 사실을 알게 되었을 때, 저는 새로운 희망을 보았습니다.

이 책은 그동안 당신의 건강을 가로막았던 진짜 원인을 찾아내고, '마이크로바이옴'이라는 새로운 동반자와 함께 내 몸의 지혜를 다시 일깨우는 여정입니다.
다이어트와 만성 질환이라는 오랜 숙제에 지쳐있던 당신에게, 이 책이 몸속 작은 우주의 놀라운 힘을 발견하고, 활력 넘치는 새로운 삶을 시작하는 계기가 되시기를 바랍니다.

해독, 그 오해와 진실: 내 몸을 병들게 하는 '숨은 독소'를 찾아서

"어느날부터 였을까?
아침에 눈뜨는 게 고통스러웠고, 머리는 늘 뿌연 안개 낀 듯 맑지 않았던 생활들이…
가슴속까지 시린 체온 저하로 '상쾌한 아침'이라는 말의 의미를 잃어버린 지 오래였죠.
딱히 아픈 곳은 없는데 여기저기 쑤시고, 피부 트러블도 달고 살았습니다.
병원에 가봐도 '스트레스 때문'이라는 말만, 그저 늘 쉬라는 말만 반복해서 들을 뿐이었죠."

혹시 지금, 당신의 건강은 안녕하신가요?
우리가 생각하는 건강의 가장 큰 적은 때론 눈에 보이지 않는 곳에 숨어 있습니다.
바로 우리 몸속에 소리 없이 쌓이는 '독소'입니다.

■ 독소, 그 정체를 밝히다!

독소는 크게 두가지 종류로 나눌 수 있습니다.
첫째, 우리 몸이 살아 움직이며 자연스레 만들어내는 '내인성 독소(대사 노폐물)'입니다.
우리가 매일 숨 쉬고, 움직이고, 심지어 생각하는 것만으로도 우리 몸은 끊임없이 '쓰레기'를 만들어냅니다. 마치 자동차가 움직이면서 배기가스를 내뿜는 것과 비슷하다고 할 수 있죠.
둘째, 우리가 먹고 마시고 숨 쉬는 모든 것을 통해 몸으로 들어오는 '외인성 독소'입니다.

현대 사회는 이 외인성 독소로 가득합니다.

무분별한 식습관으로 인한 가공식품, 과도한 설탕, 정제된 탄수화물 섭취는 우리 몸에 독소를 쌓는 주범입니다. 식탁 위의 화려함 뒤에는 알 수 없는 화학 첨가물들이 숨어 있죠.

또한 미세먼지로 가득한 공기, 농약이 잔뜩 뿌려진 과일과 채소, 플라스틱 용기에서 나오는 환경호르몬, 화려한 색을 내는 식품첨가물, 그리고 알게 모르게 복용하는 약물까지… 현대 환경이 만들어낸 수많은 유해 물질이 우리 몸속에 침투하여 끈적한 '오염물질'처럼 쌓이게 됩니다.

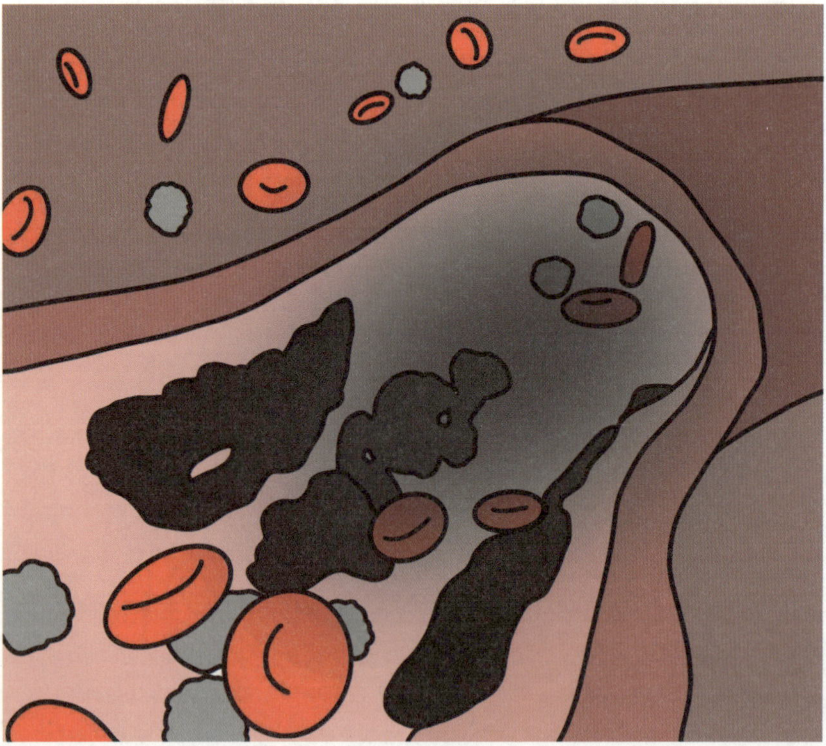

■ 독소가 쌓이면 우리 몸은 어떻게 될까?

이런 독소들은 우리 몸속을 마치 녹슨 파이프처럼 만들게 됩니다.

이로 인해 아침에 눈뜨기 힘들고, 늘 피곤하며, 머리가 맑지 않은 증상들이 나타날 수 있습니다.

이뿐 아니라 피부 트러블, 알레르기, 푸석한 피부 등은 몸속 독소가 밖으로 드러나는 신호일 수 있습니다. 특히 몸속 독소는 소화 불량, 속 더부룩함 같은 위장 문제를 일으키고, 심지어 몸 여기저기에 염증을 유발하는 보이지 않는 공격을 하기도 합니다. 더 나아가 독소는 고혈압, 당뇨, 고지혈증 같은 만성 질환의 씨앗이 됩니다. 우리 몸의 정상적인 기능을 방해하여 서서히 병들게 하는 거죠. 심지어 아무리 노력해도 살이 빠지지 않는 '다이어트 정체기'의 원

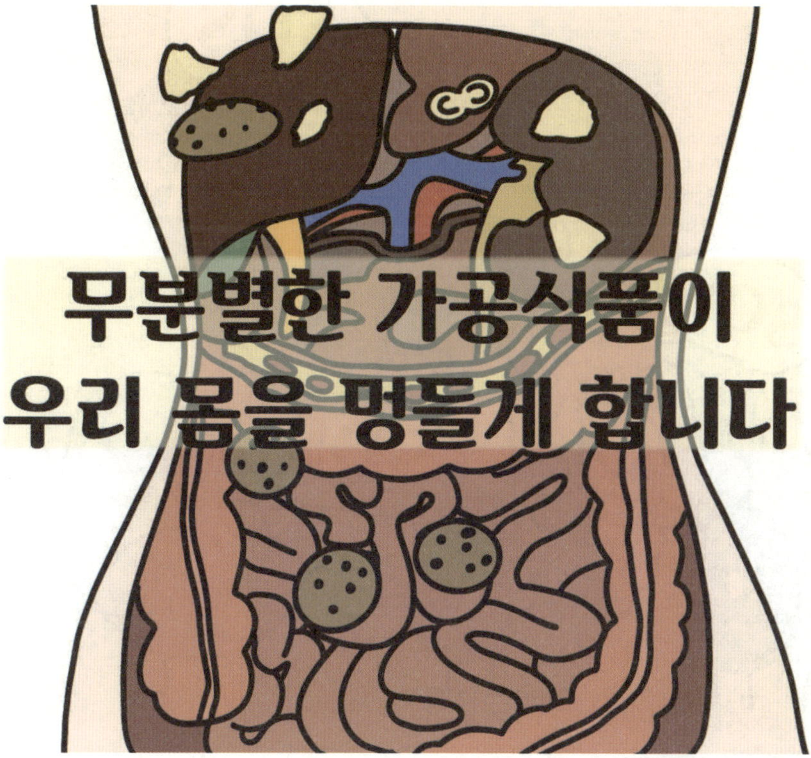

인이 되기도 합니다. 몸속에 독소가 많으면 지방 세포가 독소를 가두어 두려는 경향이 강해져 살이 잘 빠지지 않게 됩니다.

우리 몸은 간과 신장이라는 훌륭한 해독 시스템을 가지고 있습니다. 이 기관들은 밤낮없이 독소를 걸러내고 배출하는 '청소부' 역할을 합니다. 하지만 독소가 너무 많이 쌓이거나, 해독 기관이 지치면 우리 몸은 마치 과부하 걸린 컴퓨터처럼 제대로 작동하지 못하게 됩니다.

결국, 당신의 피로감과 설명되지 않던 통증, 피부 트러블은 단순히 '스트레스' 때문만이 아니었을 수 있습니다. 어쩌면 당신의 몸이 독소 때문에 지쳐서 보내는 '도와달라'는 간절한 신호였을지도 모릅니다. 이제 우리는 이 숨겨진 독소의 존재를 직시하고, 몸 스스로 해독 능력을 되찾을 수 있도록 도와야 합니다.

2장

해독과 마이크로바이옴의 시너지: 장이 깨끗해야 몸이 가벼워진다

현대인의 비극: 장이 보내는 경고, 마이크로바이옴 불균형과 '새는 장 증후군'

문제는 지금 우리 시대에 우리 몸속 작은 우주에 심각한 위기가 찾아왔다는 겁니다. 바로 '마이크로바이옴 불균형'이라는 현상입니다. 왜 이런 불균형이 생길까요?

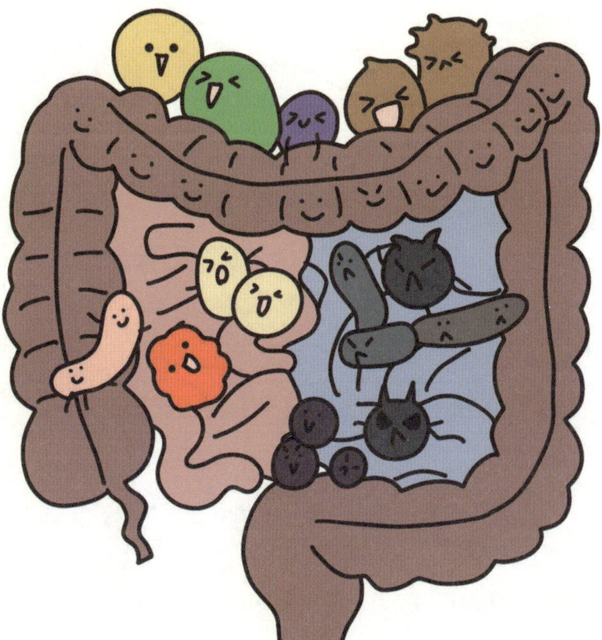

범인은 멀리 있지 않습니다. 우리가 매일 먹는 무분별한 식습관(가공식품, 설탕 범벅인 먹거리, 섬유질 부족), 마음을 좀먹는 과도한 스트레스, 몸속 좋은 균까지 쓸어버리는 항생제 남용, 그리고 숨 쉬는 것조차 조심스러운 오염된 환경 등이 모두 이 미생물 균형을 깨뜨리는 주범들입니다.

이 불균형은 단순히 "아, 속이 더부룩하네" 하고 넘어갈 문제가 아닙니다.
우리 몸의 건강을 송두리째 흔들 수 있는 심각한 경고등입니다.

화장실과 씨름하게 만드는 과민성 대장 증후군 같은 불편한 장 질환은 물론, 가려움과 싸우는 아토피 같은 알레르기 질환, 점점 늘어나는 체중과 싸워야하는 비만, 당뇨 같은 대사성 질환, 심지어 우리 몸이 스스로를 공격하는 무서운 자가면역 질환까지, 이 모든 만성 질환의 숨겨진 원인이 바로 이 마이크로바이옴 불균형에서 시작될 수 있습니다.

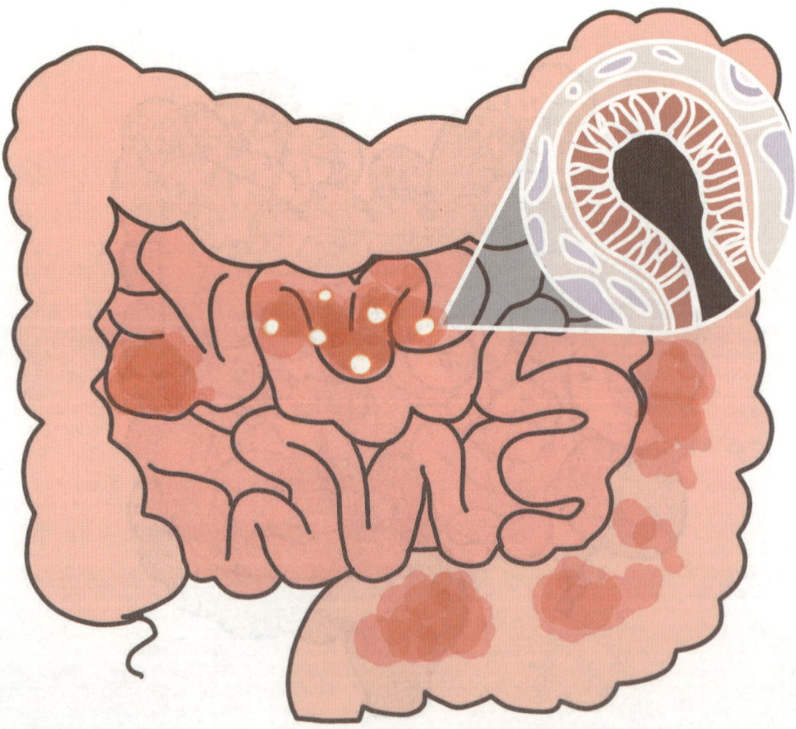

장내 미생물 불균형이 심해지면 우리 장에는 더욱 치명적인 문제가 발생합니다.
우리 장 벽은 마치 촘촘하게 짜인 '강력한 방패' 같아서, 몸에 필요한 영양분만 통과시키고 해로운 독소들은 굳건히 막아내는 역할을 합니다. 그런데 장내 미생물 균형이 깨지고 유해균이 득세하면, 이 강력한 방패가 약해지면서 마치 '구멍 숭숭 뚫린 체'처럼 변해버립니다.

우리는 이 현상을 '장 누수 증후군'이라고 부릅니다.
장 점막에 미세한 구멍들이 생기면 어떤 일이 벌어질까요?
소화가 덜 된 음식물 찌꺼기나 몸에 해로운 독소, 심지어 유해 세균들까지 이 구멍을 뚫고 혈액 속으로 쉽게 침투하게 됩니다.

이렇게 혈액 속으로 들어간 유해 물질들은 우리 몸 전체에 '염증 불씨'를 지피고, 다양한 만성 질환을 유발하는 원인이 됩니다. 우리 몸은 이러한 유해 물질들을 '독소'로 인지하고, 이를 처리하기 위해 해독 시스템에 엄청난 과부하를 주게 됩니다. 마치 정수기 필터가 망가져 더러운 물이 그대로 쏟아져 나오는 것처럼, 우리 몸의 정화 시스템도 제대로 작동하지 못하게 되는 겁니다.

결국, 장내 미생물 불균형은 단순히 소화 불량으로 끝나지 않고, '새는 장'을 만들어 온몸에 독소를 퍼뜨려 우리 건강을 서서히 무너뜨리는 무서운 비극이 될 수 있습니다.
이제 이 작은 우주에 더 큰 관심을 기울여야 할 때입니다.

■ 장내 미생물: 우리 몸의 '독소 처리반' 최전선!

앞서 우리 몸에 쌓이는 독소들이 피로와 만성 질환, 심지어 다이어트 실패의 원인이 될 수 있다고 말씀드렸었죠. 일반적으로 많은 분들이 간을 우리 몸의 대표 해독기관으로 해독을 하는 유일한 기관이라고 생각하시는데, 물론 간이 우리 몸의 주요 해독 기관인 것은 맞습니다만, 간만 해독기관이 아님을 알아야 합니다.

간으로 독소가 가기 전에, 우리 몸에는 더 중요하고 강력한 첫 번째 방어선이자 해독 관문이 있습니다. 바로 '장내 미생물'입니다! 우리 몸에서 가장 큰 면역 기관인 장을 든든하게 지키고, 독소 배출의 최전선에서 밤낮없이 일하는 것은 다름 아닌 이 작고 놀라운 장내 미생물들입니다.

장 점막은 마치 촘촘한 그물 같은 '똑똑한 필터' 역할을 합니다. 몸에 필요한 영양분만 흡수하고, 해로운 독소는 똑똑하게 걸러내죠. 그런데 이 필터의 성능을 좌우하는 것이 바로 장 속에 사는 수많은 장내 미생물들입니다. 우리가 먹고 마시는 모든 것이 가장 먼저 마주하는 곳이 장이고, 이때 장내 미생물들이 활발하게 활동하며 해로운 물질들을 1차적으로 분해하고 무력화시키는 매우 중요한 역할을 합니다.
만약, 장내 미생물이 불균형으로 인해 1차적으로 독소를 분해하지 못한다면, 장을 통과한 독소들이 모두 간으로 몰려가게 될 것입니다. 그렇게 된다면 우리 몸의 간은 과한 노동으로 인해 빨리 망가지게 될 것입니다.

그러므로 이 작은 미생물 들이야말로 우리 몸의 독소 해독을 책임지는 '숨은 영웅'들입니다! 장내 유익균들은 단순히 소화를 돕는 것을 넘어, 우리 몸의 독소 해독 과정에 적극적으로 참여해서 해독의 선봉장의 역할을 하게 되는 것입니다.

- **독소 변환 전문가**: 특정 유익균들은 우리 몸에 해로운 독성 물질들을 무해한 형태로 바꾸거나, 아예 몸 밖으로 쉽게 배출되도록 돕는 '독소 처리반'처럼 활동합니다.

현명한 해독을 위한 핵심 열쇠는?
장내 미생물에게 "밥"을 주세요!

- **간 해독의 조력자**: 놀랍게도, 장 건강은 우리 몸의 주된 해독 기관인 간의 해독 능력에도 영향을 미칩니다. 장에서 독소가 잘 처리되어야 간이 덜 힘들고, 그만큼 간 본연의 해독 기능을 충실히 수행할 수 있습니다. 장이 건강해야 간도 힘을 얻게 됩니다.

만약 장내 미생물 균형이 깨져 장의 필터 기능이 약해진다면 어떨까요?
다시한번 강조하지만 미처 걸러지지 않은 독소들이 고스란히 혈액을 타고 간으로 넘어가 간에 엄청난 부담을 주게 됩니다. 마치 정수기 필터가 망가져 더러운 물이 그대로 쏟아져 나오는 것처럼, 우리 몸의 정화 시스템도 제대로 작동하지 못하게 되는 거죠.

■ 현명한 해독을 위한 핵심 열쇠: 장내 미생물에게 '밥'을 주세요!
결국, 장내 미생물을 건강하게 만들어 몸 스스로 독소를 다스리게 하는 것이 가장 지혜로운 해독법입니다. 이를 위한 핵심 요소는 바로 프로바이오틱스와 프리바이오틱스 입니다.

- **프로바이오틱스**: 살아있는 유익균을 장으로 직접 배달!
  김치, 된장, 요거트 같은 발효 식품을 통해 살아있는 유익균을 직접 섭취하세요.
  이들은 장내 미생물 균형을 개선하는 데 큰 도움을 줍니다.
- **프리바이오틱스**: 유익균을 위한 든든한 밥상!
  채소, 과일, 통곡물 등에 풍부한 식이섬유는 유익균이 가장 좋아하는 먹이입니다.
  이들이 건강하게 번성하도록 충분히 공급해 주세요.

이 둘을 균형 있게 섭취하는 것은 장 점막을 튼튼하게 하고, 유익균의 활동을 활발하게 하여 독소 해독 능력을 극대화합니다. 이제는 맹목적인 '원푸드 해독'이나 무리한 금식 대신, 장내 미생물들을 건강하게 돌봐서 몸 스스로 독소를 다스리게 하는 현명한 해독법을 실천할 때입니다.

왜 나는 물만 마셔도 살이 찔까?
다이어트 실패, '칼로리 너머의 이야기'

"평생을 다이어트와 씨름한 제 동생은 20대에는 '굶기만 해도 살이 쭉쭉 빠졌다'고 말하곤 했어요. 그런데 40대가 넘으니 아무리 적게 먹고 운동해도 체중계 바늘은 꼼짝을 안 하더랍니다.

심지어 '나잇살'이라는 말에 절망하며 '난 왜 이렇게 의지가 약할까?' 자책하기도 했었죠."
혹시 제 동생처럼 '나는 왜 물만 마셔도 살이 찔까?' 하는 의문을 품어본 적 있으신가요?
많은 분들이 다이어트를 "먹은 칼로리 (소모한 칼로리 = 체중 감소)라는 단순한 공식으로만 접근 합니다. 이 공식이 젊은 시절에는 어느 정도 통하는 듯 보이지만, 나이가 들면서는 어째서인지 잘 통하지 않는 경우가 허다합니다. 왜 그럴까요?

정답은 바로 '칼로리 너머의 이야기'에 있습니다.
나이가 들수록 우리 몸은 젊을 때와는 다른 중요한 변화를 겪기 때문이에요.

1. 몸속 '신호등'이 고장 났어요!

- 호르몬 불균형 우리 몸속에는 식욕을 조절하고 살이 찌고 빠지는 과정을 지시하는 여러 '신호등'들이 있습니다. 바로 호르몬들이죠.
  그런데 나이가 들면 이 신호등들이 고장 나기 시작합니다.

■ **"지방 저장" 신호가 강해져요:**
특히 인슐린이라는 호르몬이 제대로 작동하지 못하는 경우가 많습니다.
인슐린은 우리가 밥을 먹으면 혈액 속 설탕(포도당)을 세포 안으로 넣어주는 열쇠 역할을 하는 매우 중요한 호르몬입니다. 그런데 인슐린이 말을 잘 듣지 않으면(이것을 어려운 말로 인슐린 저항성이라고 해요), 혈관속에 혈당 조절이 어려워지고, 우리 몸은 '위험해! 에너지를 저장해야 해!'
라고 착각하며 지방을 더 쉽게 쌓으려고 합니다.

■ **"그만 먹어" 신호가 약해져요:**
식욕을 조절하는 다른 호르몬인 렙틴도 나이가 들수록 제 역할을 못하는 경우가 많습니다.
렙틴 호르몬은 뇌에 "나 배불러, 이제 그만 먹어도 돼!" 하고 알려주는 호르몬입니다.
이 호르몬은 지방세포가 증가하면 생성되는 호르몬으로 배불러 호르몬 이라고도 부릅니다.
지방세포가 계속 증가하면 배불러 호르몬이 과도하게 생성하게 되고 배불러 호르몬이 보내는 신호가 약해지는데, 이 신호를 인식하는 뇌는 약해진 신호 때문에 배가 불러도 자꾸 뭔가를 더 먹고 싶어지게 됩니다.
그래서 배불러 호르몬의 반대되는 배고파 호르몬인 그렐린이라는 호르몬은 과도하게 분비하게 되는 것입니다.

2. 몸속 '작은 불씨'(만성염증)가 지방을 부추겨요! -

우리가 무심코 먹는 가공식품, 식후 필수 코스처럼 된 달콤한 디저트(케이크와 커피 한 잔!), 과도한 정제 탄수화물(하얀 빵, 흰쌀밥) 등 잘못된 식습관은 우리 몸속에 '작은 불씨'처럼 만성 염증을 계속 일으키게 됩니다. 이 불씨는 눈에 보이지 않지만, 우리 몸속을 야금야금 병들게 하죠.

이 만성 염증은 지방 축적을 쉽게 만들고, 우리 몸의 대사 활동(에너지를 만들고 쓰는 과정)을 둔화시켜 살이 찌기 쉬운 체질로 변하게 합니다.

■ 마음이 아프면 살도 쪄요! -

스트레스와 수면 부족의 역습 스트레스와 수면 부족도 다이어트의 강력한 방해꾼입니다.

스트레스를 받으면 우리 몸에서 코르티솔이라는 스트레스 호르몬이 많이 나오는데, 이 코르티솔은 우리 몸에 지방을 축적시키고 특히 뱃살을 늘리는 데 기여합니다.

또한, 잠을 제대로 못 자면 식욕 조절 호르몬의 균형이 깨져 식욕이 더 왕성해지고, 나도 모르게 건강하지 못한 음식을 찾게 만들 수 있습니다.

밤늦게 야식이 당기는 이유도 여기에 있을 수 있습니다.

결국, 다이어트 실패는 단순히 당신의 '의지 부족' 때문이 아니었습니다.

나이가 들면서 겪는 몸의 변화, 호르몬의 불균형, 몸속 만성 염증, 그리고 스트레스와 같은 복합적인 문제들이 얽혀 있었던 것이죠. 이제는 우리 몸의 변화를 이해하고, 칼로리 계산을 넘어선 근본적인 문제 해결에 집중해야 할 때입니다.

굶는 다이어트가 아닌, 내 몸의 지혜를 깨우는 방식으로 접근해야만 비로소 지속 가능한 건강을 얻을 수 있습니다.

다이어트와 마이크로바이옴의 비밀:
장이 살을 빼주는 마법?

"아무리 식단을 조절하고 운동을 해도 체중이 꿈쩍 않는다면, 혹시 당신의 장 속에 '살찌는 균'이 너무 많지는 않은지 의심해볼 필요가 있습니다."

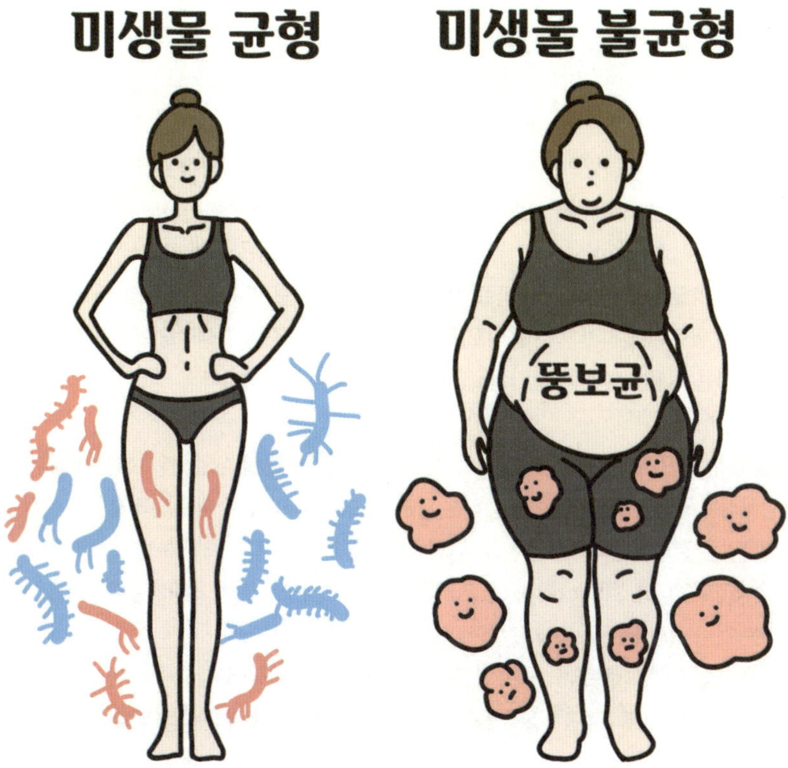

다이어트에 실패한 경험, 누구에게나 한 번쯤은 있을 겁니다. “나는 살찌는 체질이야”, “나는 물만 마셔도 살이 쪄”라며 스스로를 탓하기도 하죠. 제 동생도 그랬습니다.
하지만 만약 그 원인이 당신의 의지가 아니라, 당신의 장 속에 사는 미생물 때문일 수도 있다면 어떨까요? 최근 과학 연구들은 이 놀라운 가능성을 밝혀내고 있습니다.
바로 장내 마이크로바이옴이 체중 관리에 지대한 영향을 미친다는 사실 말이죠.

장내 미생물의 놀라운 비밀: ‘뚱보 장’과 ‘날씬 장’의 차이!

우리는 흔히 ‘먹은 만큼 살찐다’고 생각하지만, 장내 미생물 연구는 이 공식을 훨씬 복잡하게 만듭니다. 같은 양의 음식을 먹어도 어떤 사람은 살이 찌고 어떤 사람은 체중을 유지하는 이유, 바로 우리 장 속에 사는 특정 미생물들의 ‘군집’에 비밀이 숨어 있습니다.
이 미생물 군집, 즉 장내 마이크로바이옴은 우리 몸의 에너지 대사, 식욕 조절, 심지어 지방 축적 방식까지 좌우할 수 있습니다.

1. 에너지를 ‘싹쓸이’하는 장 vs. 효율적으로 ‘분배’하는 장

놀랍게도, 비만인 사람들의 장에서는 특정 미생물 그룹이 더 우세하게 발견되는 경향이 있습니다. 과거에는 피르미쿠테스(Firmicutes)균이 흔히 ‘뚱보균’으로 언급되기도 했지만, 이는 전체적인 ‘문(phylum)’ 수준의 분류이며, 그 안에 속한 수많은 종에 따라 역할이 매우 다양하다는 것이 밝혀졌습니다. 즉, 피르미쿠테스 전체가 ‘뚱보균’이라고 단정하기보다는, 그중 일부 특정 균들이 우리가 먹는 음식으로부터 더 많은 에너지를 효율적으로 흡수하여 지방으로 저장하는 데 탁월한 능력을 가지고 있다는 것에 주목해야 합니다.

예를 들어, 어떤 장은 마치 진공청소기처럼 음식에서 칼로리를 남김없이 ‘싹쓸이’해서 몸에 저장하려는 경향이 강합니다. 반면, 다른 장은 필요한 만큼만 흡수하고 나머지는 효율적으로 배출하려는 경향이 강하죠. 이 ‘싹쓸이’하는 능력을 가진 미생물, 특히 특정 피르미쿠테스 종이나 박테로이데테스(Bacteroidetes) 중 일부 종이 많을수록 살이 찌기 쉬운 체질이 될 수 있다는 것이 여러 연구를 통해 제시되고 있습니다.
이들은 복합 탄수화물로부터 발효과정을 통해 미생물이 만들어내는 단쇄지방산을 더 효율적으로 생산하여 에너지 흡수율을 높이거나, 지방산 합성을 촉진하는 등의 방식으로 체중 증가에 기여할 수 있습니다.

2. '날씬 장'을 만드는 미생물: 효율적인 대사를 돕는 조력자들

그렇다면 건강한 체중을 유지하는 사람들의 장에는 어떤 미생물들이 많을까요?
바로 우리 몸의 에너지 대사를 효율적으로 돕고 지방 축적을 억제하는 데 긍정적인 영향을 미치는 미생물들이 균형을 이루고 있습니다. 이들을 통칭하여 '날씬균'이라고 부르기도 하는데, 이들은 다음과 같은 방법으로 다이어트에 기여합니다.

- **'지방 연소'를 돕는 마법 물질 생성**: 단쇄지방산 (SCFA) 우리 장내 유익균들은 식이섬유를 열심히 발효시키면서 단쇄지방산(Short-Chain Fatty Acids, SCFA)이라는 특별한 물질을 만들어냅니다.
    - **단쇄지방산 중 부티레이트**는 장 점막을 튼튼하게 하고, 인슐린 감수성을 개선하여 혈당 조절과 체중 감량에 기여하는 것으로 알려져 있습니다. 또한 지방산 산화를 촉진하여 지방 연소를 돕는 역할도 합니다.

◦ **단쇄지방산 중 아세테이트**와 **프로피오네이트**는 뇌에 "나 배고프지 않아!"라는 신호를 보내는 렙틴 호르몬 분비를 촉진합니다. 특히 식욕 억제 호르몬의 분비를 유도하여 식욕을 똑똑하게 조절해 줍니다.
마치 장이 우리 몸에 '살 빠지는 마법 주문'을 걸어주는 것과 같습니다.

- **염증 감소로 지방 축적 억제** 건강한 장내 미생물은 몸속 만성 염증을 줄이는 데도 기여합니다. 비만은 종종 만성적인 저강도 염증과 관련이 있으며, 이러한 염증은 인슐린 저항성을 높이고 지방 축적을 부추기는 주범이 될 수 있습니다.
유익균, 특히 아커만시아 뮤시니필라(Akkermansia muciniphila)와 같은 특정 균주는 장 장벽 기능을 강화하여 유해 물질이 혈류로 들어오는 것을 막고, 염증 반응을 억제하여 살이 찌기 어려운 환경을 만들 수 있습니다.

3. '나쁜 균'이 불러오는 다이어트 악순환

반대로 장내 미생물 불균형, 즉 유해균이 우세한 환경은 식욕을 자극하고, 지방 축적을 촉진

하는 방향으로 작용할 수 있습니다. 예를 들어, 설탕이나 가공식품, 포화지방 등이 많은 서구식 식단을 과도하게 섭취하면 유해균이 신나게 번성하게 되죠. 이렇게 늘어난 유해균들은 장 투과성을 높여 '장 누수 증후군'을 유발할 수 있으며, 이로 인해 염증 유발 물질이 혈류로 유입되어 몸의 만성 염증 반응을 높여 지방 축적을 더욱 가속화합니다. 결국, 유해균이 많아질수록 살이 찌기 쉬운 체질이 되는 악순환에 빠지게 되는 겁니다.

이제는 굶거나 무리하게 운동하는 대신, 당신의 장내 미생물 환경을 건강하게 개선하여 몸 스스로 살이 잘 빠지는 체질로 변화시키는 지혜로운 다이어트 전략을 세울 때입니다. 장이 건강해지면, 당신은 더 이상 '물만 마셔도 살이 찐다'는 절망감에 시달리지 않을 것입니다.

당신의 몸은 이미 치유의 힘을 가지고 있습니다.

이 책을 읽는 동안, 당신은 아마도 몰랐던 자신만의 '몸속 우주'를 발견했을 겁니다.
저 역시 그랬던 것처럼 말이죠. 그리고 그 작은 우주, 장내 미생물들이 당신의 건강과 얼마나 깊이 연결되어 있는지 깨달았을 것입니다.

이제 기억하세요. 당신의 몸은 외부의 어떤 약이나 특별한 비법에 의존해서만 나아지는 것이 아닙니다. 당신의 몸은 이미 스스로를 치유하고 균형을 되찾을 수 있는 놀라운 지혜와 힘을 가지고 있습니다. 그 지혜를 깨우는 열쇠가 바로 '장 건강'에 있었던 것이죠.

이 책에서 제시한 방법들은 화려하거나 거창하지 않을 수도 있습니다. 하지만 매일의 식탁에서, 그리고 작은 생활 습관 속에서 꾸준히 실천할 수 있는 현실적인 방법들입니다. 이 작은 변화들이 모여 당신의 장을 변화시키고, 그 변화가 다시 당신의 몸 전체를 건강하게 만들 것입니다.
만성적인 불편함에서 벗어나고, 더 이상 다이어트 실패로 좌절하지 않으며, 활력 넘치는 삶을 되찾는 것, 이는 더 이상 꿈이 아닙니다.

젊음, 그 이상의 나이가 되었다는 것은, 경험과 지혜가 쌓였다는 의미입니다.
이제는 당신의 몸에 귀 기울이고, 그 목소리에 응답할 때입니다.
이 책이 당신의 건강 여정의 시작이자, 오랫동안 기억될 든든한 동반자가 되기를 진심으로 바랍니다. 당신의 몸은 이미 당신의 노력을 기다리고 있습니다.
건강하고 행복한 당신의 빛나는 미래를 응원합니다!

Chapter 07

작가: 이경숙

이경숙 저자 소개

마이크로바이옴 분야의 새로운 지평을 여는 전문가인 저자는 어린 시절 극심한 불면증과 이유 없는 충동에 시달리며 고통스러운 시간을 보냈다. 두 아이의 엄마가 된 후, 허리 협착을 계기로 대체의학에 깊이 발을 들였고, 특히 마이크로바이옴의 세계를 만나면서 인생의 전환점을 맞이했다. 마이크로바이옴에 대한 심층적인 연구와 탐구를 통해, 저자는 유년 시절 자신을 괴롭혔던 문제들의 근원적인 원인이 마이크로바이옴에 있음을 과학적으로 이해하게 되었다. 이 깨달음은 50대에 새로운 꿈을 꾸게 하는 원동력이 되었고, 현재 마이크로바이옴 힐링 캠프를 성공적으로 운영하며 궁극적으로 힐링 마을을 조성하는 것을 목표하고 있다.
배움을 통해 얻은 지식을 바탕으로 재능 기부를 실천하며, 잘못된 식습관으로 인한 수많은 질병을 마이크로바이옴으로 회복시키는 데 헌신하고 있다. 이 책은 저자가 오랜 시간 축적한 마이크로바이옴에 대한 전문 지식과 실질적인 경험을 집대성한 결과물이다. 이 책을 통해 몸속 작은 우주인 마이크로바이옴의 중요성을 깨닫고, 건강하고 활기찬 삶을 되찾기를 진심으로 바란다.

엄마의 아픔에서 시작된 나의 깨달음. 멈춰버린 시간 속 한 줄기 빛

인생에서 가장 고통스러웠던 순간을 꼽으라면, 주저 없이 엄마가 쓰러지셨을 때라고 말할 겁니다. 69세라는 나이에 갑자기 찾아온 고혈압으로 인한 뇌출혈은 온 가족에게 거대한 폭풍처럼 다가왔습니다. 세상의 시간이 멈춘 듯했던 병실에서 저는 꼬박 1년 내내 엄마 곁을 지켰습니다.
병원 바닥에서 쪽잠을 자고, 엄마의 작은 숨소리 하나하나에 온 신경을 곤두세웠죠.
제 몸이 망가지는 줄도 모른 채 말이에요.

그 1년은 제 삶의 가장 깊은 어둠이었어요. 몸은 쇠약해질 대로 쇠약해졌고, 마음은 병들어 가고 있었습니다. 간병을 멈춘 후, 저는 결혼을 하고 소중한 아들을 얻었어요. 그리고 20개월 터울로 사랑스러운 딸까지 얻으며 새로운 삶을 시작했지만, 엄마에 대한 죄책감과 '나도 엄마처럼 아프면 어쩌지?', '가족력이 있는데, 내 아이들은 건강하게 자랄 수 있을까?' 하는 막연한 불안감은 그림자처럼 저를 따라다녔습니다.

그러던 어느 날, 한 줄기 빛처럼 '마이크로바이옴'이라는 단어가 제게 다가왔습니다.
뱃속에 수조 마리의 미생물이 살고 있으며, 이 작은 존재들이 우리 몸의 건강과 질병, 심지어 감정까지 조절한다는 놀라운 이야기였죠. 마치 캄캄한 터널 끝에서 한 줄기 빛을 발견한 기분이었습니다.

엄마의 병은 왜 찾아왔을까?
제가 그렇게 몸을 망가뜨리며 간병할 때, 제 몸속에서는 무슨 일이 벌어졌을까?
제 아이들의 미래를 지키기 위해 무엇을 할 수 있을까?
수많은 질문들이 '마이크로바이옴'이라는 키워드 속에서 퍼즐처럼 맞춰지기 시작했습니다.

이 책은 엄마의 투병과 저의 간병, 그리고 새로운 생명의 탄생을 통해 마주한 건강에 대한 깊은 성찰에서 시작되었습니다. 우리 몸속의 작은 우주, 마이크로바이옴이 만들어내는 비밀스러운 대사 물질들이 어떻게 우리 오장육부와 뇌에 신호를 보내고, 질병과 건강을 좌우하는지. 저와 엄마, 그리고 우리 모두의 이야기처럼, 삶과 밀접하게 연결된 그 신비로운 비밀을 파헤쳐보고자 합니다.

이 여정이 여러분에게도 건강한 삶의 새로운 지혜를 선사할 수 있기를 바랍니다.

혈압 뒤에 숨겨진 장의 속삭임, 단쇄지방산(SCFAs)과 박테리오신의 반란

69세라는 나이에 찾아온 갑작스러운 뇌출혈은 우리 가족에게 너무나 큰 충격이었습니다. 도대체 혈압은 왜 그렇게 높아졌을까? 단순히 짜게 먹어서일까, 아니면 스트레스 때문일까? 수많은 의문이 꼬리를 물었습니다. 해답을 찾아 헤매던 중, 저는 놀라운 사실에 주목하게 되었습니다. 바로 우리 장 속에 살고 있는 미생물들이 만들어내는 특별한 물질들이 혈압 조절에 예상치 못한 영향력을 행사한다는 것이었습니다.
그 핵심에 단쇄지방산(Short-chain fatty acids, SCFAs)과 박테리오신이라는 친구들이 있었습니다.

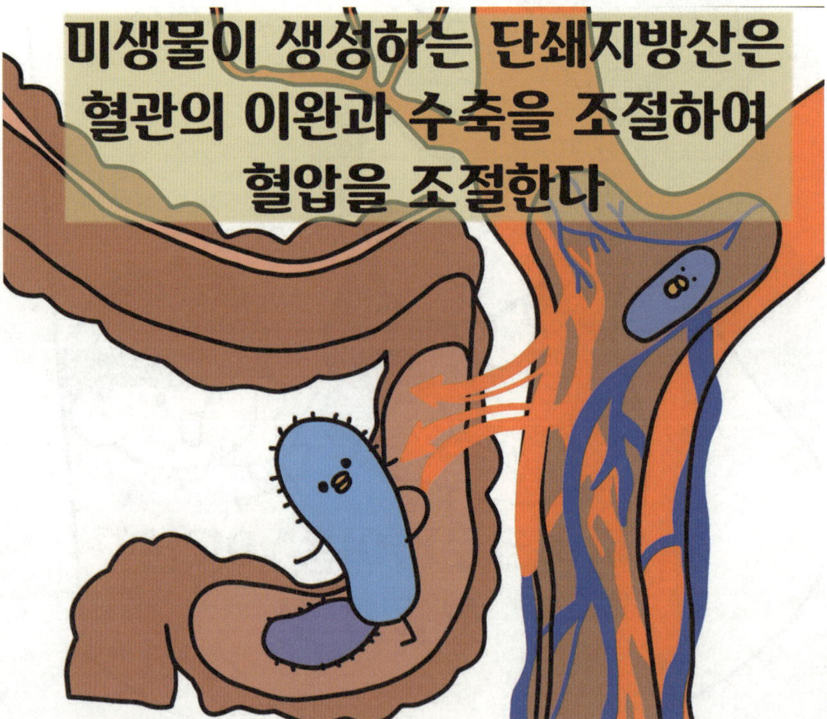

■ 장 속의 작은 '화학 공장' 이야기: 단쇄지방산(SCFAs)의 탄생

다른 챕터 에서도 단쇄지방산에 대해 많이들 이야기를 하셨었는데, 저는 먼저 단쇄지방산(SCFAs)이 어떻게 생성되는지 부터 이야기해 보겠습니다.

우리 장 속에는 수많은 미생물들이 살고 있다는 건 이제 다들 아실 겁니다. 이 미생물들은 그냥 노는 게 아니랍니다. 우리가 먹은 음식 중에는 소화 효소로 분해하기 어려운 것들이 있습니다.

바로 식이섬유입니다.

이때 장내 미생물들이 나섭니다!

마치 작은 화학 공장의 부지런한 일꾼들처럼, 미생물들은 이 식이섬유를 '냠냠' 맛있게 먹습니다.

이 책을 잘 읽어 오셨다면 이것을 발효라고 했다는 것을 기억 하실겁니다. 발효 과정에서 다양한 물질들이 만들어지는데, 그중 핵심적인 것이 바로 단쇄지방산(SCFAs)입니다. 이름은 어렵지만, 쉽게 말해 '짧은 사슬을 가진 지방산'이라는 뜻이라고 생각하시면 됩니다. 이들은 부티레이트(Butyrate), 아세테이트(Acetate), 프로피오네이트(Propionate)와 같은 다양한 종류로 존재하며, 마치 작은 공장에서 생산된 귀한 에너지원처럼 우리 몸의 각 기관에 흡수되어 사용됩니다.

이 단쇄지방산은 혈액 속으로 스며들어 온몸을 순환하게 됩니다. 그리고는 우리 몸 구석구석, 특히 혈관 세포에 직접적인 영향을 미쳐 혈관의 이완과 수축을 미묘하게 조절한답니다. 마치 혈관이 너무 쪼그라들거나 너무 늘어지지 않도록 균형을 잡아주는 '혈압 조절사' 역할을 하는 셈이죠. 놀랍게도, 여러 연구에서는 단쇄지방산이 혈압 조절에 긍정적인 영향을 미친다는 것을 보여주고 있습니다. 건강한 장내 미생물 환경에서 충분한 단쇄지방산이 생성된다면 혈압을 안정적으로 유지하는 데 긍정적인 역할을 할 수 있다는 겁니다. 엄마의 높은 혈압이 혹시 장내 미생물 불균형으로 인한 단쇄지방산 생산 감소와 관련이 있었던 건 아닐까 하는 의문이 저를 사로잡았습니다.

■ 염증의 '불'을 끄는 소방관, 대사 건강을 지키는 파수꾼

단쇄지방산은 단순히 혈압 조절에만 관여하는 게 아닙니다. 사실 이들은 우리 몸속에서 훨씬 더 광범위하고 중요한 역할을 수행합니다. 상상해보세요. 우리 몸은 끊임없이 외부 침입자나 손상에 맞서 싸우는데, 이때 발생하는 것이 바로 염증 반응입니다. 적절한 염증은 몸을 보호하지만, 이게 만성화되면 이야기가 달라져요. 마치 집에 작은 불이 났는데 소방관이 제때 출동하지 않아 집 전체로 번지는 것과 같죠. 고혈압은 물론, 당뇨, 비만 같은 대사 질환들은 종종 이런 만성 염증이라는 보이지 않는 불씨와 깊이 연결되어 있습니다.

이 지점에서 단쇄지방산이 빛을 발합니다. 이들은 마치 우리 몸의 유능한 '소방관' 같습니다. 염증을 유발하는 나쁜 신호들, 즉 '염증성 사이토카인'이라는 물질의 생성을 억제해서 염증의 불길이 번지는 것을 막아줍니다. 게다가 장벽을 튼튼하게 지켜주는 '수호자' 역할도 하죠. 우리 장벽은 영양분은 흡수하고 해로운 물질은 막아주는 중요한 방어선인데, 이 방어선이 약해지면 독소나 염증 물질이 혈류로 새어 들어와 온몸에 염증을 일으킬 수 있습니다.

단쇄지방산은 이 장벽의 무결성을 강화해서 염증 물질이 함부로 침입하지 못하도록 꽉 붙잡아 주는 역할도 수행합니다.
제가 간병하는 기간 동안 극심한 스트레스와 불규칙한 식사로 몸이 망가졌을 때, 제 장 건강은 비상사태였을 겁니다. 아마도 제 몸속 단쇄지방산의 생산량은 크게 줄어들었을 테고, 그 결과 염증의 불씨가 더 쉽게 타올라 제 몸을 지치게 했을지도 모릅니다. 그때는 미처 몰랐죠.
이 작은 물질들이 단지 혈압뿐 아니라, 전신 건강의 균형을 잡아주는 '지휘자'이자 '파수꾼' 역할을 한다는 것을요.

■ 단쇄지방산, 당신의 장과 전신 건강의 숨은 영웅

저는 깨달았습니다. 엄마의 갑작스러운 뇌출혈과 저의 간병 후유증 모두, 단순히 스트레스나 나쁜 식습관 때문이 아니라, 우리 장 속 작은 우주의 불균형이 핵심 원인이었을지도 모른다는 것을요. 건강한 장은 단지 소화만 잘 시키는 곳이 아닙니다. 튼튼한 혈관을 만들고, 만

성 염증을 줄여주며, 나아가 건강한 심장과 뇌로 이어지는 모든 길의 시작점이라는 것을 말입니다.

우리 몸을 구성하는 거대한 퍼즐 조각들이 바로 장 속 미생물과 그들이 만들어내는 대사 물질이라는 사실에 소름 돋았답니다. 우리가 장 건강에 관심을 기울이는 것이야 말로 우리 몸 전체를 돌보는 가장 현명한 방법이라는 확신이 들었습니다.

■ 장 속의 '천연 항생제': 박테리오신의 역할

여기서 끝이 아닙니다. 우리 장 속의 유익한 미생물들은 또 하나의 놀라운 물질을 만들어냅니다. 바로 박테리오신이죠. 박테리오신은 유익균들이 만들어내는 일종의 '천연 항생제'라고 생각하시면 이해하기 쉬울 겁니다. 이들은 장내 유해균의 성장을 효과적으로 억제하고, 동시에 유익균들이 번성할 수 있도록 돕는 역할을 합니다.

마치 장 속에서 나쁜 균들을 물리치고 좋은 균들이 평화롭게 살 수 있는 환경을 조성하는 '평화 유지군' 같습니다. 만약 장내 유해균이 너무 많아지면, 박테리오신의 생산이 줄어들거나 역할이 부족해져 장내 환경이 나빠지겠죠. 그리고 이 불균형은 단순히 장 건강에만 영향을 미치는 것이 아니라, 전신 염증이나 혈압 조절에도 간접적인 영향을 미칠 수 있다는 사실은 저를 더욱 놀라게 했습니다.

뇌출혈 후 엄마의 혼란, 장-뇌 축과 아미노산 대사산물의 슬픈 그림자

뇌출혈 후 엄마는 저를 전혀 알아보지 못하셨어요. 눈을 뜨고 계셨지만, 제 눈을 마주치는 엄마의 시선은 텅 비어 있었죠. 마치 오랜 시간 간직해 온 기억들이 하얗게 지워진 듯했습니다. 이처럼 뇌 기능이 심각하게 손상된 상황을 보며 저는 절망했지만, 한편으로는 의문이 피어올랐습니다. '과연 뇌만 문제일까? 엄마의 몸속 다른 곳은 괜찮았을까?'

그때 제 머릿속을 스친 키워드가 바로 '장-뇌 축(Gut-Brain Axis)'이었습니다. 말 그대로 '장과 뇌가 서로 긴밀하게 소통하는 연결 통로'를 뜻하는데요, 마치 뇌가 사령탑이라면, 장은 중요한 정보를 주고받는 비밀 통신망 같은 역할을 한다는 걸 알게 되었죠. 그리고 그 소통의 핵심에는 장내 미생물들이 만들어내는 놀라운 물질들, 즉 대사산물이 있었습니다.

행복과 기억을 조절하는 장의 비밀 메시지: 세로토닌

혹시 '행복 호르몬'이라는 말 들어보셨나요? 바로 세로토닌을 두고 하는 말인데요, 저는 이 세로토닌이 뇌에서만 만들어지는 줄 알았습니다. 그런데 놀랍게도, 우리 몸속 세로토닌의 약 95%가 뇌가 아닌 장에서 만들어진다는 사실을 알고 정말 충격을 받았습니다!

장이 어떻게 세로토닌을 만들까요?
여기서 장내 미생물들이 또 한 번 능력을 발휘합니다.
우리 몸에 꼭 필요한 영양소 중 하나인 '필수 아미노산'이 있는데요, 그중 트립토판(Tryptophan)이라는 아미노산이 있습니다. 이 트립토판은 우리가 먹는 콩, 유제품, 견과류, 바나나 같은 음식에 풍부하게 들어있습니다. 장내 미생물들은 이 트립토판을 '재료' 삼아 세로토닌 합성을 돕는겁니다.

이렇게 장에서 만들어진 세로토닌은 단순한 '행복 호르몬'을 넘어섭니다. 기분 조절은 물론이고, 우리가 무언가를 배우고 기억하는 인지 기능과도 깊이 연결되어 있습니다. 우울증, 불안 장애 같은 정신 건강 문제에 장내 미생물이 깊이 관여하는 이유가 바로 여기에 있는 겁니다.

엄마의 뇌 손상은 물리적인 충격 때문이었지만, 혹시 엄마의 장내 미생물 불균형이 인지 기능 저하에 영향을 미쳤을 가능성은 없었을까요?

뇌출혈 이후 엄마의 기억력과 인지 기능이 급격히 떨어진 것을 보면서, 장내 미생물의 역할에 대한 강한 의문과 함께 안타까움이 밀려왔습니다.

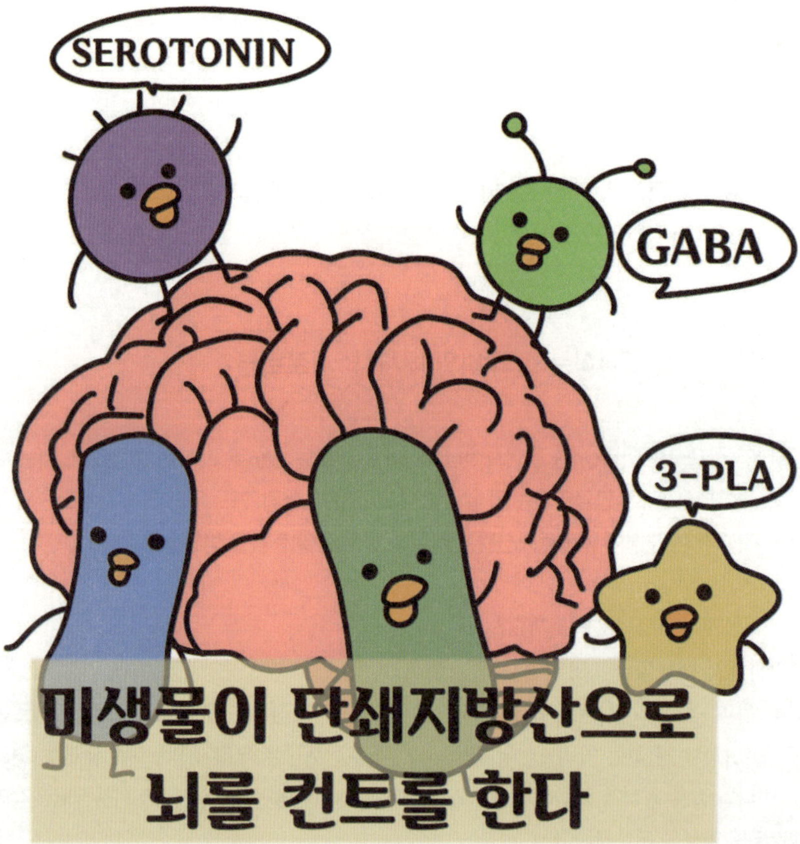

뇌를 진정시키는 장의 특별한 선물: 가바와 3-PLA

장내 미생물들이 뇌에게 보내는 메시지는 세로토닌이 전부가 아닙니다. 또 다른 중요한 신경전달물질이 있으니, 바로 감마-아미노뷰티르산(GABA)입니다. 우리가 흔히 가바(GABA)라고 하는 신경전달물질입니다. 가바는 뇌 기능을 안정시키고 신경을 보호하는 효과를 가진 신경전달물질입니다. 마치 흥분한 뇌를 차분하게 가라앉히는 '뇌의 진정제' 같은 역할을 합니다.

뇌 손상 후 회복 과정에서 장내 미생물이 가바를 충분히 생산했다면, 엄마의 뇌 기능 회복에 큰 도움이 되었을지도 모른다는 상상을 해보았습니다. 가바가 불안감을 줄이고 편안한 수면을 돕는다고 알려져 있는데, 엄마가 밤새 불안해하고 잠 못 이루던 날들을 떠올리면, 어쩌면 엄마의 장내 미생물 환경이 이러한 중요한 물질을 충분히 만들지 못하고 있었던 건 아닐까 하는 안타까운 생각도 들었습니다.

그리고 최근 과학계에서 '새로운 희망'으로 주목받고 있는 또 다른 장내 대사산물이 있습니다. 바로 3-PLA, 정식 명칭은 페닐락트산(Phenyllactic acid)이라는 물질입니다.
이름은 조금 어렵지만, 쉽게 말해 특정 유익한 유산균들이 만들어내는 특별한 물질이라고 생각하시면 됩니다. 마치 장 속 똑똑한 유산균들이 우리 몸을 위해 정성껏 빚어내는 '비밀 약방의 명약' 같다고 할까요?

이 3-PLA가 왜 그렇게 주목을 받을까요?
바로 '건강 수명 연장'과 '세포 기능 회복'에 놀라운 기여를 할 가능성이 있기 때문입니다.
우리 몸의 세포들은 시간이 지나면서 노화되거나 손상되는데, 3-PLA는 이런 세포들이 건강하게 기능하도록 돕고, 손상된 세포를 회복시키는 데 긍정적인 영향을 미친다고 밝혀지고 있어요. 특히 노화 관련 질병 연구에서 이 3-PLA가 새로운 치료법이나 예방책의 '열쇠'가 될 수 있다는 기대감이 커지고 있답니다.

엄마의 뇌출혈처럼 심각한 질병을 겪고 나면, 손상된 뇌세포와 몸의 다른 세포들이 얼마나 잘 회복되느냐가 정말 중요하죠. 그때 만약 장 속 유산균들이 3-PLA를 충분히 만들어주었다면 어땠을까 하는 생각에 가슴이 아프기도 하지만, 동시에 이러한 연구를 통해 미래에는 질병으로 고통받는 많은 사람들에게 새로운 희망을 줄 수 있겠다는 긍정적인 마음이 들었습니다.

이렇게 장내 미생물이 뇌에 직접적으로 영향을 미쳐 우리의 감정, 기억력, 심지어 신경 질환에까지 관여한다는 사실은 정말 놀랍죠. 엄마의 사례를 통해, 우리는 뇌 건강을 위해 장 건강을 돌보는 것이 얼마나 중요한지 다시 한번 깨닫게 됩니다. 우리 몸속 작은 우주가 얼마나 거대한 힘을 가지고 있는지 알수록, 장 건강 관리가 얼마나 소중한 일인지 절감하게 됩니다.

3장

간병으로 망가진 나의 몸, 지방 대사의 혼란과 담즙산의 이중성

1년 동안 병원에서 먹고 자며 엄마의 병수발을 들었을 때, 제 몸은 그야말로 처참하게 망가졌습니다. 극심한 스트레스, 수면 부족, 불규칙한 식사는 제 몸의 균형을 완전히 뒤흔들었죠.

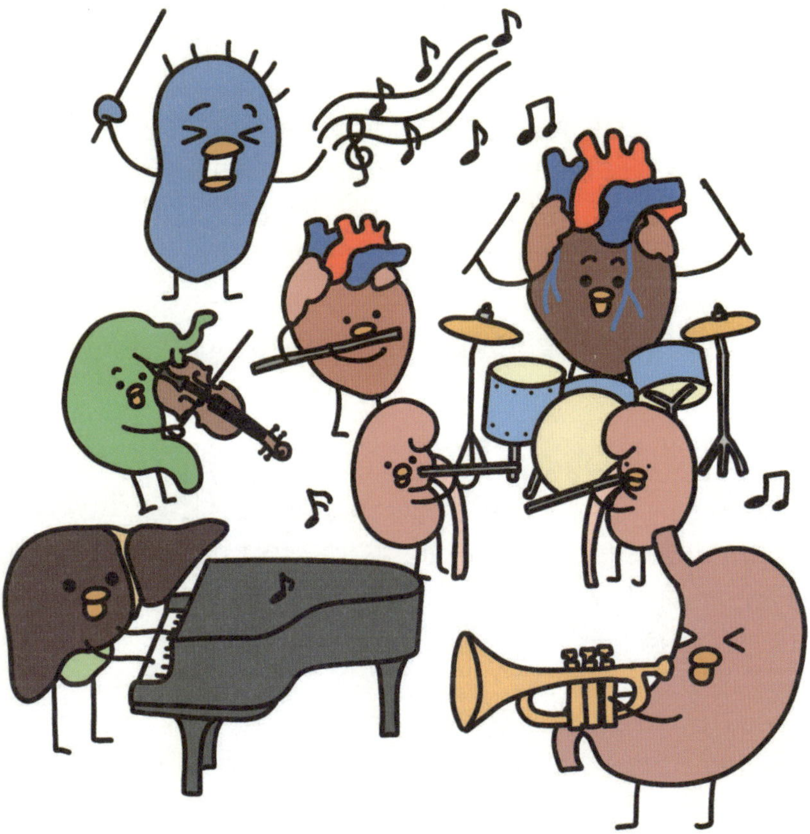

몸은 늘 천근만근 무거웠고, 기력은 바닥을 쳤습니다. 그때는 그저 '간병 때문에 힘들어서 그렇겠지' 하고 넘겼지만, 사실 제 몸속에서는 훨씬 더 복잡하고 위험한 변화들이 일어나고 있었을 겁니다. 저는 알지 못했지만, 제 몸속의 중요한 물질인 담즙산의 균형이 깨지고 있었던 거라는 것을 나중에서야 알게 되었습니다.

간과 장의 춤: 지방 대사를 지휘하는 비밀 통로

담즙산, 이 이름이 좀 생소하게 들리실 수도 있습니다. 담즙산은 우리 몸의 간에서 만들어지는 지방을 분해하는 물질입니다. 쓸개즙이라고 들어보셨죠! 담즙산이 바로 쓸개즙입니다. 담즙산은 소화를 돕는 중요한 역할을 하는데, 특히 우리가 먹은 지방을 잘게 쪼개고 흡수될 수 있도록 돕는 물질입니다. 마치 요리할 때 기름과 물이 잘 섞이도록 도와주는 '유화제' 같다고 생각하시면 쉬울 겁니다.

그런데 여기서 장내 미생물들이 또 한 번 등장합니다. 간에서 만들어진 담즙산은 지방 소화를 돕기 위해 소장에서 분비되어 지방을 분해하는데, 역할을 마친 담즙산들은 대부분 다시 간으로 돌아가 재활용됩니다. 그런데 이때, 우리 장 속 미생물들이 이 담즙산들을 그냥 돌려보내지 않는답니다! 마치 재활용 공장의 전문가들처럼, 이 담즙산들을 다시 변형시켜서 새로운 형태의 담즙산 대사산물들을 만들어냅니다. 데옥시콜산(Deoxycholic acid)이나 리토콜산(Lithocholic acid) 같은 복잡한 이름의 물질들이 바로 이런 변형 과정을 통해 태어나죠.

이 변형된 담즙산 대사산물들이 정말 중요합니다. 이들은 단순히 지방 소화를 돕는 것을 넘어, 우리 몸의 지방 대사와 에너지 대사 조절에 깊이 관여합니다. 쉽게 말해, 우리 몸이 지방을 어떻게 태우고 저장하며, 에너지를 얼마나 효율적으로 사용할지 결정하는 데 큰 영향력을 행사하는 겁니다. 간 건강, 혈액 속 콜레스테롤 수치, 그리고 심지어 비만 관리와도 밀접하게 연결되어 있습니다.

장내 미생물들은 이 담즙산들의 재활용 과정을 조절하면서, 간과 우리 몸의 지방을 저장하는 지방 조직에 신호를 보냅니다. 마치 중요한 지휘봉을 든 오케스트라의 지휘자처럼, 이 작은 물질들이 우리 몸의 지방 대사라는 거대한 오케스트라를 이끌고 있는 겁니다.
예를 들어, 어떤 담즙산 대사산물은 간에서 불필요한 지방이 만들어지는 것을 억제하거나, 우리 몸이 에너지를 더 많이 소모하도록 촉진할 수도 있습니다.

스트레스가 망가뜨린 내 몸의 비밀, 그리고 새로운 깨달음

제가 간병으로 극도로 피로하고 기력이 없었던 것은 혹시 이런 이유 때문이 아니었을까요? 극심한 스트레스와 불규칙한 식습관으로 인해 제 장내 미생물 균형이 깨지고, 그 결과 담즙산의 변형 과정이 제대로 이루어지지 않으면서 간 기능이 저하되고 에너지 대사 효율이 떨어졌을 가능성을 배제할 수 없었습니다. 장내 미생물의 불균형으로의 변화가 간에 큰 부담을 주고 전신 컨디션을 악화시키는 악순환을 만들었을 수도 있다는 깨달음은, 저의 몸을 다시 돌보는 중요한 계기가 되었습니다.

이 작은 대사 물질들이 간과 장의 긴밀한 협력을 통해 우리 몸의 지방 대사라는 거대한 오케스트라를 지휘하고 있었다는 사실은 정말 놀라웠습니다. 제 몸의 회복을 위해 장 건강을 돌보는 것이 얼마나 필수적인지, 그리고 우리 몸속에서 벌어지는 복잡한 대사 과정들이 얼마나 유기적으로 연결되어 있는지 깨닫는 순간이었습니다.

중증 회복의 숨은 조력자, 세포 성장과 면역의 폴리아민

엄마는 반신불수 상태로 보호자의 손길 없이는 아무것도 할 수 없는 중증 환자였습니다. 제 손길 없이는 물 한 모금 마실 수도, 몸을 뒤척일 수도 없었죠. 그저 가늘게 숨만 쉬고 계신 엄마를 보며 저는 생각했습니다. '어떻게 해야 엄마의 몸이 다시 제 기능을 찾을 수 있을까? 어떻게 해야 저 처참하게 망가진 세포들이 다시 살아날 수 있을까?'

중증 환자분들의 회복에 가장 중요한 것이 무엇일까요?
바로 손상된 세포들을 다시 건강하게 만들고, 약해진 면역력을 튼튼하게 끌어올리는 것입니다.
마치 폭격을 맞은 도시를 재건하고, 외부 침략에 맞설 군사력을 다시 키우는 것과 같죠.

이처럼 막중한 임무를 수행하는 데 핵심적인 역할을 하는 물질이 있습니다. 놀랍게도 이 물질은 우리 몸이 스스로 만들기도 하지만, 우리 몸속 장내 미생물들이 만들어서 선물처럼 보내주기도 한답니다. 바로 폴리아민(Polyamines)입니다. 의학 용어들이라 매우 어렵조! 저도 어쩔수가 없어요. 그래서 외울려고 하지 마시고 내용을 이해하시는데 초점을 맞추시길 권합니다.
'폴리아민'에는 스페르미딘(Spermidine), 스페르민(Spermine), 푸트레신(Putrescine) 등 여러 종류가 있는데, 이들은 세포가 태어나고 자라고 분화하는 과정은 물론, 우리 몸을 지키는 면역 시스템 조절에도 필수적인 역할을 한답니다. 이름은 좀 생소하지만, 이들이 우리 몸속에서 하는 일은 정말 상상 이상으로 대단해요!

우리 몸의 특수 부대, '세포 수리공'과 '면역 방패'

폴리아민은 우리 몸의 숨겨진 '특수 부대'라고 할 수 있어요. 그중에서도 '세포 수리공' 역할이 정말 핵심적입니다. 뇌출혈처럼 심각한 질병을 겪으면 우리 몸의 많은 세포가 손상을 입습니다. 이때 폴리아민은 마치 숙련된 건축가처럼 손상된 조직을 찾아내고, 망가진 세포들을 고치거나 아예 새롭게 만드는 재생 과정을 돕습니다.

특히 폴리아민의 한 종류인 스페르미딘은 세포의 '자가포식(Autophagy)' 과정을 활성화하는 데 크게 기여합니다. '자가포식'이 무엇이냐고요? 이건 정말 놀라운 세포의 자가 정화 시스템인데요. 우리 세포 안에 낡거나 고장 난 부품(단백질 덩어리나 손상된 미토콘드리아 등)이 생기면, 세포 스스로 이것들을 찾아내서 분해하고 깨끗하게 청소한 뒤, 그 자리에 새롭고 건강한 부품을 채워 넣는 과정입니다. 마치 집 안의 낡은 가구나 고장 난 가전제품을 버리

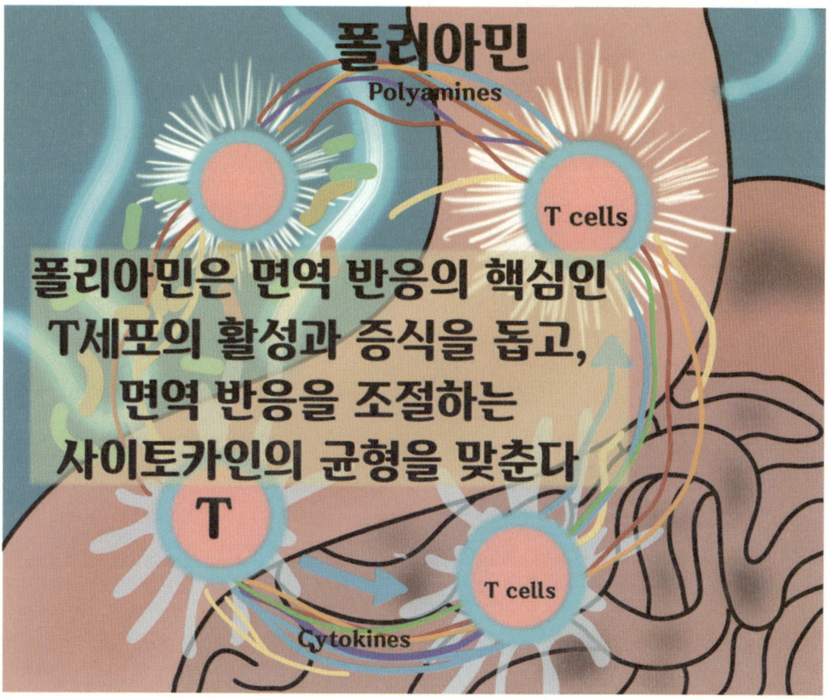

고 최신형으로 교체하는 것과 비슷하죠. 이 자가포식 과정은 세포가 젊고 활기찬 상태를 유지하고, 노화를 늦추는 데 매우 중요한 역할을 한다고 알려져 있습니다. 여러분 간헐적 단식을 해 보셨나요? 간헐적 단식을 하는 이유가 바로 이 자가포식을 하게 하기 위해서입니다.
엄마의 뇌 손상 부위가 회복되고 전신 기능이 개선되는 과정에서, 어쩌면 장내 미생물이 만들어내는 폴리아민이 이처럼 중요한 '세포 재건' 역할을 했을 수도 있다는 생각에 저는 희망과 경이로움을 동시에 느꼈습니다.

또한, 장기 투병 환자들은 면역력이 크게 저하되기 쉽습니다. 몸이 아프고 힘들면 외부의 세균이나 바이러스 같은 침입자들로부터 우리 몸을 지키는 면역 시스템이 약해질 수밖에 없죠. 그런데 폴리아민은 바로 이 면역 시스템을 튼튼하게 만들어주는 '면역 방패' 역할도 톡톡히 해낸답니다. 폴리아민은 우리 몸의 면역 세포들이 잘 성장하고 제 기능을 할 수 있도록 돕고, 특히 면역 반응의 핵심 사령관인 T세포의 활성화와 증식을 도와줍니다. 또한, 면역 반응을 조절하는 사이토카인이라는 물질들의 균형을 맞춰주어 우리 몸이 필요 이상으로 염증 반응을 일으키거나 (과민 반응), 반대로 전혀 반응하지 못하는 (무기력한 상태) 불균형에 빠지지 않도록 섬세하게 조절하게 됩니다.

엄마의 긴 회복 과정에서 외부 감염에 취약했을 때, 장내 미생물과 그들이 만들어내는 폴리아민의 역할은 결코 간과할 수 없는 부분이었을 겁니다. 이 작은 물질들이 생명을 유지하고 질병으로부터 회복하는 데 얼마나 중요한 역할을 하는지 깨닫는 순간, 저는 다시 한번 우리 몸의 놀라운 자가 치유 능력을 극대화하기 위해서라도 장 건강이 얼마나 필수적인지 절실히 느끼게 되었습니다. 우리 장 속 작은 우주가 우리 생명을 지키는 최전선이자 회복을 돕는 강력한 아군이라는 사실을요.

식이가 주는 치유의 힘,
폴리페놀 대사산물과 만성 염증의 사슬

엄마를 간병하는 1년 동안, 저는 제 몸을 돌볼 여유조차 없었습니다. 끼니는 대충 때우기 일쑤였고, 신선한 채소나 과일을 챙겨 먹는 건 꿈도 꿀 수 없었죠. 하지만 만약 그때 제가 식이섬유와 폴리페놀이 풍부한 식사를 꾸준히 했다면 어땠을까 하는 후회가 가끔 밀려옵니다. 그때는 몰랐지만, 제가 먹는 음식이 우리 몸속에서 어떤 기적을 일으킬 수 있는지 알았다면, 아마 무슨 수를 써서라도 더 잘 챙겨 먹었을 거예요.

우리가 섭취하는 식물성 영양소 중 폴리페놀이라는 것이 있습니다.
이 폴리페놀은 과일, 채소, 녹차, 커피, 견과류 등 식물에 풍부하게 들어있는 천연 화합물인데요, 식물이 스스로를 보호하기 위해 만들어내는 강력한 방어 물질이라고 생각하시면 됩니다. 그런데 이 폴리페놀은 우리 몸에 들어와도 자체로는 흡수가 잘 안 되는 경우가 많습니다. '에이, 그럼 소용없잖아?'라고 생각하실 수도 있지만, 여기서 우리 장내 미생물들이 또 한 번 마법을 부린답니다!

장 속 미생물의 마법: 폴리페놀의 재탄생과 '염증 잡는 소방관'

우리 장 속의 부지런한 미생물들은 우리가 먹은 폴리페놀을 그냥 버려두지 않습니다.
마치 정교한 화학 공장의 전문가들처럼, 이 폴리페놀들을 잘게 분해하고 변형시켜서 훨씬 더 강력하고 우리 몸에 유익한 물질들로 재탄생 시킵니다. 이렇게 미생물의 손을 거쳐 새롭게 태어난 물질들을 '폴리페놀 대사산물'이라고 부르는데요, 대표적으로 유로리틴(Urolithins)이나 에쿠올(Equol) 같은 친구들이 있습니다.

이 대사산물들이 왜 중요할까요?
바로 우리 몸속의 만성 염증을 잠재우는 데 탁월한 능력을 가지고 있기 때문입니다. 뇌출혈 같은 중증 질환은 물론, 비만, 당뇨, 심혈관 질환 등 현대인의 많은 질병 뒤에는 이 만성 염증이라는 보이지 않는 불씨가 숨어 있어요. 마치 우리 몸속에서 서서히 타오르는 작은 불처럼, 만성 염증은 시간이 지날수록 몸을 갉아먹고 세포를 손상시키죠.

그런데 장내 미생물이 만들어내는 이 폴리페놀 대사산물들은 강력한 항산화 및 항염증 작용을 합니다. 항산화는 우리 몸의 노화를 촉진하고 세포를 손상시키는 '활성산소'를 제거하는 작용을 말하고, 항염증은 말 그대로 염증을 줄여주는 역할이죠. 이 대사산물들은 마치 염증의 '불'을 끄는 '특수 소방관'처럼 몸속을 돌아다니며 염증 반응을 진정시키고, 손상된 세포를 보호하는 데 큰 도움이 된답니다.

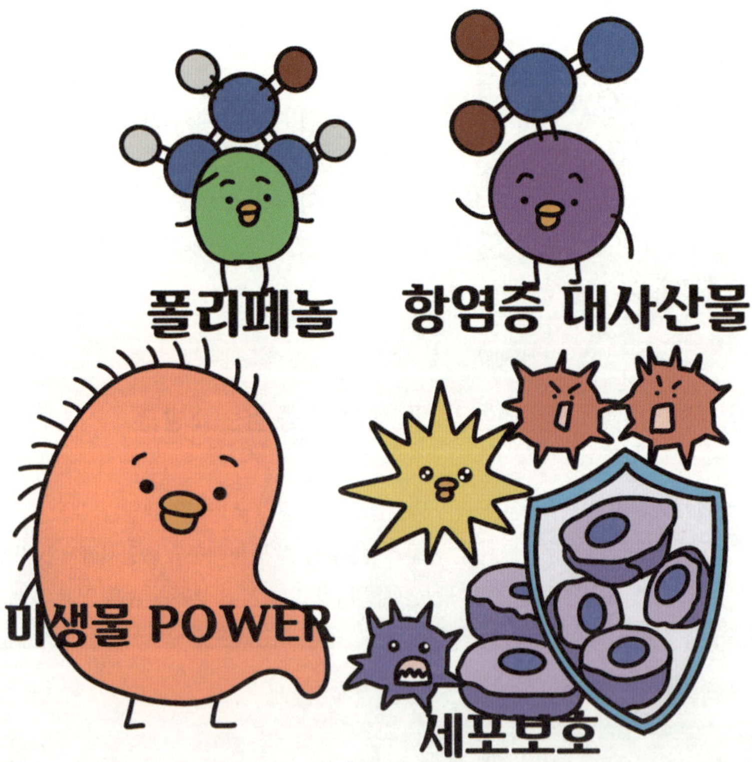

TIP 유로리틴(Urolithins)과 에쿠올(Equol)은 무엇인가?

유로리틴과 에쿠올은 모두 장내 미생물 대사산물입니다.
우리가 먹는 음식 속 특정 성분(원료 물질)을 장내 미생물들이 분해하고 변형시켜서 만들어내는 새로운 물질들입니다. 이들은 우리가 직접 섭취해서는 얻기 어렵고, 반드시 장내 미생물의 '마법 같은' 대사 과정을 거쳐야만 만들어진답니다.

1. 유로리틴 (Urolithins)

석류, 딸기, 호두 같은 음식에 풍부하게 들어있는 '엘라그산(Ellagic acid)'이나 '엘라그탄닌(Ellagitannin)'이라는 폴리페놀을 장내 미생물들이 분해해서 만들어내는 물질입니다.
유로리틴은 여러 종류가 있는데, 그중 유로리틴 A(Urolithin A)가 가장 활발하게 연구되고 주목받고 있는 핵심 물질입니다.
왜 중요한가요?
강력한 항산화 및 항염증 효과: 몸속 염증을 줄이고 세포 손상을 막는 데 탁월합니다.
미토콘드리아 기능 개선: 우리 세포의 에너지 발전소인 미토콘드리아가 건강하게 작동하도록 돕고, 낡은 미토콘드리아를 제거하는 자가포식(autophagy) 과정을 촉진하여 세포 건강과 노화 방지에 기여합니다. (4장의 폴리아민 설명과도 연결됩니다.)

2. 에쿠올 (Equol)

콩에 풍부한 '이소플라본(Isoflavone)'이라는 폴리페놀 중 특히 '다이드제인(Daidzein)'이라는 성분을 장내 미생물들이 변형시켜 만들어내는 물질입니다.
모든 사람이 에쿠올을 만들 수 있는 장내 미생물을 가지고 있는 것은 아닙니다. 그래서 콩을 먹어도 에쿠올을 만들 수 있는 사람과 그렇지 못한 사람으로 나뉘어 집니다.

왜 중요한가요?

여성 호르몬 유사 작용: 여성 호르몬인 에스트로겐과 비슷한 구조를 가지고 있어, 에스트로겐 수용체에 결합하여 유사한 효과를 냅니다. 그래서 갱년기 증상 완화, 골다공증 예방, 일부 암 예방 등 여성 건강에 긍정적인 영향을 미칠 가능성이 있습니다.
높은 생체이용률: 원료 물질인 다이드제인보다 우리 몸에 훨씬 더 잘 흡수되고 효과적으로 작용하는 것으로 알려져 있습니다.
항산화 및 항동맥경화 작용: 강력한 항산화제로 세포를 보호하고, 동맥경화를 예방하는 데 도움을 줄 수 있습니다.

제가 간병하는 동안 불규칙한 식사가 제 몸의 염증 반응을 가속화했을지도 모른다는 생각은, 음식이 단순히 배를 채우는 에너지를 넘어 우리 몸속 작은 생명체들과 함께 '치유의 힘'을 발휘할 수 있다는 깊은 깨달음을 주었습니다. 결국, 우리가 매일 먹는 음식이 우리 장내 미생물 환경을 어떻게 변화시키고, 그 미생물들이 다시 우리 몸 전체에 얼마나 크고 긍정적인 영향을 미치는지 다시 한번 생각하게 되는 중요한 대목입니다.
우리의 식탁이 곧 우리의 건강을 결정하는 가장 중요한 무대가 될 수 있다는 것을요.

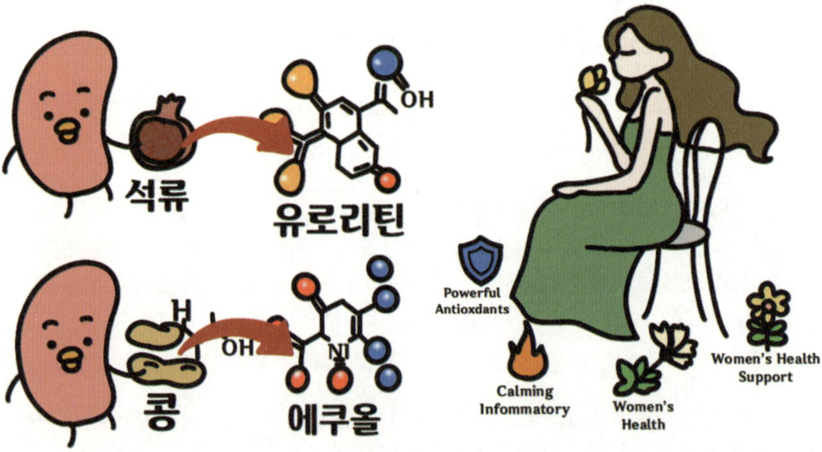

영양의 사각지대, 비타민 합성 능력과 내 몸의 회복 속도

엄마를 간병하는 1년 동안, 제 몸은 바닥을 모르고 추락했습니다. 극심한 피로와 무기력은 일상이 되었고, 머리맡에 쌓아둔 영양제는 그저 쌓여만 갈 뿐이었죠. 그때는 그저 피곤해서 그렇겠거니, 영양제를 잘 못 챙겨 먹어서 그렇겠거니 생각했습니다. 그런데 나중에 알고 보니, 우리 몸에는 외부에서 섭취하는 것 외에 또 다른 '비타민 공급원'이 숨어 있었습니다.

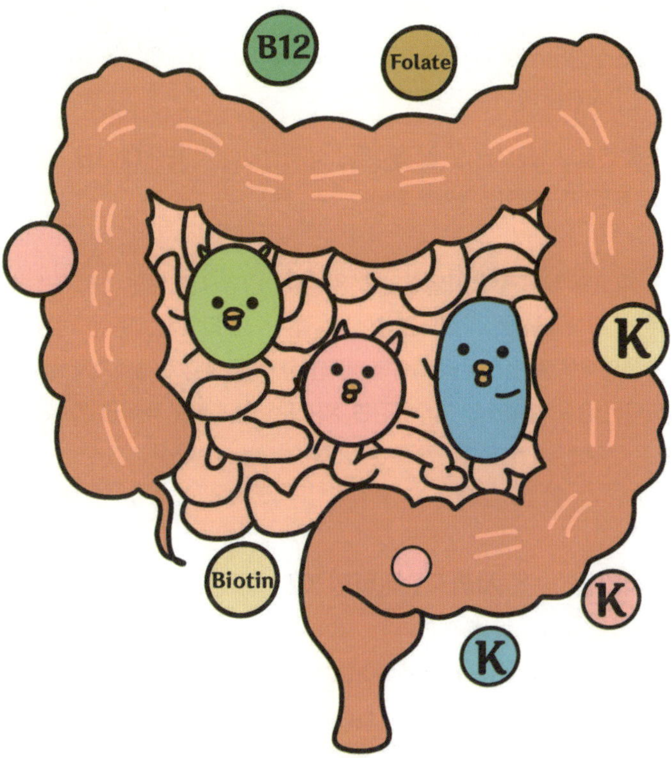

바로 우리 장 속에 살고 있는 미생물들이었죠! 이 사실을 알았을 때, 마치 우리 몸속에 작은 '비타민 공장'이 있는 셈이라는 생각에 정말 놀라움을 금치 못했습니다.

내 몸의 '숨은 비타민 공장', 장내 미생물

우리가 비타민 하면 흔히 과일이나 채소, 혹은 영양제를 떠올리실 거예요. 그런데 우리 장 속의 미생물들은 마치 작은 연금술사처럼, 스스로 우리 몸에 꼭 필요한 비타민들을 합성해서 공급해 줄 수 있다는 사실! 정말 놀랍지 않나요?

특히 B군 비타민들이 대표적입니다.
예를 들어, 비타민 B12(코발라민), 엽산(B9), 비오틴(B7) 같은 비타민들이 미생물들이 합성합니다. 이름은 어렵지만, 이 비타민들은 우리 몸의 에너지 대사(음식을 에너지로 바꾸는 과정)와 신경 기능(생각하고 느끼고 움직이는 능력)에 필수적인 역할을 합니다.

- **B12**: '적혈구 생성의 핵심'이자 '신경계의 수호자'라고 불려요. 혈액을 맑게 만들고 신경을 튼튼하게 유지하는 데 아주 중요하죠.
- **엽산**: 세포를 만들고 성장시키는 데 필수적인 비타민입니다. 특히 DNA를 만들고 세포가 정상적으로 분열하도록 돕는 역할을 합니다.

제가 극심한 피로와 무기력에 시달렸던 것은, 혹시 간병으로 인한 스트레스와 불규칙한 생활 때문에 장내 미생물의 비타민 합성 능력이 저하되었기 때문은 아니었을까요? 아무리 좋은 영양제를 먹어도, 우리 몸속의 '비타민 공장'이 제대로 돌아가지 않으면 효율이 떨어질 수 있다는 점을 깨달았습니다. 건강한 장내 환경이야 말로 비타민 흡수율을 높이고, 나아가 스스로 비타민을 만들어내는 중요한 기반이 된다는 사실을요.

뼈와 피를 지키는 '숨은 지휘자', 비타민 K2

여기서 끝이 아닙니다. 장내 미생물이 만들어내는 또 다른 중요한 비타민이 있으니, 바로 비타민 K2(메나퀴논)입니다. 비타민 K 하면 보통 피를 굳게 하는 응고 작용을 떠올리실 텐데,

비타민 K2는 그중에서도 특히 우리 몸의 뼈 건강과 혈관 건강에 중요한 역할을 한답니다. 마치 칼슘이 엉뚱한 곳에 쌓이지 않고 제자리를 찾아가도록 지휘하는 '칼슘 배달부' 같다고 할까요?

- **뼈 건강**: 비타민 K2는 우리가 섭취한 칼슘이 뼈 속으로 잘 흡수되도록 돕고, 뼈 밀도를 높여 골다공증을 예방하는 데 기여합니다. 튼튼한 뼈를 만드는 데 필수적인 역할을 하죠.
- **혈관 건강**: 놀랍게도 비타민 K2는 혈관에 칼슘이 쌓여 딱딱하게 굳는 '혈관 석회화'를 억제하는 데도 중요한 역할을 합니다. 혈관이 유연하고 깨끗해야 혈액순환이 원활해지고 심혈관 질환 위험을 낮출 수 있겠죠.
- **혈액 응고**: 물론 비타민 K의 기본 역할인 혈액 응고에도 필수적이므로, 뇌출혈 환자처럼 출혈 위험이 있는 경우에도 장내 미생물의 비타민 K2 생산 능력은 엄마의 회복에 미묘하게나마 영향을 미쳤을 거예요.

이 작은 미생물들이 우리 몸의 '영양 공장' 역할까지 한다는 것은, 우리가 장 건강에 더 깊은 관심을 가져야 할 명확한 증거입니다. 우리가 매일 먹는 음식이 장내 미생물에게 어떤 영향을 미치는지, 그리고 그 미생물이 우리 몸에 얼마나 큰 '비타민 선물'을 주는지 깨닫는 순간, 우리의 식습관을 자연스럽게 돌아보게 될 것입니다.
장 건강이야말로 진정한 영양의 보고이자, 활기찬 삶을 위한 필수적인 토대라는 것을 다시 한번 실감합니다.

7장

엄마와 나, 그리고 아이들을 위한 장-뇌 축의 미래: 질병을 넘어 건강 수명으로

엄마의 투병과 저의 간병 경험은 저에게 '건강'이라는 화두를 던져주었어요. 그리고 마이크로바이옴은 그 해답의 가장 강력한 실마리가 되었죠. 이제 저는 제 아들과 딸에게 만큼은 건강한 장내 환경을 물려주고, 엄마와 저 같은 아픔을 겪지 않도록 최선을 다하고 싶습니다.

우리가 살펴본 것처럼, 마이크로바이옴과 그 대사 물질들은 오장육부의 기능, 뇌 건강, 면역력, 심지어 노화에 이르기까지 우리 몸의 모든 시스템과 유기적으로 연결되어 있습니다.
건강한 마이크로바이옴 생태계는 당뇨, 비만, 심혈관 질환, 염증성 장 질환, 자가면역 질환,

그리고 일부 정신 질환과 암의 위험을 낮추는 데 기여한답니다. 엄마의 고혈압과 뇌출혈, 그리고 저의 간병 후유증도 결국 장내 마이크로바이옴의 불균형과 그 대사 물질의 변화와 무관하지 않았을 겁니다.

이제 우리는 질병이 발병한 후에 치료하는 것을 넘어, 질병을 예방하고 건강 수명을 늘리는 새로운 패러다임에 집중할 수 있게 되었습니다. 장내 미생물 검사를 통해 자신의 장 환경을 이해하고, 맞춤형 식단과 생활 습관을 통해 최적의 미생물 생태계를 조성하는 것이 중요합니다.

맞춤형 건강 전략의 시대

이제 우리는 막연히 '몸에 좋은 것'을 넘어, 내 몸속 마이크로바이옴의 특성을 이해하고 이에 맞는 맞춤형 식단과 생활 습관을 통해 최적의 대사 물질을 생산하도록 유도할 수 있게 되었습니다. 이는 단순히 질병을 예방하는 것을 넘어, 건강 수명을 연장하고 삶의 질을 높이는 궁극적인 열쇠가 될 겁니다. 특정 유익균을 늘리거나 특정 대사 물질의 생성을 촉진하는 프로바이오틱스, 프리바이오틱스, 그리고 포스트바이오틱스 등의 활용도 점차 중요해질 것입니다.

저의 여정이 여러분에게도 '내 몸 안의 우주'를 탐험하는 새로운 시작점이 되기를 진심으로 바랍니다. 우리가 장 건강에 관심을 기울일수록, 우리 몸은 더욱 건강하고 활기찬 삶을 선물할 것이라는 확신을 얻었습니다.

작은 우주, 거대한 희망

엄마는 여전히 제 곁에 계시지만, 그녀의 아픔은 저에게 평생 잊을 수 없는 교훈을 주었어요.
그리고 마이크로바이옴은 그 교훈을 실천할 수 있는 가장 강력한 도구가 되었죠.
저는 제 아이들에게 건강한 장내 환경을 물려주고, 저 자신도 엄마의 아픔을 되풀이하지 않기 위해 끊임없이 배우고 실천할 겁니다.

우리 몸 안의 작은 우주, 마이크로바이옴을 이해하는 것은 곧 우리 자신과 사랑하는 사람들의 건강을 지키는 가장 현명한 방법이 될 겁니다.
여러분의 장내 미생물이 행복할 때, 여러분의 몸과 마음도 함께 행복해질 것이라고 믿어요.
이 책이 여러분의 건강한 삶을 위한 작은 나침반이 되기를 간절히 바랍니다.
여러분의 장 속 작은 우주에 귀 기울여보세요.

Chapter 08

작가: 강명훈

강명훈 저자 소개

마이크로바이옴 분야의 선구자이자 진정한 치유의 가능성을 제시하는 전문가인 저자는 존경받는 의료인 부모님 밑에서 자랐지만, 현대 의학의 한계 앞에서 아버지의 오랜 투병과 이별을 경험했다. 특히 화학 약물의 부작용이 뇌출혈의 원인이 될 수 있다는 사실을 깨달으며, 기존 의학으로는 해결할 수 없었던 기능 의학의 세계에 눈을 뜨게 되었다.

아버지의 체질을 그대로 물려받아 고혈압, 고지혈, 당뇨 고도비만 진단을 받으며 절망에 빠졌던 저자는, 이 위기를 마이크로바이옴 연구에 대한 깊은 몰입의 기회로 삼았다. 수많은 국내외 전문 서적과 논문을 탐독하고, 마이크로바이옴 전문가 과정을 통해 이 분야의 전문적인 지식과 기술을 습득했다. 저자는 직접 장내 미생물 관리를 시작한 지 불과 9개월 만에 20대부터 저자를 괴롭혔던 만성 위염, 역류성 식도염, 비만, 고혈압, 고지혈, 당뇨 등 대부분의 질환에서 벗어나 모든 건강 검진 항목에서 정상 판정이라는 놀라운 결과를 얻었다.

저자는 현재 건강 전문 기자로서, 단순한 정보 전달을 넘어 독자들이 스스로 건강을 되찾을 수 있는 새로운 치유의 가능성을 제시하고 있다. 또한 이러한 개인적인 치유 경험과 체계적인 학습을 통한 경험이 책을 통해 독자들에게 건강한 삶을 위한 확실한 동반자가 되어줄 것이라고 생각한다.

1장

우리 몸의 비밀 수비대, 마이크로바이옴!

아버지의 그림자, 그리고 내 몸속 '세계 최고의 의사'를 찾아서

경상도 남자들은 마음은 따뜻한데 겉으로는 무뚝뚝하다고 하죠?
저의 아버지도 그러셨습니다. 집에서는 무뚝뚝해서 저랑은 평생 대화조차 몇 번 해본 적이 없었답니다. 하지만 밖에서는 아주 유명한 술고래 뚱보 의사이셨어요.
박학다식하시고 이야기를 재미있게 하셔서 항상 주변 사람들을 웃기셨지만, 그 누구보다 호탕하게 웃으시던 모습이 지금도 눈에 선합니다.
저의 아버지는 제가 아주 어릴 적부터 고혈압, 당뇨, 고지혈, 통풍, 비만까지, 현대인의 '성인병 종합선물세트'를 다 가지고 계셨던 것 같아요. 하지만 의사니까 건강 관리는 알아서 잘하실 거라 굳게 믿고 있었죠. 그렇게 안일하게 생각하던 대학교 1학년, 청천벽력 같은 소식이 들려왔습니다. 아버지가 60세에 뇌출혈로 쓰러지고 만 것입니다.

엄청난 뇌수술로 오른쪽 머리뼈를 제거해버려서 머리의 절반은 움푹 패여서 없어졌고, 얼굴은 찌그러진 채로 혼자서는 앉지도 못한 채 14년을 사시다 결국 돌아가셨어요. 그토록 똑똑하고 입담이 좋으셨던 아버지가, 그렇게 호탕하게 웃으시던 그 모습은 사라지고 무표정하게 멍하니 천장만 바라보며 14년을 침대에만 누워계시던 모습. 그리고 그 곁을 끝까지 지키고 계시던 어머니가 너무나 안쓰럽고 불쌍해 보였습니다.

시간은 흘러 제가 어느덧 60세에 가까워지고 있을 무렵, 거울을 본 저는 충격에 빠졌습니다. 저도 아버지와 똑같이 배불뚝이 뚱보가 되어 있었고, 심지어 아버지와 똑같은 만성 질환들을 달고 살게 된 것입니다.

2022년 1월, 코로나가 창궐하던 시기에 저는 코로나 확진과 함께 고도비만, 고혈압, 고지혈, 당뇨라는 진단을 받고 말았습니다. 의사는 혈관 질환 약은 평생 먹어야 한다고 했습니다. '이렇게 살다가는 아버지랑 똑같이 뇌출혈로 죽을 수도 있겠구나!' 생각하니, 우울증까지 찾아왔습니다.
잘못된 생활 습관을 후회하며 어떻게든 이 병들을 이겨낼 방법을 찾던 중, 충격적인 사실을 접했습니다. '화학 약이 단기간에는 우리 몸을 지켜줄 수 있지만, 장기적으로 섭취하면 부작용으로 뇌출혈이 올 수도 있다.'는 이야기였습니다. 저는 화학 약이 아닌 다른 방법을 찾아야 했습니다.

그토록 간절히 찾아 헤매었던 '세계 최고의 의사'를 만난 후 9개월이 지난 2022년 9월, 저는 종합 검진을 받았습니다. 그리고 믿을 수 없는 결과를 마주했습니다. 모든 질환이, 심지어 20대부터 달고 살았던 만성 위염과 역류성 식도염까지 모두 '정상' 판정을 받은 것입니다!

그렇게 기적 같은 변화를 가져다준 '세계 최고의 의사'는 알고 보니 멀리 있지 않았습니다. 바로 제 몸 안에 있었습니다. 지금부터 여러분께 그 '세계 최고의 의사', 즉 마이크로바이옴의 놀라운 비밀을 공개합니다!

우리 몸을 지키는 든든한 파수꾼, 면역 이야기

우리 몸은 외부의 수많은 침입자들로부터 우리를 지켜주는 특별한 군인들을 가지고 있습니다.
이 군인들을 우리는 면역이라고 부릅니다. 이 면역 군인들은 얼마나 치밀하게 서로 연락하고 협력하며 우리 몸을 지켜내는지, 마치 한 편의 스펙터클한 전투 영화처럼 흥미진진한 이야기를 시작해 볼까요?

우리 인체의 면역 기능은 크게 두 가지로 나눌 수 있습니다. 그것은 "자연면역"과 "획득면역"인데 하나씩 자세히 설명드리겠습니다.

1. 자연 면역: 긴급 출동! 즉각적인 방어선

우리 몸속에는 언제나 우리를 지켜주는 용감한 수호자들이 살고 있다는 사실, 알고 계셨나요? 마치 119 소방대원처럼 몸에 나쁜 바이러스나 세균 같은 침입자가 나타나면 즉시 출동해서 물리치는 우리 몸의 특공대, 바로 자연 면역 시스템이에요.

감기에 걸려도 며칠 뒤면 저절로 낫는 것도 다 이 용감한 면역 특공대원들 덕분이랍니다!
그럼, 우리 몸의 작은 영웅들이 어떻게 나쁜 침입자와 싸우는지, 마치 흥미진진한 탐정 이야기를 들여다보듯이 함께 알아볼까요?

자연 면역 특공대의 핵심 멤버들

자연 면역 특공대에는 각자의 역할이 분명한 핵심 멤버들이 있어요. 이들은 마치 잘 훈련된 팀처럼 서로 협력하며 우리 몸을 빈틈없이 보호하죠.

■ 수지상 세포: 우리 몸의 '정보 분석관'이자 '지휘관'

수지상 세포는 마치 날카로운 눈을 가진 탐정처럼 우리 몸속을 꼼꼼하게 돌아다니면서 수상한 바이러스나 세균을 찾아냅니다. 침입자를 발견하면 곧바로 '이건 누구고, 어떻게 생겼고, 뭘 하러 왔지?' 하고 정체를 분석합니다.
그리고는 이 정보를 다른 면역 세포들에게 전달해서 다음번에는 똑같은 침입자가 나타나면 바로 알아보고 처리할 수 있도록 '경계 태세'를 지시하는 아주 중요한 역할을 합니다.
마치 작전을 지휘하는 똑똑한 사령관 같아요.

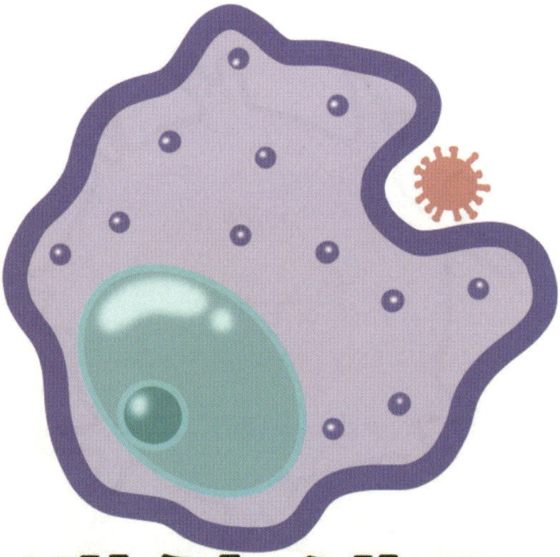

대식 세포

■ 대식세포: 뭐든지 먹어치우는 '청소부'이자 '포식자'

이름처럼 '크게 잡아먹는 세포'라는 뜻을 가진 대식세포는 엄청난 식성을 자랑하는 하마처럼 세균과 바이러스를 통째로 꿀꺽 집어삼켜요. 우리 몸을 깨끗하게 유지하는 '청소부' 역할도 하면서, 동시에 침입자를 무자비하게 제거하는 '포식자' 역할까지 해내는 아주 중요한 세포입니다.

마치 우리 몸의 든든한 쓰레기차 같다고 할 수 있습니다.

■ NK세포 (자연살해 세포): '암세포 킬러'

'자연 살해 세포'라는 이름이 좀 무섭게 들리나요?

하지만 이 세포는 우리 몸에 아주 유익한 세포예요. NK세포는 바이러스에 감염된 세포나 우리 몸에 해로운 암세포를 발견하면 즉시 달려가서 파괴합니다. 마치 정확하게 표적을 제거하는 특수 요원처럼 말이죠.

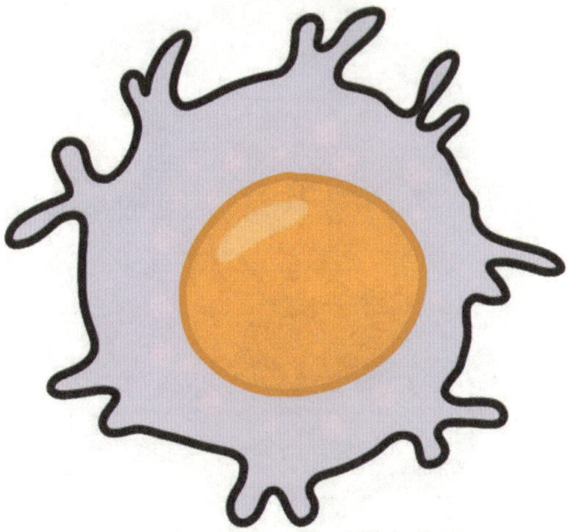

NK세포

■ 호중구: 최전방에서 싸우는 '전투병'

우리 몸의 혈액 속에 가장 많은 수를 자랑하는 면역 세포가 바로 호중구입니다. 전체 백혈구의 절반 이상을 차지할 만큼 아주 흔하고 중요한 세포죠. 호중구는 마치 긴급 상황에 가장 먼저 도착하는 소방관처럼, 몸에 세균이나 곰팡이 같은 균이 침입했을 때 가장 먼저 현장으로 달려가 싸우는 우리 몸의 최전방 전투병입니다. 침입자를 발견하면 즉시 잡아먹는 방식으로 우리 몸을 지켜내요.

이 호중구는 단순히 수가 많을 뿐만 아니라 우리 몸의 건강 상태를 알려주는 중요한 지표가 되기도 합니다.
예를 들어, 암 환자들이 항암 치료를 받을 때 의료진이 호중구 수치를 꼼꼼하게 확인하는 경우가 많아요. 항암 치료는 암세포뿐만 아니라 정상 세포에도 영향을 줄 수 있어서 호중구 수치가 너무 낮아지면 감염 위험이 커집니다. 그래서 호중구 수치가 기준치보다 낮으면 치료 일정을 조절하기도 합니다. 이처럼 호중구는 우리 몸을 지키는 든든한 용사일 뿐만 아니라,

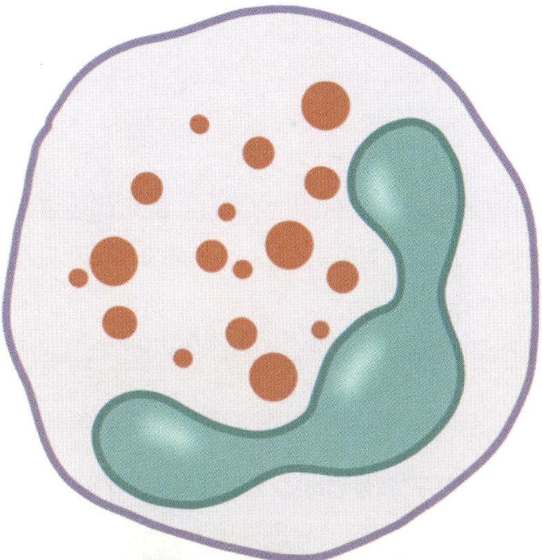

호중구

우리 몸의 면역력이 얼마나 튼튼한지 알려주는 중요한 신호등 역할도 하는 아주 특별한 세포입니다.

이렇게 자연 면역 특공대원들이 각자의 자리에서 최선을 다해 우리 몸을 지켜주고 있기 때문에 우리는 건강하게 생활할 수 있습니다. 우리 몸속의 이 작은 영웅들에게 감사하며, 앞으로도 이들이 잘 싸울 수 있도록 건강한 생활 습관으로 면역력을 키워주는 건 어떨까요?

2. 한 번 경험하면 영원히 기억하는 똑똑한 방어 시스템, 획득 면역!

우리 몸에는 마치 세상에 둘도 없는 최고의 정보기관처럼, 한 번 만난 적의 정보는 절대 잊지 않고 완벽하게 기억했다가, 다음에 똑같은 적이 나타나면 훨씬 더 빠르고 강력하게 물리치는 특별한 부대가 있습니다. 마치 적의 약점을 완벽하게 분석해서 다음 전투에 활용하는 최정예 특수부대 같다고 할 수 있죠. 바로 획득 면역 시스템입니다.

우리가 어릴 적 수두 같은 병을 한 번 앓고 나면 다시는 같은 병에 걸리지 않는 이유, 독감 예방주사를 맞으면 독감에 덜 걸리거나 가볍게 앓고 지나가는 이유가 바로 이 놀라운 획득 면역 덕분입니다.

획득 면역은 우리 몸의 '정보 분석팀'이자 '전략 수립팀'이라고 할 수 있습니다. 이 팀의 핵심 멤버는 주로 림프구라는 특별한 세포들인데, 그중에서도 특히 T림프구와 B림프구라는 세포들이 아주 중요한 역할을 합니다. T림프구는 단순히 한 가지 세포가 아니라, 여러 종류의 전문 요원들로 이루어진 팀이랍니다.
그럼, 이 림프구 전문가들이 어떻게 우리 몸을 지키는 데 기여하는지, 마치 스파이 영화를 보듯이 자세히 알아볼까요?

■ 획득 면역 특공대의 'T림프구' 핵심 멤버들: 똑똑한 지휘관과 강력한 공격수들

우리 몸의 획득 면역 시스템에서 T림프구 팀은 각자의 전문 분야를 가진 여러 보조 T림프구들로 구성되어 있습니다. 이들은 마치 잘 짜인 팀플레이처럼 서로 협력하며 우리 몸을 철통같이 방어하죠.
이들의 활약 뒤에는 대식세포나 수지상세포와 같은 '정보 분석관'들의 초기 역할이 매우 중요합니다.

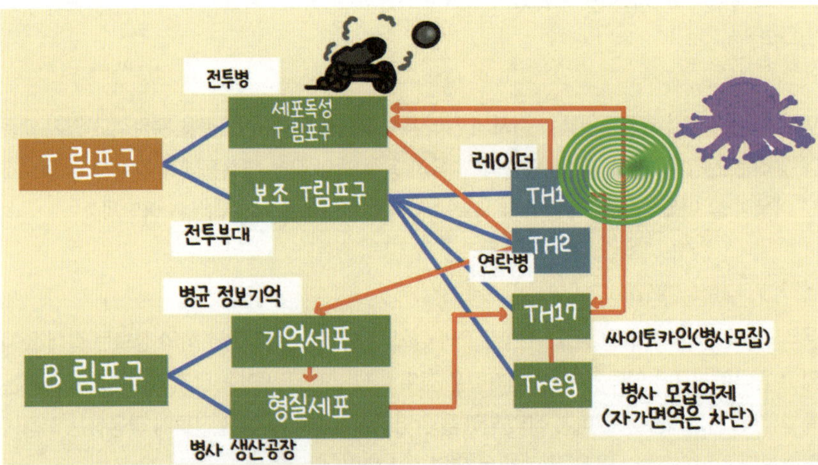

Th1 세포:
적을 정확히 찾아내는 '정찰 레이더'이자 '공격 지휘관'

Th1 세포는 마치 인공위성 고성능 레이더처럼 우리 몸속에 숨어있는 침입자를 아주 정확하게 찾아내는 역할을 합니다. 그런데 이들은 단순히 혼자 적을 찾아내는 게 아니라, 우리 몸에 바이러스나 세균 같은 침입자가 나타나면, 먼저 대식세포나 수지상세포 같은 '정보 분석관'들이 침입자의 조각(항원)을 잡아 T림프구에게 제시해 줍니다.

이 정보를 바탕으로 활성화된 Th1 세포는 '여기 적이 나타났다!' 하고 즉각적으로 우리 몸의 가장 강력한 공격수 중 하나인 '세포독성 T림프구' ('킬러 T세포'라고도 부릅니다)에게 연락해서 출동하도록 지시하죠. 킬러 T세포는 바이러스에 감염되어 변질된 우리 몸의 세포를 직접 찾아가 파괴하는 용감한 전사입니다.
Th1 세포는 마치 특공대의 공격 작전을 지휘하는 유능한 작전관 같습니다.

Th2 세포:
적의 정보를 기록하고 항체를 만드는 '기록관'이자 '무기 생산 감독관'

Th2 세포도 마찬가지로 우리 몸에 어떤 침입자가 들어오면, 수지상세포 같은 정보 분석관들이 침입자의 조각(항원)을 잡아서 Th2 세포에게 보여줍니다.
Th2 세포는 이 정보를 바탕으로 활성화된 뒤, 전투가 끝난 후 전투병들이 가져온 바이러스의 조각(이것이 바로 침입자에 대한 정보예요!)을 받아 B림프구와 '기억 세포'에게 전달하는 역할을 합니다.

특히 B림프구가 침입자를 물리칠 수 있는 특별한 무기인 '항체'를 만들도록 돕는 중요한 역할을 합니다. 덕분에 우리 몸은 한 번 만난 적은 절대로 잊지 않고 꼼꼼하게 기록하고 기억하게 되죠. 마치 중요한 사건을 빠짐없이 기록하고 보관해서 나중에 참고할 수 있도록 하는 '기록관'이자, 필요한 무기를 생산하도록 지시하는 '생산 감독관' 같습니다.

이 기억 세포들 덕분에 똑같은 침입자가 다시 들어와도 우리는 재빨리, 그리고 더 강력하게 대응할 수 있습니다. 침입자가 우리 몸에 들어오면, 먼저 수지상세포 같은 정보 분석관들이 침입자의 조각(항원)을 잡아서 Th2 세포에게 보여줘요. Th2 세포는 이 정보를 받은 후 활성화되어 B림프구에게 다가가서 활성화시키고, "자, 이제 항체를 만들 시간이야!" 하고 신호를 보냅니다. 마치 B림프구 공장의 생산 라인을 가동시키는 스위치를 누르는 것과 같습니다. 활성화된 B림프구는 이제 두 가지 아주 중요한 세포로 변신하기 시작합니다.

① 형질 세포 (Plasma Cell): '항체 생산 공장'의 일꾼들!

대부분의 활성화된 B림프구는 이 형질 세포로 빠르게 변신합니다. 형질 세포는 말 그대로 '항체를 만드는 공장'의 핵심 일꾼들입니다. 이 세포들은 엄청난 속도로 특정 침입자(항원)만을 공격하는 항체를 대량으로 쏟아내게 됩니다. 이 항체들은 침입자에게 딱 달라붙어 무력화시키거나, 다른 면역 세포들이 침입자를 더 잘 인식하고 제거하도록 돕는 역할을 하죠. 형질 세포들은 지금 당장 전투에 필요한 총알을 끊임없이 만들어내는 부대라고 생각하시면 쉬워요.

다만, 수명이 비교적 짧아서 전투가 끝나면 대부분 사라집니다.

② 기억 B세포 (Memory B Cell): '적의 정보'를 영구 저장하는 데이터베이스!

소수의 활성화된 B림프구는 기억 B세포로 변신합니다. 이 세포들은 전투에 직접 참여하여 항체를 만들지는 않지만, 대신 한 번 만났던 침입자의 정보를 마치 컴퓨터의 하드 드라이브처럼 영구히 저장해둡니다. 우리 몸속에 수년, 심지어는 평생 동안 남아있을 수 있습니다.

이 기억 B세포의 역할이 정말 중요합니다. 덕분에 똑같은 침입자가 다시 들어오면, 이 기억 B세포들이 재빨리 활성화되어 즉시 강력한 형질 세포로 변신하고, 엄청난 양의 항체를 순식간에 만들어내기 때문에 우리는 다시 그 병에 걸리지 않거나, 걸리더라도 훨씬 가볍게 앓고 지나갈 수 있습니다. 백신이 작동하는 핵심 원리도 바로 이 기억 B세포의 놀라운 능력 덕분입니다.

Th17 세포: 면역 세포들을 불러 모으는 '긴급 소집관'

Th17 세포는 마치 긴급 상황을 알리는 비상 호루라기 같습니다. 우리 몸에 침입자가 나타나면, 이 세포는 '인터루킨-17'이라는 특별한 신호 물질을 뿜어내게 됩니다.

이 신호는 다른 면역 세포들에게 "여기에 적이 나타났다! 빨리 와서 도와줘!" 하고 알리는 것과 같습니다. 특히, 우리 몸의 최전방 전투병인 호중구를 가장 먼저 불러내 싸움에 참여시키죠.

이 과정에서 '염증 반응'이라는 현상이 일어나는데, 이는 침입자를 한곳에 가두고 물리치는 데 꼭 필요한 우리 몸의 방어 과정입니다.
Th17 세포는 마치 위급 상황에 병사들을 신속하게 집결시키는 유능한 '소집관'과 같습니다.

Treg 세포 (조절 T세포) : 면역 시스템의 '평화 유지군'

면역 반응은 강력해야 침입자를 물리칠 수 있지만, 너무 과하게 일어나면 우리 몸의 건강한 세포까지 공격할 수 있습니다. 이걸 '자가면역 반응'이라고 하는데, 마치 아군끼리 싸우는 것과 같아서 매우 위험하죠.
이때 Treg 세포, 즉 조절 T세포가 나섭니다. 이 세포는 마치 과열된 분위기를 진정시키고 질서를 유지하는 현명한 '중재자' 같습니다. 면역 시스템이 너무 흥분해서 우리 몸을 해치지 않도록 조절하고, 전체 면역 반응이 균형을 유지하도록 돕는 아주 중요한 역할을 하게 됩니다.
덕분에 우리 몸은 면역 시스템의 과도한 공격으로부터 안전하게 보호될 수 있습니다.

특히 흥미로운 점은, 이러한 Treg 세포를 깨우고 활성화하는 데 우리 몸속 '미생물'들이 중요한 역할을 한다는 겁니다. 장내 미생물들이 음식을 소화하는 과정에서 단쇄지방산(Short-Chain Fatty Acids)이라는 물질을 만들고, 이 단쇄지방산이 바로 Treg 세포가 제 기능을 하도록 돕는 신호를 보내게 됩니다.
즉, 장 건강이 면역 균형에도 큰 영향을 미친다는 것을 알 수 있죠. 우리 몸의 평화를 지키는 Treg 세포는 이렇게 장내 미생물과도 긴밀하게 협력하고 있습니다.

이처럼 우리 몸의 획득 면역 시스템은 정말 정교하고 놀라운 방식으로 작동하고 있죠?
자연 면역이 119 소방대처럼 즉각적으로 출동하는 부대라면, 획득 면역은 한 번 학습하면 그 정보를 기반으로 훨씬 효율적이고 강력하게 적을 물리치는 전략 부대라고 할 수 있습니다.
이 복잡하면서도 똑똑한 면역 시스템 덕분에 우리는 매일매일 건강하게 생활할 수 있는 거랍니다!

2장

장 속 친구들의 변심?
면역 균형이 깨지면 생기는 일

우리 몸속에는 눈에 보이지 않는 작은 세상이 펼쳐져 있습니다. 바로 우리 장 속인데요, 이곳에는 상상할 수 없을 만큼 많은 수의 미생물 친구들이 북적이며 살아가고 있습니다. 이 친구들은 종류도 엄청나게 많고, 각자 맡은 역할도 제각각이죠.

마치 우리 몸이라는 거대한 도시의 작은 시민들처럼 말이에요.

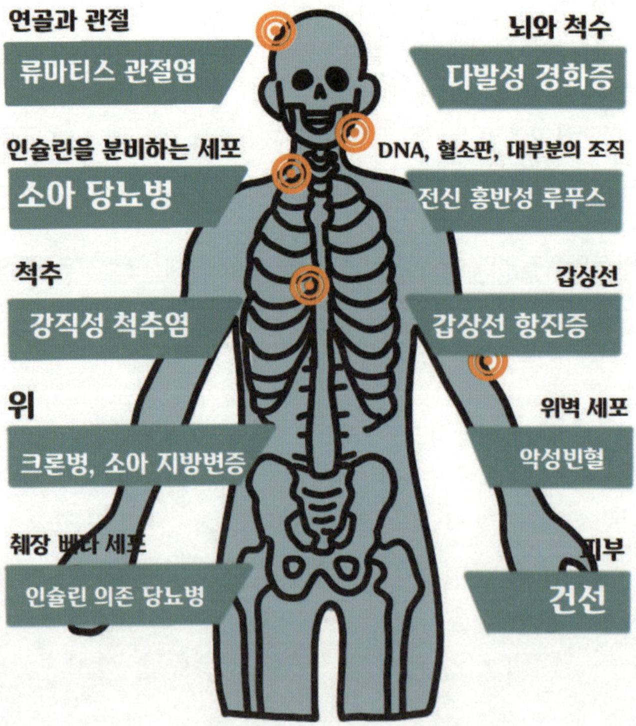

이 미생물 친구들이 사이좋게 잘 지내면서 균형을 이루면 우리 몸도 아주 건강합니다. 그런데 만약 이 평화로운 균형이 깨져서 특정 미생물이 너무 많아지거나 적어지면 어떻게 될까요? 이렇게 장내 미생물들의 균형이 깨지는 상태를 우리는 '장내미생물 불균형(Dysbiosis)'이라고 부르는데, 이 경우 우리 몸에는 생각보다 심각하고 다양한 문제들이 발생하게 됩니다.

■ 장내 미생물 불균형, 우리 몸에 어떤 일이 생길까요?

1. 뱃속이 '부글부글', 소화가 불편해져요!

가장 먼저, 그리고 가장 흔하게 느끼는 변화는 바로 소화 문제입니다. 장내 미생물 친구들이 균형을 잃으면 마치 음식물 처리 공장이 제대로 돌아가지 않는 것처럼 됩니다. 음식을 제대로 분해하지 못하거나, 소화 과정에서 불필요한 가스를 너무 많이 만들어서 배가 아프거나, 가스가 차고 더부룩한 느낌을 받게 됩니다. 어떤 날은 화장실에 가기 힘들 정도로 변비에 시달리고, 어떤 날은 갑자기 설사가 쏟아지기도 합니다. 심한 경우엔 배탈이 자주 나고 만성적인 복통을 동반하는 과민성 대장 증후군처럼 고질적인 소화기 질환으로 발전하기도 합니다.

2. 우리 몸의 '방어막'인 면역력이 약해져요!

놀랍게도 우리 몸의 면역 세포 중 무려 70% 이상이 장에 집중되어 있다는 사실, 알고 계셨나요? 장은 단순한 소화 기관을 넘어 우리 몸의 면역력을 결정하는 아주 중요한 '면역 사령부'나 다름없습니다. 장내 미생물 균형이 깨지면 마치 이 면역 사령부가 제대로 훈련되지 않은 군대처럼 약해지게 됩니다. 그 결과 감기에 너무나도 잘 걸리거나, 우리 몸에 염증이 더 쉽게 생길 수 있습니다. 심지어 아토피, 알레르기처럼 우리를 괴롭히는 면역 관련 질환들이 더 심해지기도 합니다.

3. 살이 쉽게 찌고, '대사 질환' 위험이 높아져요!

장내 미생물 친구들은 우리가 먹는 음식의 소화뿐만 아니라, 우리 몸이 영양분을 에너지로 바꾸는 과정인 '대사'에도 큰 영향을 미칩니다. 만약 장내 미생물 균형이 깨지면, 마치 우리 몸이 에너지를 비효율적으로 사용하거나, 특정 영양소를 필요 이상으로 흡수하게 만들어 살이 쉽게 찌게 만들 수 있습니다.

단순히 살이 찌는 것을 넘어, 최근 연구 결과들은 당뇨나 고혈압 같은 대사 질환의 위험이 높아질 수 있다고 경고하고 있습니다. 장내 미생물이 우리 몸의 에너지 공장까지 좌우할 수 있다는 사실, 정말 놀랍죠?

4. 기분도 꿀꿀, '제2의 뇌'가 흔들려요!

장은 흔히 '제2의 뇌'라고 불릴 만큼 뇌와 긴밀하게 연결되어 있습니다. 바로 '장-뇌 축(Gut-Brain Axis)'이라는 특별한 고속도로를 통해 끊임없이 정보를 주고받죠. 장내 미생물 불균형은 우리가 행복하다고 느끼게 하는 세로토닌 같은 '행복 호르몬'의 분비에 영향을 미치거나, 뇌에 부정적인 신호를 보내서 우울하거나 불안한 기분을 느끼게 할 수 있습니다. 심지어 집중력을 떨어뜨리는 등 뇌 건강과 정신 건강에도 엉뚱한 영향을 미칠 수 있습니다.
괜히 기분이 오락가락한다면, 장 건강을 한번 돌아볼 필요가 있습니다.

5. 이유 없는 만성 피로와 피부 문제까지!

이 외에도 장내 미생물 불균형은 다양한 방식으로 우리 몸을 괴롭힙니다. 얼굴에 여드름이 계속 나거나, 습진, 건선 등 다양한 피부 질환이 발생하기도 합니다. 또 우리 몸의 수면을 조절하는 멜라토닌이라는 호르몬 생성에도 영향을 미쳐 잠을 설치게 하는 수면 장애를 일으키기도 합니다. 이러한 문제들이 복합적으로 나타나면 결국 원인을 알 수 없는 만성 피로로 고통을 받게 되는 거죠. "피곤은 간 때문이야"가 아니라, 사실은 장 때문일 수도 있습니다.

■ 우리 몸을 공격하는 '자가면역 질환': 내부의 적을 만들어요!

더 심각한 것은, 장 속 미생물 친구들이 면역 세포가 '우리 몸'과 '외부 침입자'를 잘 구별하도록 훈련시켜주는 역할을 한다는 점입니다. 그래서 면역 세포가 실수로 우리 몸의 건강한 세포를 공격하지 않게 도와주는 거죠.

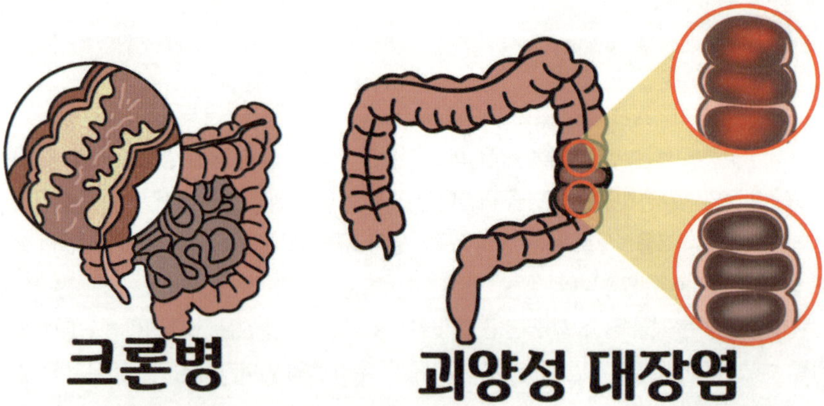

하지만 장내 미생물 균형이 깨지면, 면역 시스템이 마치 자기편과 남의 편을 구분하지 못하는 것처럼 됩니다. 결국 자기 몸의 일부를 외부 침입자로 착각하고 공격하기 시작하는데, 이것이 바로 우리 몸이 우리 스스로를 공격하는 무서운 병, '자가면역 질환'입니다. 대표적인 자가면역 질환들은 다음과 같습니다.

- **염증성 장 질환 (크론병, 궤양성 대장염)**
  장에 만성적인 염증이 계속 생겨서 심한 복통, 설사, 혈변 등이 나타나는 질환입니다.

- **류마티스 관절염**
  관절에 만성적인 염증이 생겨 아프고 붓는 병으로, 심하면 관절 변형까지 올 수 있습니다.

- **1형 당뇨병**
  우리 몸의 면역 체계가 실수로 인슐린을 만드는 췌장 세포를 공격해서 췌장이 인슐린을 만들지 못하게 되는 병입니다. 1형 당뇨병이 생기면 평생 인슐린을 생성하는 인슐린 펌프를 달고 살아야 합니다.

- **다발성 경화증**
  뇌와 척수 신경을 감싸는 막에 문제가 생겨 몸의 기능에 이상이 오는 신경계 질환입니다.

- **건선**
  피부에 붉은 반점과 은백색 각질이 반복적으로 생기는 만성 피부 질환입니다.

- **루푸스**
  피부, 관절, 신장, 혈액 등 우리 몸의 다양한 장기와 조직에 염증이 생기는 아주 복잡한 자가면역 질환입니다.

이처럼 장내 미생물 불균형은 현대인의 다양한 질병과 너무나도 밀접하게 관련되어 있습니다. 따라서 건강한 식습관, 적절한 운동, 스트레스 관리, 발효식단, 그리고 필요한 경우 프로바이오틱스(유익균) 섭취 등을 통해 장내 미생물 균형을 유지하려는 노력이 우리 건강에 정말 중요합니다.
우리 몸속 작은 친구들의 평화가 곧 우리의 건강이라는 사실, 잊지 마세요!

3장

장 속 생태계를 망가뜨리는 폭탄, 항생제

우리가 아플 때 먹는 항생제는 정말 고마운 약입니다. 몸속의 나쁜 세균을 없애 병을 낫게 해 주니까요. 감염성 질환으로 생명이 위험할 때 항생제는 생명을 구하는 기적의 약이 될 수 있습니다. 그런데 항생제가 마치 '폭탄'처럼, 나쁜 세균뿐만 아니라 우리 몸에 이로운 장 속 미생물 친구들까지 함께 공격하여 전멸시킨다는 사실, 알고 계셨나요?

항생제를 오랫동안 먹거나 너무 자주 사용하게 되면, 장 속의 좋은 미생물들이 서서히 사라지면서 균형이 깨져서 여러 가지 예상치 못한 문제가 생길 수 있습니다.

1. 설사, 복통 등 소화기 문제

항생제를 먹으면 설사나 복통을 겪는 경우가 많죠?
바로 우리 장 속의 좋은 균들이 사라져 장 기능이 불안정해지고, 미생물 생태계가 교란되었기 때문입니다. 이것이 심하게 되면 항생제에 내성이 생긴 슈퍼박테리아가 생기게 되고 그렇게 되면 '클로스트리디오이데스 디피실(Clostridioides difficile)'이라는 특정 나쁜 균이 폭발적으로 늘어나 '위막성 대장염' 같은 아주 심각한 장염을 일으키기도 합니다.
이 균 때문에 생명이 위험해지는 경우도 있을 정도로 심각한 부작용입니다.

2. 면역력 저하 & 질병 악화

앞서 이야기했듯이, 장 속 미생물들은 우리 몸의 면역력에 큰 영향을 미칩니다. 항생제로 인해 이 균형이 깨지면 우리 몸의 방어 체계가 약해져서 감염에 더 취약해지고, 알레르기, 아토피 같은 면역 관련 질환이 생기거나 악화될 수 있습니다. 또한, 염증성 장 질환 같은 만성 질환이 더 심해지기도 합니다. 항생제가 급한 불은 끄지만, 장기적으로는 면역 시스템을 약화시킬 수 있다는 점을 기억해야 합니다.

3. 비만, 당뇨 등 대사 문제

최근 연구에서는 항생제 사용이 비만이나 당뇨 같은 대사 질환과도 관련이 있을 수 있다는 놀라운 이야기가 나오고 있습니다. 장 속 미생물이 우리 몸이 에너지를 어떻게 사용하고 지방을 어떻게 저장하는지 등 대사 과정에 영향을 미치기 때문이죠. 어린 시절의 잦은 항생제 노출이 성인이 되었을 때 비만 위험을 높일 수 있다는 연구 결과도 있습니다.

4. 뇌 기능 영향

놀랍게도 장과 뇌는 서로 연결되어 있습니다. 항생제로 인한 장내 미생물 불균형이 우울감이나 불안감 같은 정신 건강 문제에도 영향을 줄 수 있다는 연구 결과도 있는데, 장내 미생물이 뇌에 필요한 신경전달물질 생산에 관여하거나, 뇌 기능을 조절하는 물질들의 균형을 깨뜨릴 수 있기 때문이죠.

항생제는 꼭 필요할 때 써야 하는 소중한 약이지만, 무분별한 사용은 우리 몸의 장내 생태계라는 소중한 '숲'을 망가뜨려 예상치 못한 건강 문제를 불러올 수 있다는 점을 기억해야 합니다.

기적을 만든 발효 음식의 힘!

대한민국 전통명장
정의정 박사

갑자기 눈이 안 보이고 몸이 움직이지 않는다면 얼마나 무서울까요?
실제로 그런 절망적인 상황에서 한국 전통 발효 음식 덕분에 다시 건강을 되찾은 분의 놀라운 이야기가 있습니다. 이 이야기는 우리가 흔히 먹는 발효 음식이 단순한 음식을 넘어, 우리 몸에 어떤 기적을 선물할 수 있는지 보여줍니다.

예로부터 조상 대대로 전통 효소를 빚어 오던 집에서 자란 여자아이가 있었습니다. 어릴 적에는 항상 집에 있는 전통 발효초에서 시큼한 냄새가 나니까 별로 관심을 두지 않았고, 그게 얼마나 좋은 건지도 잘 몰랐다고 합니다.

그러던 어느 날, 그 여자아이에게 큰 사고가 닥쳤습니다. 목뼈를 다치게 되어 목 디스크 수술을 받았지만, 결국 전신마비까지 돼버린 겁니다. 손가락 하나 움직이지 못하는 상태였지만, 그래도 열심히 치료받으면 괜찮아질 거라는 믿음 하나로 병원에서 주는 약도 꼬박꼬박 잘 챙겨 먹고 재활 치료도 열심히 받으면서 하루빨리 완쾌되기만을 손꼽아 기다렸죠.

그런데 퇴원한 후 어느 날부터인가 앞이 흐려지기 시작하더니, 급기야는 아무것도 보이질 않는 겁니다. 다급히 다시 찾은 병원에서 여러 가지 검사를 받았고 '더 이상 큰일이 아니길' 간절히 기도하며 결과를 기다렸답니다. 하루하루 초조하게 기다리며 좋아지기만을 학수고대했는데, 검사 결과는 절망적이었습니다.

공복 혈당 439, 당화혈색소 9.6! 앞이 보이지 않는 건 다름 아닌 당뇨 합병증이었던 겁니다. 사고 나기 전에는 당뇨는 아예 없었고, 고지혈, 고혈압도 진단받은 적이 없었는데 갑자기 당뇨

라니요? 재활 치료를 받으면서 먹던 약도 엄청났는데, 이제 당뇨약까지 점점 늘어났습니다.

매일매일 눈물로 시간을 보내던 어느 날, 그녀는 생각에 잠겼습니다.
'혹시 이 모든 게 약 부작용으로 당뇨가 생긴 건 아닐까?
이렇게 사느니 약을 끊고 잘못되어 죽더라도 약을 끊어야겠다.'는 극단적인 결심까지 하게 되었죠. 그리고 그때, 문득 집에서 항상 어머니가 만들어 놓으신 발효 식초가 떠올랐습니다.

"약을 끊고 발효초를 먹어보자!"

그 결심이 생긴 이후부터, 그녀는 재활 치료와 함께 발효초에 온전히 매달려 살았답니다.
재활 치료하고 발효초, 식사하고 발효초, 시도 때도 없이 발효초를 마셨죠.
그렇게 몇 달이 지났을까, 어느 날부터인가 아무것도 보이지 않던 눈앞에 희미하게 형체가 보이기 시작했다는 겁니다. 더욱 용기가 샘솟으면서, 그녀는 재활 치료와 발효초로 정성껏 하루하루를 보냈답니다.

그렇게 그 여자아이에게 닥쳤던 불행은 거짓말처럼 사라지고, 지금은 건강한 모습으로 장애 하나 없이 지내고 있답니다. 발효초로 꺼져가던 희망과 삶을 되찾은 그 여자아이는 더욱 발효초를 연구하고 발전시켜 지금은 발효 연구로 박사 학위도 취득하고, '천기누설', 'KBS 보물창고', 'MBC 라디오' 등 다양한 방송에도 출연했습니다. 뿐만 아니라 중국 하얼빈 정부로부터 초청받아 세계 식품 박람회, 중국 정부 초청 전시회 등을 열기도 했답니다.
한국에서도 대한민국의 자랑스러운 '대한민국 전통명장(전예제 명 19-177호)'이 되었죠.

이 이야기는 무엇을 말해줄까요?
화학 약의 부작용으로 닥친 당뇨 합병증은 어쩌면 화학 약이 내 몸 안의 장내 생태계를 망가뜨려 발생한 것일 수 있다는 가능성을 보여줍니다. 그리고 망가진 장내 생태계도 좋은 발효 음식으로 다시 균형을 맞춰주면, 내 몸은 스스로 치유하고 다시 건강해질 수 있다는 희망을 보여주는 것이죠. 발효 음식이 우리 몸의 '세계 최고의 의사'인 마이크로바이옴에게 얼마나 큰 힘을 실어줄 수 있는지 알 수 있는 대목입니다.

5장

건강한 나를 만드는 비밀 열쇠, 마이크로바이옴 관리법

이제 우리 몸의 건강을 지키는 가장 중요한 비밀은 바로 마이크로바이옴, 즉 장 속 미생물 친구들이라는 것을 알게 되셨을 겁니다. 그럼 어떻게 하면 이 소중한 미생물 친구들을 건강하고 활기차게 유지하면서, 그들이 우리 몸의 '세계 최고의 의사'로 활약하도록 도울 수 있을까요? 아주 쉽고 실질적인 '마이크로바이옴 관리법'을 알려드리겠습니다.

1. 거꾸로 식사법 실천하기: 장내 미생물이 좋아하는 황금비율

거꾸로 식사법은 단순히 먹는 순서를 바꾸는 것이 아니라, 혈당 관리와 장 건강을 동시에 잡는 아주 현명한 식사법입니다. 이 식사법의 핵심은 탄수화물을 가장 나중에 먹어 혈당 스파이크(혈당이 급격히 오르는 현상)를 줄이고, 장 건강에 이로운 식이섬유와 단백질을 충분히 섭취하는 것입니다.

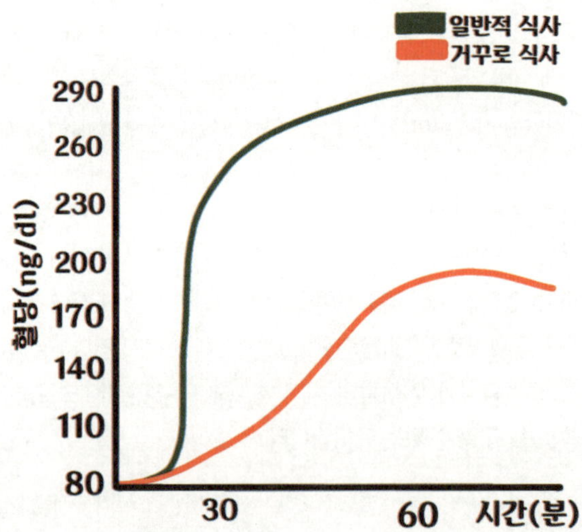

- **왜 혈당 조절에 좋을까요?:**
    - **탄수화물 먼저 섭취 시**: 밥, 빵, 면 같은 탄수화물은 소화되면 포도당으로 빠르게 변해 혈당을 급격히 올리게 됩니다. 이렇게 혈당이 갑자기 '뻥' 하고 치솟으면, 우리 몸은 혈당을 낮추기 위해 인슐린이라는 호르몬을 과도하게 분비하게 됩니다.
    이는 장기적으로 인슐린 저항성이나 당뇨병 위험을 높일 수 있습니다.
    마치 고속도로에 진입하자마자 시속 200km로 달리는 것과 같아요.
    - **채소, 단백질 먼저 섭취 시**: 채소에 풍부한 식이섬유와 단백질은 소화 속도를 늦춰줍니다. 이들을 먼저 먹으면 위와 장에서 소화 과정이 길어져 탄수화물이 몸에 들어왔을 때 혈당이 천천히, 그리고 완만하게 오르게 됩니다. 마치 고속도로 진입 전에 '속도 제한'을 하듯, 혈당이 안전하게 오르도록 조절해 주는 거죠. 이는 혈당 변동성을 줄여 인슐린 부담을 덜어주고, 당뇨 예방 및 관리에 큰 도움이 됩니다.
- **포만감 증가 및 식사량 조절:**
    - 채소에 풍부한 식이섬유는 칼로리는 낮지만 부피가 커서 위에서 불어나 포만감을 빨리 느끼게 해줍니다. 단백질 역시 포만감을 오래 유지하는 데 도움을 줍니다. 이들을 먼저 먹으면 자연스럽게 전체 식사량이 줄어들어 체중 관리에 아주 효과적입니다.
- **영양분 흡수 및 장 건강 개선:**
    - 채소의 식이섬유는 우리 장내 유익균들의 가장 좋은 먹이(프리바이오틱스)가 되어 장 건강을 개선하고, 변비 예방에도 큰 도움을 주게 됩니다. 다양한 채소와 단백질을 먼저 섭취하면서 필요한 영양소를 더 균형 있게 섭취할 수 있다는 점도 큰 장점입니다.

■ 거꾸로 식사법, 이렇게 실천해 보세요! 아주 간단해요!

1. 채소 (샐러드, 나물, 쌈 채소 등)를 가장 먼저 드세요. 접시의 절반을 채소로 채우는 것을 목표로 삼으세요!
2. 이어서 고기, 생선, 두부, 달걀 등 단백질 반찬을 충분히 드세요.
3. 마지막으로 밥, 빵, 면 같은 탄수화물을 드세요. 탄수화물은 되도록 적은 양을 섭취하고, 가능하다면 흰쌀밥보다는 현미, 잡곡밥을 선택하는 것이 좋습니다.

■ 잊지 마세요!

탄수화물은 최대한 줄이고, 가공식품, 설탕, 음료수 등은 되도록 멀리하는 것이 좋습니다.

이러한 음식들은 장내 유해균을 늘리고 염증을 유발하기 쉽습니다. 대신 단백질과 좋은 지방(견과류, 아보카도, 올리브유 등)을 충분히 드시는 게 장내 미생물과 우리 몸 전체 건강에 훨씬 이롭답니다.

2. 발효 음식으로 장 속 생태계를 풍성하게!

제4장에서 기적 같은 회복을 보여준 발효 음식의 힘을 기억하시죠?
좋은 유익균으로 만들어진 발효 음식들은 우리 장 속 미생물 생태계를 풍성하게 만들고, 유익균의 먹이가 되어 그들이 더 많은 유익한 대사산물을 만들어내도록 돕습니다.

- **어떤 발효 음식이 좋을까요?**
    - **김치, 된장, 고추장**: 한국인의 식탁에 빠질 수 없는 전통 발효 음식들은 살아있는 유산균과 다양한 유익균을 함유하고 있습니다. 특히 김치는 유산균과 식이섬유가 풍부해 장 건강에 최고입니다.
    - **청국장, 낫토**: 발효 과정에서 강력한 유익균인 바실러스균과 비타민 K2(장내 미생물이 만드는 비타민 K2의 중요성은 이미 아시죠?) 등 다양한 영양소가 생성되어 장 건강뿐 아니라 혈관 건강에도 좋습니다.
    - **요구르트, 케피어**: 살아있는 유산균이 풍부하여 장내 환경 개선에 도움을 줍니다. 설탕이 적거나 없는 플레인 제품을 선택하는 것이 중요합니다.
    - **식초**: 특히 자연 발효 식초는 다양한 유기산과 효소를 포함하고 있어 소화를 돕고 장내 환경을 산성으로 만들어 유해균 증식을 억제하는 데 도움을 줍니다. (앞선 이야기 속 발효초의 기적을 떠올려보세요!)

이러한 발효 음식들을 꾸준히 섭취하는 것이 좋습니다. 만약 식사만으로 부족하다면, 좋은 유산균으로 만들어진 건강기능식품(프로바이오틱스)을 보충해주는 것도 좋은 방법이 될 수 있습니다.
하지만 어떤 제품을 선택할지는 전문가와 상의하는 것이 중요합니다.

3. 물을 충분히 마셔야 해요!

물은 우리 몸의 모든 기능을 원활하게 하는 필수 요소입니다. 특히 장 건강에도 물은 매우 중요합니다.

- **장 운동 활성화**: 물은 장의 연동 운동(음식을 밀어내는 움직임)을 활발하게 만들어 소화와 배변 활동을 돕습니다.
- **변비 예방**: 충분한 수분은 변을 부드럽게 만들어 배변을 쉽게 하고, 변비를 예방하는 데 결정적인 역할을 합니다.
- **독소 배출**: 물은 체내 독소와 노폐물을 희석시키고 소변으로 배출하는 데 도움을 주어 몸을 정화합니다.

하루에 8잔 이상 (약 2리터)의 물을 마시는 것을 목표로 해보세요. 한 번에 많이 마시기보다

는, 하루 종일 조금씩 자주 마시는 것이 좋습니다.

4. 규칙적으로 움직여야 해요!

운동은 단순히 살을 빼거나 근육을 만드는 것을 넘어, 장 건강에도 놀라운 영향을 미칩니다.

- **장 운동 촉진**: 규칙적인 운동은 장의 연동 운동을 활발하게 만들어 소화를 돕고, 변비를 예방하는 데 효과적입니다.
- **스트레스 감소**: 운동은 스트레스 호르몬을 줄이고 엔도르핀 분비를 촉진하여 스트레스 해소에 큰 도움이 됩니다. 장은 '제2의 뇌'라고 불릴 만큼 스트레스에 민감하므로, 스트레스 감소는 곧 장 건강 개선으로 이어집니다.
- **혈액순환 개선**: 전신 혈액순환이 원활해지면 장으로 가는 혈류도 좋아져 장 기능이 활성화됩니다.

거창한 운동이 아니더라도 매일 30분 정도 걷기만 해도 큰 도움이 된답니다. 꾸준함이 중요해요!

5. 스트레스 관리가 중요해요!

앞서 말했듯이, 장은 '제2의 뇌'라고 불릴 만큼 스트레스에 매우 민감합니다. 극심한 스트레스는 장내 미생물 균형을 깨뜨리고, 장벽을 약화시키며, 장 건강을 나쁘게 할 수 있습니다.

- **스트레스와 장의 연결**: 스트레스를 받으면 뇌에서 장으로 보내는 신호가 교란되고, 이는 소화 불량, 배변 문제 등으로 이어질 수 있습니다. 또한 스트레스 호르몬은 특정 유해균의 성장을 촉진하기도 합니다.

명상, 요가, 가벼운 산책, 좋아하는 음악 감상, 취미 활동 등 자신에게 맞는 스트레스 해소법을 찾아 꾸준히 실천해보세요. 마음이 편안해야 장도 편안해진답니다.

6. 충분히 잠을 자야 해요!

수면은 우리 몸이 재충전하고 회복하는 시간입니다. 잠이 부족하면 우리 몸의 면역력이 떨어지고, 호르몬 균형이 깨지며, 장내 미생물 균형까지 깨질 수 있습니다.

- **수면 부족과 장내 미생물**: 연구에 따르면 수면 부족은 장내 유익균의 다양성을 감소시키고 유해균을 증가시킬 수 있다고 합니다. 이는 곧 장 건강 악화로 이어지는 악순환을 만들 수 있어요.

하루 7~8시간 충분히 잠을 자는 것이 장 건강은 물론, 우리 몸 전체의 회복과 건강 유지를 위해 매우 중요하답니다. 규칙적인 수면 습관을 들이는 것이 좋습니다.

■ 내 몸 안의 '세계 최고의 의사'와 함께하는 건강한 삶

아버지를 통해 겪었던 고통스러운 경험, 그리고 저 자신의 건강 문제와 회복 과정은 저에게 큰 깨달음을 주었습니다. 우리 몸의 건강이 외부의 약이나 치료에만 달려 있는 것이 아니라, 내 몸 안에 있는 '세계 최고의 의사'인 마이크로바이옴과 그들이 만들어내는 수많은 대사 물질에 의해 좌우된다는 사실을 말입니다.

그저 무심코 먹던 음식과 생활 습관이 우리 장 속 작은 우주의 균형을 깨뜨릴 수도, 혹은 그 균형을 되찾아 기적 같은 치유를 선물할 수도 있다는 것을 알게 된 후, 저의 삶은 완전히 달라졌습니다. 저는 이제 매일의 식사, 운동, 수면, 스트레스 관리까지, 이 모든 것이 제 몸 안의 '세계 최고의 의사'에게 보내는 가장 중요한 메시지임을 알고 실천하고 있습니다.

이 책을 읽으신 여러분도 이제 아실 겁니다. 우리 몸은 생각보다 훨씬 더 놀라운 자가 치유 능력을 가지고 있으며, 그 핵심은 바로 우리 장 속 미생물 친구들에게 있다는 것을 말입니다. 이제 여러분도 '세계 최고의 의사'와 함께, 건강하고 활기찬 삶을 되찾으시길 진심으로 바랍니다.

Chapter 09

작가: 윤혜숙

윤혜숙 저자 소개

기독교 교육학을 전공하며 타인과의 소통과 교육에 깊은 애정을 키워온 저자는 어린 시절부터 건강에 남다른 관심을 가졌다. 특히 어머니의 치매 투병을 10년간 헌신적으로 돌보며 노인 심리 상담 전문가로서 어르신들의 삶의 질 향상에 기여했다. 이 과정에서 건강의 본질에 대한 갈증은 더욱 깊어졌고, '마이크로바이옴'이라는 미지의 영역에 매료되었다.

수많은 연구와 학습을 통해 미생물이 인간의 건강과 삶에 미치는 지대한 영향을 깨달은 저자는 단순한 지식 습득을 넘어 이를 널리 알리고자 마이크로바이옴 전문가 양성에 힘써왔다. 그 결과, 오랜 연구와 실제 경험을 집약한 이번 저서를 공동 출간하며 마이크로바이옴 분야의 전문가로서 그 역량을 입증했다.

현재는 건강 전문기자로도 활동하면서 건강한 삶의 중요성을 전파하는데 앞장서고 있으며, 앞으로도 많은 사람들에게 선한 영향력을 끼치는 작가로서의 삶을 꿈꾸고 있다.

이 책이 독자들의 건강한 삶을 위한 지침이 되기를 바란다.

우리 몸의 비밀 수비대, 마이크로바이옴과 치매!
뇌-장 축: 치매와의 숨겨진 연결고리

여러분, '뇌-장 축(Gut-Brain Axis)'에 대해서 여러 차례 듣고 계시는데, 이 내용을 처음 듣게 되면 '뇌랑 장이 무슨 관계가 있지?' 하고 고개를 갸우뚱하실수 있을겁니다.
하지만 우리 몸속의 뇌와 장이 단순히 따로 노는 기관이 아니라, 마치 멀리 떨어진 두 친구가 비밀 통로를 통해 끊임없이 대화하는 것처럼 서로 긴밀하게 연결되어 있다는 사실을 알게 되신다면 놀라게 되실 겁니다.

뇌는 우리의 생각, 감정, 기억, 움직임 등 모든 것을 조절하는 우리 몸의 총사령관입니다.
반면 장은 우리가 먹은 음식물을 소화하고 흡수해서 에너지와 영양분을 공급하는, 우리 몸의 '에너지 발전소'이자 '영양 관리 부서'라고 할 수 있죠. 그런데 최근 과학 연구들은 이 둘이 단순한 대화를 넘어 서로의 건강에 엄청난 영향을 미친다는 사실을 밝혀내고 있습니다.

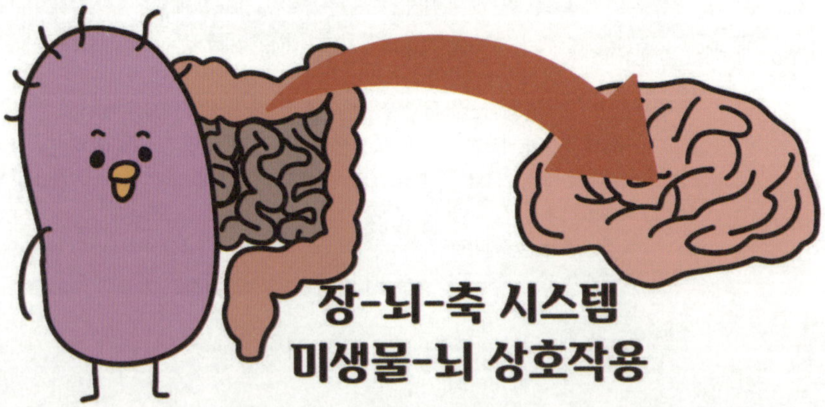

특히 이 뇌-장 축 대화의 핵심에는 우리 장 속에 살고 있는 수많은 미생물, 즉 마이크로바이옴이 있습니다. 이들은 우리 장 건강뿐만 아니라, 더 나아가 뇌 건강에까지 직접적인 영향을 미칩니다. 상상해보세요. 우리 장 속 미생물들이 마치 작은 화학 공장처럼 다양한 물질을 만들어내는데, 이 물질들이 혈액을 타고 우리 몸 전체를 돌아다니다가 뇌까지 이동해서 뇌 기능에 직접적인 영향을 줄 수 있다는 겁니다.

예를 들어, 어떤 유익한 미생물들은 뇌를 건강하게 하고 신경을 보호하는 물질을 만들기도 합니다. 반대로, 유해한 미생물들은 뇌에 염증을 유발하거나 신경 세포를 손상시키는 물질을 만들어내 뇌 건강을 해칠 수도 있습니다.

그렇다면 이 중요한 뇌-장 축이 우리가 두려워하는 치매와는 어떤 관련이 있을까요? 최근 연구들은 매우 의미심장한 결과를 보여주고 있습니다. 바로 치매 환자들의 장 마이크로바이옴 구성이 건강한 사람들과 확연히 다르다는 것입니다.

치매 환자들의 장에서는 유익균의 수가 현저히 줄어들고 유해균이 늘어나면서, 몸 전체에 만성적인 염증 반응이 증가하는 경향을 보입니다. 이렇게 장 속에서 시작된 염증의 '작은 불꽃'이 혈액을 타고 뇌로 번져, 뇌의 염증을 악화시키고 신경 세포 손상을 가속화해서 치매 발병 위험을 높일 수 있다는 연구 결과들이 속속 나오고 있습니다. 마치 장 속에서 시작된 작은 화재가 도시 전체를 불태울 수 있는 큰불이 될 수 있다는 경고와도 같습니다.

이처럼 뇌와 장, 그리고 장 속 마이크로바이옴은 하나의 정교한 팀처럼 움직이며 우리의 건강을 지키는 데 결정적인 역할을 합니다. 특히 뇌-장 축의 균형이 깨지면 치매와 같은 심각한 뇌 질환의 위험이 커질 수 있다는 사실을 기억해야 합니다. 앞으로 우리가 장 건강에 더 신경 써야 할 이유가 바로 여기에 있습니다. 장 건강은 단순한 소화를 넘어, 우리 뇌의 미래를 지키는 중요한 열쇠가 될 수 있으니까요!

한국 치매 유병률: 우리 모두의 이야기

■ 치매, 이제는 남의 이야기가 아닙니다: 우리 모두의 현실이 되어가는 이유

예전에는 '치매'라고 하면 왠지 멀게 느껴지거나, 나와는 상관없는 일이라고 생각하는 경우가 많았습니다. 하지만 안타깝게도 이제는 더 이상 그렇게 말하기 어렵게 되었습니다. 우리나라의 치매 유병률은 꾸준히, 그리고 가파르게 증가하고 있기 때문이죠. 이 이야기는 이제 우리 모두의 현실이 되어가고 있습니다.

통계청 자료를 보면, 그 심각성을 더욱 분명히 알 수 있습니다. 2020년 기준으로 65세 이상 어르신들 중 약 84만 명이 치매를 앓고 있는 것으로 나타났습니다. 이 숫자는 해를 거듭할수록 빠르게 늘어나고 있고, 2025년 올해는 100만 명을 넘어설 것이고, 2030년에는 130만 명, 그리고 2050년에는 무려 300만 명 이상이 치매로 인해 어려움을 겪을 것으로 예측됩니다.

이 숫자들이 단순히 통계청의 자료라고 생각하기에는 그 의미가 너무나도 무겁습니다. 바로 우리 주변에 치매로 인해 힘들어하는 분들이 점점 더 많아지고 있다는 뜻이며, 언젠가는 우

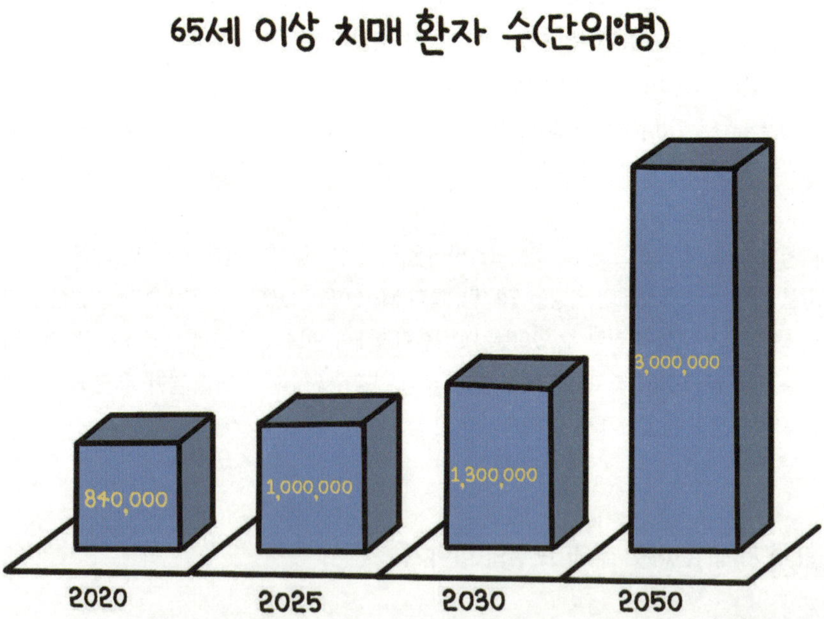

리 자신이나 우리가 사랑하는 부모님, 배우자, 혹은 자녀의 문제가 될 수도 있다는 너무나 현실적인 경고입니다. 더 이상 '설마' 하고 외면할 수 없는, 우리 사회가 함께 직면한 중요한 과제인 것입니다.

그렇다면 왜 이렇게 많은 분들이 치매로 고통받게 되는 걸까요?
여러 가지 복합적인 이유가 있지만, 가장 큰 원인 중 하나는 바로 '고령화 사회'로 접어들면서 우리 국민의 평균 수명이 길어진 때문입니다. 나이가 들수록 뇌 세포의 노화가 진행되면서 치매 발병 위험이 높아지는 것은 자연스러운 현상입니다.

하지만 단순히 오래 살기 때문만은 아닙니다. 서구화된 식습관, 운동부족, 만성 스트레스, 수면 부족 등 현대인의 생활습관도 치매 발병에 큰 영향을 미친다고 알려져 있습니다. 이처럼 우리 몸의 건강을 해치는 잘못된 생활 방식이 뇌 건강에도 치명적인 영향을 미치고 있는 것입니다. 마치 오래된 자동차를 마구잡이로 운전하는 것처럼, 우리 뇌를 혹사시키고 있는 셈이죠.

■ 치매!! 이제는 개인의 문제가 아닌, 우리 모두의 숙제!

이러한 충격적인 통계와 원인들은 우리에게 중요한 메시지를 던져줍니다.
치매는 더 이상 한 개인이나 특정 가족만의 문제가 아닙니다. 우리 사회 전체가 함께 고민하고 해결해야 할 '시급한 과제'라는 겁니다.

단순히 치매에 걸린 후에 치료에만 집중하는 것은 한계가 있습니다. 이제는 건강한 생활 습관을 통해 치매 발병을 늦추거나, 아예 예방하는 데 초점을 맞춰야 할 때입니다.
마치 건물을 짓기 전 튼튼한 기초를 다지듯이, 우리 뇌 건강의 기초를 튼튼하게 만드는 노력이 필요한 겁니다.

치매라는 주제가 다소 무겁고 우려스러울 수 있지만, 결코 절망할 필요는 없습니다.
우리가 충분히 노력하고 대비한다면 치매의 그림자를 충분히 줄일 수 있습니다.
다음 장에서는 치매의 가장 흔한 형태인 알츠하이머병에 대해 좀 더 자세히 알아보고, 어떻게 하면 우리 뇌를 건강하게 지킬 수 있을지 함께 고민해 보겠습니다.
우리의 작은 노력이 모여 건강하고 활기찬 노년을 만들 수 있습니다.

알츠하이머성 치매와 노폐물: 뇌 속의 쌓인 쓰레기

치매에는 여러 종류가 있지만, 그중에서도 가장 흔한 것이 바로 알츠하이머성 치매입니다. 전체 치매 환자의 약 70% 정도를 차지한다고 하니, 우리가 '치매'라고 하면 보통 이 알츠하이머병을 떠올리는 경우가 많습니다. 그렇다면 이 알츠하이머성 치매는 대체 왜 생기는 걸까요?

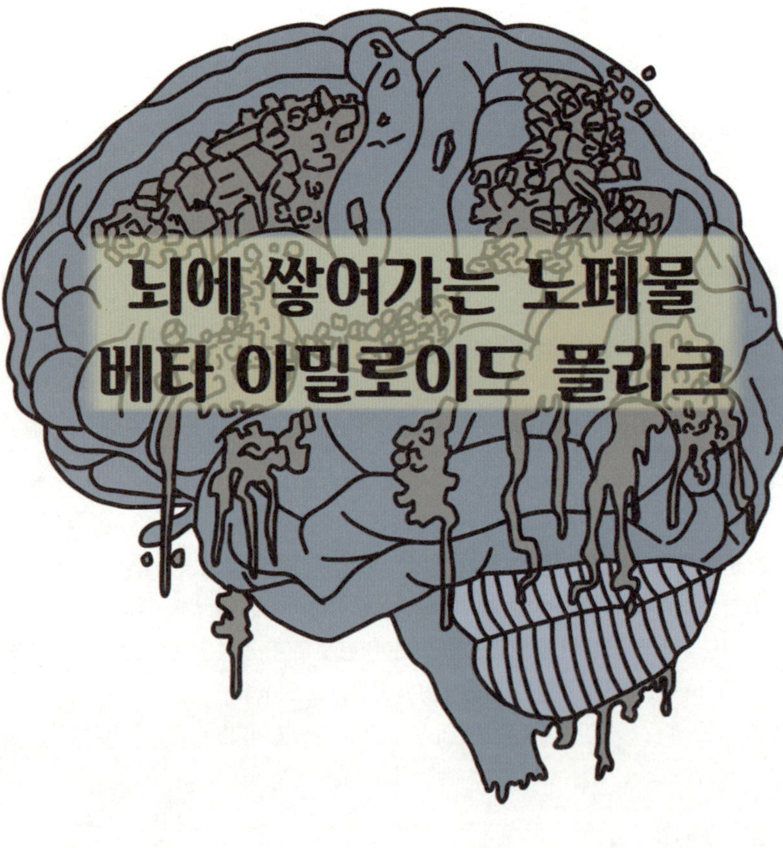

뇌에 쌓여가는 노폐물
베타 아밀로이드 플라크

우리 뇌를 복잡하고 활기 넘치는 '작은 도시'라고 상상해보세요. 이 도시에서는 매일매일 수많은 신경세포들이 활발하게 활동하면서 정보를 주고받고, 기억을 저장하며, 우리의 모든 움직임을 지시합니다. 그런데 이렇게 활발하게 활동하는 과정에서 어쩔 수 없이 노폐물이 생겨나기 마련입니다. 마치 도시에서 시민들이 생활하면서 발생하는 쓰레기처럼 말이죠.

우리 몸은 이러한 노폐물을 깨끗하게 처리하는 아주 정교한 시스템을 가지고 있습니다.
하지만 알츠하이머병 환자들의 뇌에서는 이 특정 노폐물이 제대로 제거되지 않고 계속 쌓여 있습니다. 마치 도시의 쓰레기 처리 시스템이 고장 나서 쓰레기가 제때 치워지지 않고 점점 쌓여가는 것과 같습니다.

가장 대표적인 '뇌 속의 쓰레기'는 바로 베타 아밀로이드(beta-amyloid)라는 단백질입니다. 이 단백질은 원래 우리 뇌 속에 정상적으로 존재하지만, 알츠하이머병 환자의 뇌에서는 비정상적으로 서로 뭉쳐서 '아밀로이드 플라크'라는 끈적한 덩어리를 만듭니다.
이 플라크들은 마치 뇌 속의 도로를 막는 거대한 건설 폐기물 더미처럼 신경세포들 사이에 끼어들어 신경세포 간의 연결을 방해하고, 결국 중요한 신경세포를 죽게 만듭니다.

또 다른 주범은 타우 단백질(tau protein)입니다. 타우 단백질은 신경세포 안에 존재하며 세포의 형태를 유지하고 영양분과 신호 전달이 원활하게 이루어지도록 돕는 역할을 합니다. 그런데 알츠하이머병 환자의 뇌에서는 이 타우 단백질이 비정상적으로 엉켜서 '신경섬유 엉킴'이라는 이상한 구조물을 만들어서 신경세포 안에서 영양분과 신호 전달이 흐름을 방해하여, 결국 신경세포를 질식시키고 손상시켜 죽게 만듭니다.

결국 알츠하이머성 치매는 뇌 속에 베타 아밀로이드 플라크와 타우 단백질 엉킴 같은 '쓰레기'들이 비정상적으로 쌓여 신경세포를 파괴하고 뇌 기능을 점차적으로 저하시키면서 발생하는 질병이라고 할 수 있습니다.
마치 도시의 쓰레기 처리 시스템이 고장 나서 도시 기능이 점점 마비되는 것처럼 말이죠.
그렇다면 이 노폐물들을 어떻게 효과적으로 제거할 수 있을지, 혹은 아예 쌓이는 것을 막을 수 있을지에 대한 연구가 전 세계적으로 활발히 진행되고 있습니다. 희망적인 것은, 이 부분에 장내 마이크로바이옴이 중요한 역할을 할 수 있다는 연구 결과들이 나오고 있다는 점입니다.

기억력 저하와 치매 증상의 차이점: 단순 건망증일까, 치매의 신호일까?

나이가 들면 누구나 깜빡깜빡하는 일이 많아지죠. "내가 뭘 하려고 했더라?", "어제 저녁으로 뭘 먹었더라?" 같은 기억력 저하는 너무나도 흔한 일입니다.
그런데 이게 단순한 건망증일까요, 아니면 치매의 초기 증상일까요?
이 둘을 정확하게 구별하는 것이 매우 중요합니다.

■ 건망증: '잠시 잊은 것'을 다시 떠올릴 수 있어요

건망증은 말 그대로 '잠시 잊어버리는 것'입니다. 주로 일상생활에서 특정 정보를 일시적으로 떠올리지 못하는 경우를 말합니다.

- **예시:**
    - 열쇠를 어디에 두었는지 잠시 잊었지만, 나중에 스스로 '아, 가방에 넣어뒀지!' 하고 찾아내거나 다른 사람의 힌트를 통해 기억해내는 경우.
    - 어제 본 영화 제목이 생각나지 않아 답답했지만, 시간이 지나거나 관련 정보를 접하니 '아, 그 영화!' 하고 떠올리는 경우.

정상적인 노인의 기억력 저하
치매 증상의 차이
치매 노인의 기억력 저하
-뇌의 자연적인 노화 현상이 원인이다.
-경험한 것의 일부를 잊어버린다.
-귀띔만 해주면 금방 기억한다.
-잊어버리는 사실을 스스로 안다.
-일상생활에 지장이 없다.
-기억력에 문제가 있다는 것을 보완하려고 노력한다.
-뇌의 질병이나 손상이 원인이다.
-경험한 것의 전체를 잊어버린다.
-귀띔을 해주어도 기억하지 못한다.
-기억장애가 점차 심해지며 판단력도 저하된다.
-잊어버린 사실 자체를 모른다.
-일상생활에 지장을 받는다.
-본인의 기억력에 문제가 있다는 것을 모르고
인정하지 않는다.

- **특징**: 건망증은 대체로 특정 정보에 대한 기억만 문제가 되고, 다른 인지 기능(생각하고 판단하는 능력)은 정상적으로 유지됩니다. 즉, 건망증은 기억을 인출하는 과정에서 일시적인 어려움을 겪는 것이지, 기억 자체가 완전히 사라지는 것은 아니에요. 건망증이 있는 사람은 자신이 기억력이 나빠졌다는 것을 비교적 잘 인지하고 불안해하는 경우가 많습니다.

■ 치매: '완전히 잃어버리고', 일상생활에 지장이 생겨요

반면 치매는 단순한 기억력 저하를 넘어 여러 가지 인지 기능에 전반적인 문제가 발생하여 일상생활에 심각한 지장을 초래하는 질병입니다. 초기에는 기억력 저하로 시작되지만, 시간이 지남에 따라 언어 능력, 판단력, 시공간 능력(길을 찾거나 위치를 파악하는 능력), 문제 해결 능력 등 다양한 인지 기능이 저하되어 점차 스스로 생활하기 어려워집니다.

여기서 중요한 차이점을 몇 가지 짚어보겠습니다.

- **정보의 유무**: 건망증은 정보를 '잠시 잊은' 것이라 나중에 기억해낼 수 있지만, 치매는 정보를 '완전히 잃어버린' 경우가 많아 나중에 아무리 노력해도 기억해내지 못합니다.
- **일상생활 지장 여부**: 건망증은 일상생활에 큰 지장을 주지 않지만, 치매는 기억력 저하로 인해 약속을 잊거나, 늘 다니던 길을 헤매거나, 금전 관리에 어려움을 겪는 등 일상생활에 심각한 어려움을 겪게 됩니다.
- **시간 지남에 따른 진행**: 건망증은 큰 변화 없이 유지되거나 호전될 수도 있지만, 치매는 시간이 지남에 따라 증상이 점점 악화되는 진행성 질환입니다.
- **자신이 인지하는 정도**: 건망증이 있는 사람은 자신의 기억력 감퇴를 인지하고 걱정하지만, 치매 환자는 자신이 기억력이 나빠졌다는 것을 잘 인지하지 못하거나 오히려 부인하는 경향이 있습니다.

■ 잊을 수 없는 치매의 흔적: 엄마와의 10년, 그리고 아픔의 기록

치매는 사랑하는 사람을 조금씩 잃어가는 슬프고도 힘든 병입니다. 저의 친정 엄마가 10년간 치매로 고생하시다가 2021년에 돌아가셨기에, 저는 치매가 얼마나 무서운 신호들을 보내는지 누구보다도 잘 알고 있습니다. 엄마의 기억이 희미해지고 세상이 낯설어질 때, 그 옆에서 지켜보던 저는 가슴이 무너지는 경험을 수없이 해야 했습니다.

엄마의 치매는 일상 속 작은 변화들에서부터 시작되었습니다.

길을 잃고 헤매던 엄마: 어느 날 저녁, 파출소에서 전화가 왔어요. 엄마가 집을 찾지 못해 한참을 헤매셨고, 순경 아저씨가 집까지 모셔다주셨다는 이야기였죠. 늘 익숙했던 동네가 엄마에게는 미로처럼 변해버린 것입니다.

멈추지 않는 수돗물, 물바다가 된 집: 수돗물을 틀어놓고는 하루 종일 그대로 두셔서 집 전체가 물난리가 난 적도 있었습니다. 물이 넘치는 소리도, 흥건한 바닥도 엄마에게는 아무렇지 않은 풍경이었죠.

새까맣게 타버린 냄비: 가스레인지에 음식을 올려놓고는 깜빡 잊어버려 냄비를 수없이 태워버리곤 하셨습니다.

온 집안에 탄 냄새가 가득했지만, 엄마는 무슨 일이 있었는지조차 알지 못하셨어요.

끝없이 반복되는 이야기: "밥 먹었니?" "언제 왔니?" 한번 이야기한 것을 5분 간격으로 10번 이상 되풀이하는 것은 다반사였습니다. 마치 고장 난 레코드처럼 똑같은 질문을 반복하는 엄마를 보며 속상하기도, 답답하기도 했습니다.

30년 전으로 돌아간 엄마: 때로는 엄마가 과거로 돌아가셨습니다. 가장 즐겁고 행복했던 30년 전으로 돌아가 저를 고등학교 3학년 수험생으로 알고는 "공부 열심히 해라"며 격려하셨죠.
엄마의 기억 속에서 저는 영원히 그 시절의 딸로 남아있었던 겁니다.

딸을 '언니'라고 부르던 날: 치매가 8년 정도 진행되었을 때는 제가 딸인데도 저를 '큰언니'라고 부르기 시작하셨습니다. 사랑하는 엄마가 저를 알아보지 못하고 다른 사람으로 착각하는 순간, 마음속에 큰 구멍이 뚫리는 듯했습니다.

멈출 수 없었던 식사: 음식을 드리면 계속 드시고는 조절이 안 되어 답답했던 기억도 선명합니다. 배가 불러도 배부름을 느끼지 못하고 계속해서 음식을 찾으셨죠.

이 모든 것이 치매가 진행되면서 엄마에게 나타났던 슬프고도 무서운 신호들이었습니다.

혹시 '나' 또는 '내 가족'의 이야기라면? 주저하지 마세요!

혹시 자신이나 사랑하는 가족의 기억력 저하가 단순한 건망증인지, 아니면 치매의 초기 증상인지 헷갈린다면, 절대 망설이지 마세요. 저의 경험을 통해 말씀드리지만, 전문 의료기관(신경과, 정신건강의학과 등)을 방문하여 정확한 진단을 받아보는 것이 매우 중요합니다.

조기 진단은 치매를 관리하고 그 진행 속도를 늦추는 데 엄청난 도움이 됩니다.

초기 단계에서 적절한 치료와 개입이 이루어지면 환자와 가족 모두의 삶의 질을 훨씬 더 향상시킬 수 있기 때문이죠. 사랑하는 사람과의 소중한 시간을 조금이라도 더 선명하게 보낼 수 있는 기회를 놓치지 마세요. 치매, 미리 알고 대비하는 것이 가장 중요합니다.

수면과 치매: 잠이 뇌를 청소하는 시간

꿀잠이 우리 뇌를 지킨다! 치매를 막는 밤샘 청소의 비밀

여러분, 혹시 "잠이 보약이다!"라는 말 들어보셨나요?
우리는 하루의 약 3분의 1을 잠으로 보내는데, 단순히 피곤을 푸는 시간을 넘어 우리 몸과 뇌에 정말 중요한 '회복과 정화의 시간'이랍니다. 특히, 잠은 우리 뇌를 치매로부터 지켜주는 아주 강력한 '밤샘 청소 시간'이라고 할 수 있습니다.

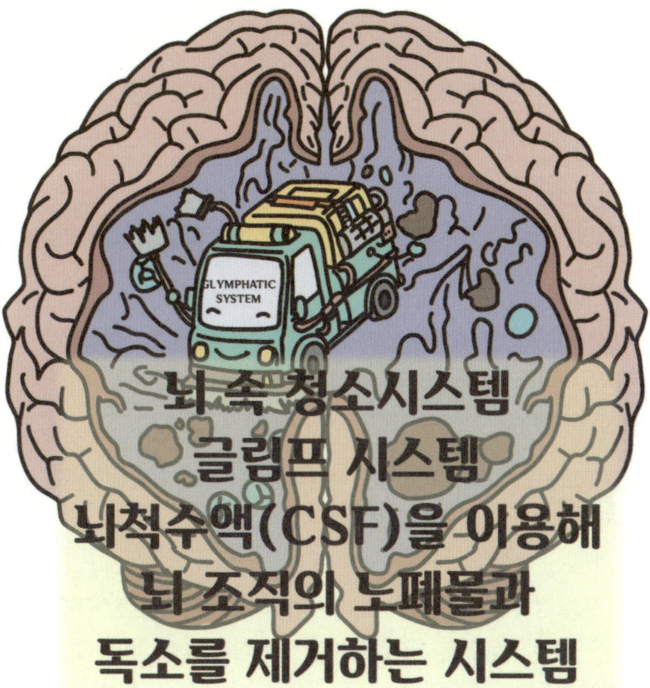

알츠하이머성 치매는 우리 뇌 속에 베타 아밀로이드와 타우 단백질이라는 해로운 노폐물들이 비정상적으로 쌓여서 생긴다고 말씀드렸습니다. 이러한 노폐물들이 쌓여서 플라크를 형성하면 뇌 기능이 점점 떨어져 기억력과 인지 능력이 저하되는 치매로 이어지게 되는 겁니다.

뇌 속 쓰레기를 치우는 '글림프 시스템'의 작동 원리

놀랍게도 이 치명적인 노폐물들이 가장 활발하게 제거되는 시간이 바로 우리가 깊은 잠에 빠져 있을 때라고 해요. 우리 뇌 속에는 '글림프 시스템(Glymphatic System)'이라는 아주 특별한 뇌 청소 시스템이 있습니다.

상상해보세요! 낮에는 사람들이 북적이며 활동하니 청소차가 들어오기 어렵죠? 하지만 밤에 도시가 잠들면 청소부들이 쓰레기 수거차를 몰고 다니며 도시의 모든 쓰레기를 깨끗하게 치우는 것처럼 말이에요. 우리 뇌도 똑같습니다.

■ **'글림프 시스템'의 청소 메커니즘은 다음과 같습니다.**

1. **뇌혈관 확장**: 우리가 깊은 잠(특히 비렘수면 중 깊은 단계)에 들면 뇌 속 혈관들이 이완되면서 공간이 더 넓어집니다.
2. **뇌척수액 유입 증가**: 이 넓어진 혈관 주변 공간으로 뇌척수액이라는 깨끗한 액체가 더 많이 유입됩니다. 뇌척수액은 뇌와 척수를 감싸고 있는 액체로, 뇌에 영양분을 공급하고 노폐물을 운반하는 역할을 해요.
3. **노폐물 쓸어내기**: 유입된 뇌척수액은 마치 강력한 물줄기처럼 뇌 세포 사이사이를 흐르면서 베타 아밀로이드와 타우 단백질 같은 노폐물들을 쓸어냅니다.
   이 과정에서 노폐물들은 뇌척수액 속으로 씻겨 들어가게 됩니다.
4. **림프 시스템으로 배출**: 노폐물이 실린 뇌척수액은 뇌 밖으로 이동하여 몸의 림프 시스템을 통해 최종적으로 몸 밖으로 배출됩니다.

이러한 과정을 통해 잠자는 동안 우리 뇌는 마치 '세척'을 하듯이 깨끗하게 정화되는 겁니다. 글림프 시스템은 낮에 우리가 깨어 있을 때보다 밤에 잠을 잘 때, 특히 깊은 잠에 들었을 때 훨씬 더 활발하게 작동합니다.

만약 잠이 부족하거나 수면의 질이 나쁘면 어떻게 될까요?
마치 밤샘 청소부가 파업이라도 한 것처럼, 뇌 속의 이 중요한 글림프 시스템이 제대로 작동하지 않게 됩니다. 그러면 베타 아밀로이드나 타우 단백질 같은 해로운 노폐물들이 뇌에 계속 쌓이게 되고, 이것이 장기적으로 치매 발병 위험을 높일 수 있다는 섬뜩한 연구 결과들이 쏟아져 나오고 있습니다.

만성적인 수면 부족은 단순히 피곤한 것을 넘어, 뇌에 만성 염증을 유발하고, 신경세포 손상을 가속화하며, 결국 기억력과 인지 기능 저하에 직접적인 영향을 미칠 수 있습니다. 특히 자는 동안 숨이 멈추는 수면 무호흡증과 같은 수면 장애는 뇌에 산소 공급이 제대로 되지 않아 뇌 세포가 손상될 수 있기 때문에 치매 위험을 더욱 높이는 것으로 알려져 있습니다.

■ 잠, 신비로운 여정: 렘수면과 비렘수면의 비밀

우리가 잠드는 순간부터 깨어날 때까지, 우리 뇌는 마치 하나의 드라마처럼 여러 단계를 거치며 특별한 여정을 떠납니다. 크게 '비렘수면(NREM)'과 '렘수면(REM)' 두 가지로 나눌 수 있고, 이 두 가지가 주기적으로 반복되면서 우리 뇌를 회복시키고 정화하죠.

1. 비렘수면 (NREM): 몸과 뇌의 깊은 휴식 & 청소 시간!

우리가 잠들기 시작하면 제일 먼저 비렘수면에 진입합니다. 이 단계는 다시 얕은 잠에서 깊은 잠으로 3단계로 나눌 수 있어요.

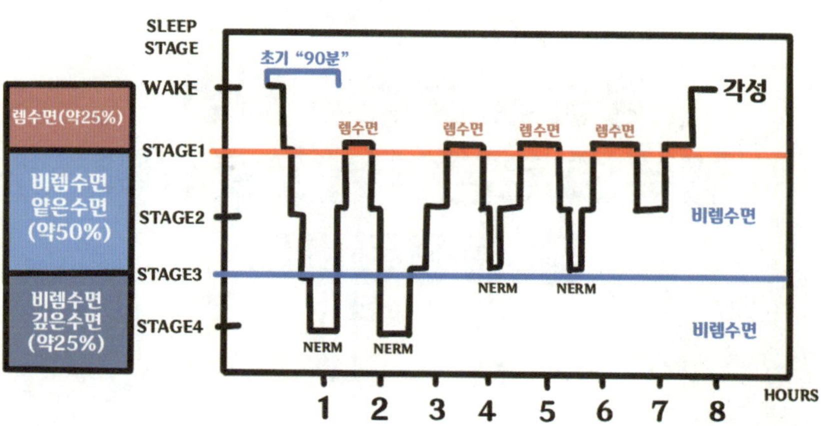

• **1단계 (선잠)**: 꾸벅꾸벅 졸거나 잠이 막 드는 단계예요.
아주 작은 소리에도 쉽게 깰 수 있죠.

• **2단계 (가벼운 잠)**: 심장 박동과 호흡이 느려지고 체온이 떨어지면서 본격적으로 잠에 드는 단계예요. 전체 수면 시간의 약 50%를 차지합니다.

• **3단계 (깊은 잠)**: 일명 '서파 수면'이라고도 불리는 가장 깊은 잠의 단계입니다.
이때 뇌파가 아주 느리고 크게 나타나죠.
바로 이 3단계에서 앞서 설명드린 뇌의 '글림프 시스템'이 가장 활발하게 작동합니다!
뇌 속의 노폐물을 청소하고, 몸의 피로를 회복하며, 낮에 학습한 내용을 장기 기억으로 저장하는 등 중요한 '정비' 작업이 이루어지는 시간입니다. 이 단계에서 깨어나면 잠시

충분한 햇볕을 쬐면
행복 호르몬인 세로토닌이
잘 생성됩니다

멍하거나 비몽사몽 할 수 있습니다.

2. 렘수면 (REM): 꿈을 꾸는 뇌의 '재정비 시간'!

비렘수면의 깊은 단계들을 거치고 나면 약 90분마다 '렘수면(REM: Rapid Eye Movement, 빠른 눈 운동)'에 진입합니다. 이때는 마치 깨어 있는 것처럼 뇌 활동이 활발해지고, 눈동자가 빠르게 움직이는 특징이 있습니다.

- **꿈을 꾸는 시간**: 렘수면은 우리가 생생한 꿈을 꾸는 주된 시간입니다.
- **감정 처리 및 창의성**: 낮 동안 겪었던 감정을 정리하고, 기억을 통합하며, 창의적인 생각을 촉진하는 중요한 역할을 합니다. 뇌는 낮에 받은 정보들을 정리하고 불필요한 것들을 걸러내며, 스트레스를 해소하는 작업까지 해낸답니다. 몸은 거의 마비된 상태이지만, 뇌는 바쁘게 움직이며 다음 날을 준비하는 '재정비' 시간을 갖는 거죠.

아늑하고 편안한 침실은
숙면을 위한 최고의 조건입니다

이러한 렘수면과 비렘수면의 주기가 밤새 4~5회 반복되면서 우리 몸과 뇌는 최적의 상태로 회복되고 다음 날의 활동을 위한 준비를 마칩니다.

■ 꿀잠을 위한 생활 습관: 치매 예방의 첫걸음!

그렇다면 치매 예방을 위해 어떻게 하면 이 중요한 잠을 잘 잘 수 있을까요?
아주 간단한 습관들이 큰 변화를 가져올 수 있습니다.

- **햇볕 쬐기: 낮에 충분히 햇살을 받아라!**
  낮에 햇볕을 매일 꾸준히 30분 이상 쬐는 것이 중요합니다.
  햇볕을 쬐면 우리 몸의 행복 호르몬인 세로토닌이 잘 만들어지고, 이 세로토닌은 밤에 우리 몸의 수면 호르몬인 멜라토닌으로 바뀌어 깊은 숙면을 취하는 데 도움을 줍니다.
  (기억하세요, 세로토닌의 95%는 장에서 만들어진다는 사실! 장 건강이 꿀잠에도 중요하다는 뜻이죠!)

- **규칙적인 수면 습관: 몸의 시계를 맞춰라!**
  매일 비슷한 시간에 자고 일어나는 규칙적인 수면 습관을 들이는 것이 중요합니다.
  주말이라고 늦잠을 자는 것보다는 평일과 비슷한 수면 패턴을 유지하는 것이 우리 몸의 생체 리듬을 일정하게 유지하는 데 훨씬 좋습니다.

- **스마트폰 멀리하기: 잠자리에서는 디지털 디톡스!**
  잠들기 전 스마트폰, 태블릿, 컴퓨터 등 전자기기 사용을 줄여야 합니다.
  이 기기들에서 나오는 푸른 빛(블루라이트)은 멜라토닌 생성을 방해하여 수면의 질을 뚝 떨어뜨립니다. 잠자리에 들기 최소 1시간 전에는 전자기기를 끄는 것이 좋아요.

- **카페인 섭취 자제: 저녁엔 쉬어주세요!**
  오후 늦게나 저녁에는 커피, 녹차 등 카페인이 들어간 음료 섭취를 자제하는 것이 좋습니다. 카페인은 각성 효과가 있어 잠드는 것을 방해할 수 있습니다.

- **수면 환경 조성: 나만의 '꿀잠 존'을 만들자!**
  침실을 어둡고 조용하며 시원하게 유지하여 잠들기 좋은 환경을 만드는 것이 중요합니다.
  아늑하고 편안한 침실은 숙면을 위한 최고의 조건입니다.

잠은 단순히 피로를 푸는 시간을 넘어, 우리 뇌를 건강하게 유지하고 치매를 예방하는 가장 강력한 방패라는 사실을 잊지 마세요. 오늘 밤부터라도 충분하고 깊은 잠을 자기 위해 노력해보는 건 어떨까요? 건강한 잠이 곧 건강한 뇌를 만듭니다!

5장

치매, 장에서 답을 찾다: 마이크로바이옴의 놀라운 힘

우리는 앞에서 치매가 뇌 속에 노폐물이 쌓여서 생기고, 잠이 이 노폐물을 청소하는 데 중요하다는 것을 배웠어요. 그런데 이 모든 것의 핵심에 바로 장이 있다는 사실을 다시 한번 강조하고 싶습니다. 제목처럼, 치매의 답을 장에서 찾을 수 있다는 정말 놀라운 이야기입니다.

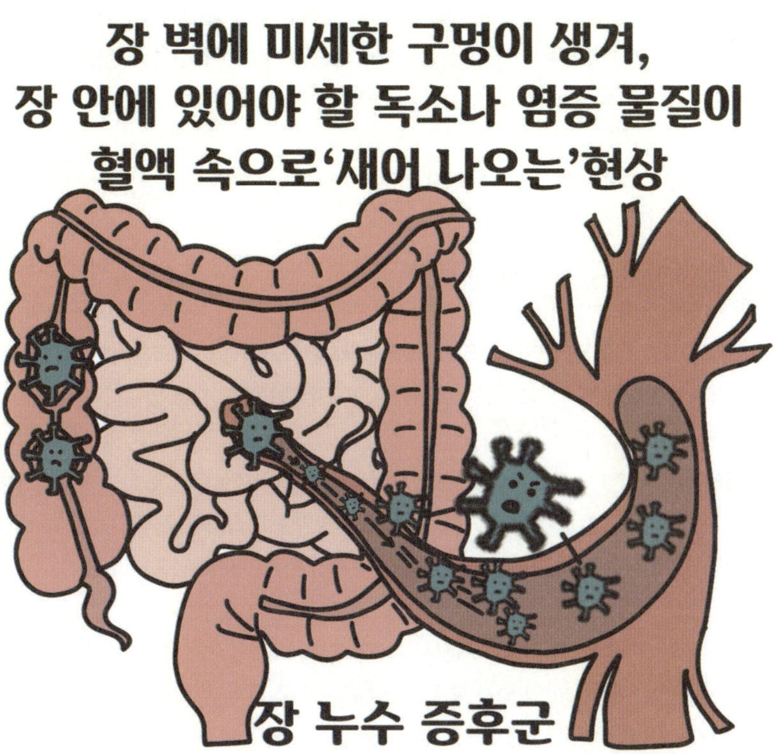

앞서 뇌-장 축에 대해 이야기했죠?
우리 장 속에는 수많은 미생물, 즉 마이크로바이옴이 살고 있는데, 이들이 우리의 건강 전반에, 특히 뇌 건강에 엄청난 영향을 미친다는 사실이 점점 더 명확해지고 있습니다. 특히 치매와 관련해서 장 마이크로바이옴은 매우 흥미롭고 중요한 역할을 합니다.

장 마이크로바이옴은 우리가 먹는 음식, 특히 식이섬유를 발효시켜 다양한 물질을 만들어내는데, 이 중 일부는 혈액을 통해 뇌로 이동하여 뇌 기능에 직접적인 영향을 미칠 수 있습니다.

'뇌의 영양제' 단쇄지방산

우리 장내 유익균이 만들어내는 중요한 대사산물 중 하나가 바로 단쇄지방산(Short-Chain Fatty Acids, SCFA)입니다. 이들은 마치 뇌의 '특별 영양제'처럼 혈액-뇌 장벽(뇌를 보호하는 장벽)을 강화하여 유해 물질이 뇌로 침투하는 것을 막고, 뇌 염증을 줄이는 데 도움을 줄 수 있다고 알려져 있습니다. 또한 신경세포의 생존과 기능에 긍정적인 영향을 미치기도 합니다.

'장 누수 증후군'과 뇌 염증: 반대로 장내 유해균이 많아지면 염증성 물질을 더 많이 만들어 냅니다. 이러한 물질들은 장 점막을 손상시켜 '장 누수 증후군(Leaky Gut Syndrome)'을 유발할 수 있습니다. 말 그대로 장 벽에 미세한 구멍이 생겨, 원래 장 안에 있어야 할 독소나 염증 유발 물질들이 혈액 속으로 '새어 나오는' 현상을 말합니다. 이렇게 장에서 새어 나온 독소나 염증 유발 물질들이 혈액을 타고 뇌로 이동하면, 뇌 염증을 악화시키고 신경세포 손상을 유발하여 치매 발병 위험을 높일 수 있다는 연구 결과들도 나오고 있습니다.

신경전달물질의 균형: 앞서도 언급했듯이, 장내 미생물들은 세로토닌, GABA 등 뇌 기능과 정서적인 안정에 중요한 신경전달물질의 생성에도 영향을 미칩니다. 장내 미생물의 불균형은 이러한 신경전달물질의 균형을 깨뜨려 뇌 기능 저하에 기여할 수 있습니다.

그렇다면 우리는 어떻게 장 건강을 지켜서 치매를 예방하고 건강한 뇌를 유지할 수 있을까요? 우리 몸 안의 '세계 최고의 의사'를 잘 관리하는 구체적인 방법들을 식품을 기준으로 다시한번 말씀드립니다. 여러 번 강조해도 부족함이 없음을 기억해 주세요.

■ 치매 예방을 위한 마이크로바이옴 관리법!

1. 섬유질이 풍부한 식단:

- **왜 중요한가요?** 채소, 과일, 통곡물(현미, 보리 등)에 풍부한 식이섬유는 장내 유익균들의 가장 좋은 '먹이(프리바이오틱스)'입니다. 유익균들이 식이섬유를 먹고 잘 자라야 단쇄지방산과 같은 유익한 물질들을 많이 만들어낼 수 있습니다.
- **어떻게 실천할까요**? 매 끼니 채소를 충분히 섭취하고, 흰 쌀밥 대신 잡곡밥을 선택하며, 간식으로 과일이나 견과류를 드세요. 거꾸로 식사법을 실천하여 채소를 가장 먼저 먹는 습관을 들이는 것이 좋습니다.

2. 발효 식품 섭취:

- **왜 중요한가요?** 김치, 된장, 요구르트, 케피어, 식초 등 발효 식품에는 우리 장에 이로운 살아있는 미생물들(프로바이오틱스)이 풍부하게 들어있습니다. 이들은 장내 미생물 생태계를 다양하고 풍성하게 만들어주고, 장 건강과 면역력 증진에 도움을 줍니다.
- **어떻게 실천할까요?** 매일 식사 시 김치나 된장찌개 같은 전통 발효 식품을 곁들이고, 설탕이 없는 플레인 요구르트나 케피어를 간식으로 드셔보세요. 특히 자연 발효 식초는 소화를 돕고 장내 환경을 유해균에게 불리하게 만드는 데 효과적입니다.

3. 가공식품 및 설탕 섭취 줄이기:

- **왜 중요한가요?** 가공식품, 과도한 설탕, 정제된 탄수화물 등은 장내 유해균을 폭발적으로 증가시키고 염증을 유발할 수 있습니다. 이는 장 건강을 망가뜨리고 '새는 장 증후군'을 악화시켜 뇌 염증 위험을 높일 수 있어요.
- **어떻게 실천할까요?** 가능한 한 자연 상태에 가까운 음식을 섭취하고, 음료수 대신 물을 마시며, 설탕이 많이 들어간 과자나 디저트 섭취를 의식적으로 줄이세요.

■ 내 몸 안의 '세계 최고의 의사'와 함께하는 건강한 삶

우리 몸의 건강이 외부의 약이나 치료에만 전적으로 달려 있는 것이 아니라, 내 몸 안에 있는 마이크로바이옴과 그들이 만들어내는 수많은 유익한 대사 물질에 의해 좌우된다는 사실을 기억해야 합니다.

그저 무심코 먹던 음식과 생활 습관이 우리 장 속 작은 우주의 균형을 깨뜨려 질병을 불러올 수도 있고, 혹은 그 균형을 되찾아 기적 같은 치유를 선물할 수도 있다는 것을 알아야 합니다. 저는 이제 매일의 식사, 운동, 수면, 스트레스 관리까지, 이 모든 것이 제 몸 안의 마이크로바이옴에게 보내는 가장 중요한 메시지임을 알고 실천하고 있습니다.

이 책을 읽으신 여러분도 이제 아실 겁니다. 우리 몸은 생각보다 훨씬 더 놀라운 자가 치유 능력을 가지고 있으며, 그 핵심은 바로 우리 장 속 미생물 친구들에게 있다는 것을요.
치매라는 무서운 질병의 그림자로부터 벗어나기 위한 중요한 열쇠가 바로 여러분의 장 속에 숨어 있습니다.

이제 여러분도 '마이크로바이옴'과 함께, 건강하고 활기찬 삶을 되찾으시길 진심으로 바랍니다.
오늘부터라도 여러분의 장 건강에 관심을 기울여보는 건 어떨까요?

Chapter 10

작가: 최 환

최 환 저자 소개

인체의 균형과 조화를 탐구해 온 마이크로바이옴 전문가인 저자는 어린 시절부터 잦은 잔병치레와 척추 문제로 고통받으며 일찍이 한의학에 관심을 가졌다. '리딩 앤 테라피' 강의를 통해 여러 건강 전문 기업에서 활동하며 사람의 얼굴과 손을 통해 건강을 진단하고 치유 가능성을 제시하며 수많은 이들의 건강 멘토로 활약해 온 경험이 있다.

현재 올림프케이크앤디저트 본부장으로서 건강한 디저트 개발에 몰두하던 중, 오랜 경험과 학습을 통해 마이크로바이옴의 중요성에 눈을 뜨게 되었고, 장내 미생물이 우리 몸 건강의 핵심임을 깨달았다. 그는 단순한 디저트 제작을 넘어 개개인에 개별 맞춤 건강 코칭을 제공하며 삶의 질을 높이는 데 기여하고 있다.

이처럼 저자는 자신의 고통을 치유의 여정으로 삼아 마이크로바이옴 전문가로서의 독자적인 길을 개척했다. 이 책은 그의 오랜 연구와 실제 치유 경험이 집약된 결과물로, 독자들이 건강한 삶을 되찾는 데 필요한 실질적인 지침을 제공할 것이다. 최환 저자의 전문성과 진정성이 담긴 이 책을 통해 독자들도 건강한 삶의 새로운 가능성을 발견하기를 바란다.

1장

장내 미생물이 우리의 삶을 결정한다

지금까지 우리는 마이크로바이옴이라는 경이로운 미생물 세계를 여행하며, 이 작은 생명체들이 우리 몸의 소화, 면역, 체중 조절, 그리고 심지어 우리의 기분과 마음까지 지배하는 숨은 조력자임을 깊이 이해하게 되었습니다. 단순히 신체적인 건강을 넘어, 장내 환경을 어떻게 바꾸느냐에 따라 삶의 질 자체가 어떻게 변화할 수 있는지를 다양한 관점에서 살펴보았죠.

저는 현재 부산에서 '올림프케이크앤디저트'라는 조금 특별한 디저트 가게를 운영하며 마이크로바이옴 전문가로 활동하고 있습니다. 저희 매장에는 당뇨, 고지혈증, 각종 암 등으로 힘든 시간을 보내시는 분들부터 단순히 건강한 간식을 찾는 젊은 분들까지, 정말 다양한 고객들이 저마다의 희망을 안고 찾아오십니다. 이분들과 소통하며 장내 미생물의 중요성을 나누는 것이 저의 또 다른 사명이라고 생각합니다. 이러한 믿음으로 2025년 2월부터 꾸준히 '토크 콘서트'를 열고 그 내용을 영상으로 기록하며 더 많은 분들과 만나기 위해 노력하고 있습니다.

이 모든 이야기의 중심에는 저희 가게의 모든 레시피를 책임지는 러시아 출신의 짐발루크 올가 대표가 있습니다. 경기가 어려운 시기에 창업한 이후, 그녀는 거의 하루도 쉬지 않고 주 7일을 일에 매달렸습니다. 하지만 놀랍게도 그녀는 늘 긍정적이고 지치지 않는 에너지를 뿜어냈습니다.
가끔 몸살이 나더라도 놀라울 만큼 빠르게 회복하는 모습을 보며, 저는 '슈퍼우먼이 있다면 저런 모습일까?' 생각하곤 했습니다.

그녀의 비밀이 궁금했던 저는 우연한 기회에 국내 마이크로바이옴 데이터 보유량 1위 기업인 '마크로젠'의 마이크로바이옴 검사 키트를 통해 그녀의 장내 미생물을 분석해 보았습니다. 결과는 정말 놀라웠습니다. 장 건강의 핵심 척도인 '미생물 균형도'와 '미생물 풍부도'에서 그녀는 99점 만점에 99점을 받은 것입니다!

- **미생물 균형도**: 장내 유익균, 중간균, 유해균의 비율이 얼마나 이상적인지를 보여주는 지표입니다. 이 점수가 높다는 것은 장내 환경이 안정적이며, 독소 제거 및 염증 제어 능력이 뛰어나다는 것을 의미합니다.
  이는 장벽 건강과 면역 조절에 직접적인 영향을 미칩니다.
- **미생물 풍부도**: 우리 몸속에 얼마나 다양한 종류의 미생물이 사는지를 나타냅니다.
  미생물 풍부도가 높을수록 장내 생태계가 건강하고 회복 탄력성이 뛰어나다고 평가됩니다. 즉, 질병에 대한 저항력과 면역력이 강하고, 스트레스나 항생제 같은 외부 공격에도 쉽게 무너지지 않는 안정적인 장 환경을 가졌다는 뜻입니다.

올가 대표의 사례는 장내 미생물 균형과 풍부도가 우리 몸의 건강과 에너지 수준, 그리고 회복력에 얼마나 직접적인 영향을 미치는지 보여주는 명확한 증거였습니다. 그녀의 긍정적인 에너지와 빠른 회복력은 단순히 개인적인 특성을 넘어, 놀랍도록 건강한 장내 마이크로바이옴의 뒷받침을 받고 있었던 것입니다.

반대로, 제가 만났던 고객들 중 장내 미생물 균형도와 풍부도 점수가 낮은 분들은 대부분 한두 가지 이상의 질병을 앓고 계셨습니다. 만성적인 소화불량과 복부 팽만, 잦은 설사와 변비 같은 직접적인 장 문제뿐만 아니라, 감정 조절의 어려움, 만성 피로, 불면증, 피부 트러블 등 다양한 문제로 고통받고 있었습니다.
이는 앞선 내용들에서 수차례 강조되었듯, 장내 미생물 불균형이 단순히 장 문제를 넘어 우리 몸과 마음에 전방위적인 영향을 미친다는 사실을 다시 한번 확인시켜 주었습니다.

이처럼 우리 장 속에 사는 작은 친구들, 즉 마이크로바이옴은 우리도 모르는 사이, 우리의 기분과 건강, 나아가 삶의 질 전체를 결정하고 있었습니다. 이제 우리는 그들의 목소리에 귀 기울이고, 그들이 행복하게 살 수 있는 환경을 만들어주는 것이야말로 건강하고 행복한 삶을 향한 가장 확실한 길임을 알아야 합니다.

장내 미생물을 균형 있고 풍부하게 만드는 법: 오늘부터 시작하는 마이크로바이옴 식단 & 생활 가이드

앞서 올가 대표의 놀라운 사례에서 보았듯이, 장내 미생물의 균형과 풍부도는 우리의 에너지 수준, 면역력, 그리고 전반적인 삶의 질을 결정하는 핵심 열쇠입니다. 그렇다면 과연 어떻게 해야 우리 장 속의 작은 친구들을 행복하게 만들어, 그들이 우리 몸을 위해 열심히 일하는 이상적인 장 환경을 만들 수 있을까요?

거창한 비법이 아닌, 오늘 당장 식탁에서부터 시작할 수 있는 구체적이고 강력한 방법들을 소개합니다. 이 모든 실천들은 당신의 마이크로바이옴을 건강하게 재정비하고, 나아가 몸과 마음의 활력을 되찾는 첫걸음이 될 것입니다.

1. 단순 탄수화물은 줄이고, 복합 탄수화물과 질 좋은 지방을 선택하라

우리 장내 미생물 생태계의 운명은 우리가 어떤 '연료'를 몸에 넣어주느냐에 따라 결정됩니다. 수십조의 미생물들은 우리가 먹는 음식을 두고 치열한 생존 경쟁을 벌이며, 우리의 선택은 유익균과 유해균 중 누구의 편에 설 것인지를 정하는 것과 같습니다. 따라서 건강한 장을 위

한 첫걸음은 내 몸의 미생물이 좋아하는 음식과 싫어하는 음식을 명확히 구분하는 데서 시작합니다.

(1) 단순 탄수화물: 유해균을 키우는 가장 빠른 길

설탕, 흰 밀가루, 백미, 그리고 각종 가공식품에 포함된 정제 탄수화물은 유해균이 가장 좋아하는 '먹이'입니다. 이러한 음식들은 소화가 빨라 혈당을 급격히 올릴 뿐만 아니라, 장내 유해균과 곰팡이균(칸디다 등)을 폭발적으로 증식시킵니다.

유해균은 단순당을 먹고 분해하면서 독소나 가스를 생성하여 장 건강을 해칠 뿐만 아니라, 장벽을 손상시키고 염증 반응을 유발할 수 있습니다.

서구화된 식단, 즉 섬유질은 부족하고 설탕과 지방이 많은 식단을 지속하면 유해균이 득세하여 장내 불균형을 초래하게 됩니다. 이는 단순히 속이 더부룩한 문제를 넘어, 우리 몸의 만성 염증을 유발하는 불씨가 됩니다.

(2) 복합 탄수화물: 유익균을 위한 최고의 밥상

반면, 현미나 잡곡 같은 통곡물, 각종 채소와 과일에 풍부한 복합 탄수화물, 특히 그 안에 포함된 식이섬유(Dietary Fiber)는 유익균을 위한 최고의 '밥상'입니다. 우리 몸의 소화 효소로는 분해할 수 없는 식이섬유는 대장까지 고스란히 내려가 장내 미생물들의 주식이 됩니다. 유익균들은 이 식이섬유를 먹고 발효시키면서 우리 몸에 매우 이로운 짧은 사슬 지방산(Short-Chain Fatty Acids, SCFAs), 박테리오신, 비타민 등과 같은 물질들을 만들어냅니다.

- **짧은 사슬 지방산(SCFAs)의 놀라운 효과**: SCFAs, 특히 부티레이트(Butyrate)는 대장 세포의 주된 에너지원으로서 장벽을 튼튼하게 하고, 장 점막의 염증을 줄이며, 면역 세포를 활성화하는 등 우리 몸 전체 건강에 긍정적인 영향을 미칩니다. 이는 단순한 장 건강을 넘어 전신 염증 감소, 혈당 조절, 심지어 뇌 기능 개선에도 기여한다고 알려져 있습니다.

- **박테리오신 유해균을 제압하는 천연 항생제**: 유익균이 만들어내는 또 다른 중요한 물질은 바로 박테리오신입니다. 박테리오신은 유익균이 자신의 영역을 지키기 위해 만들어내는 천연 항균 물질로, 특정 유해균의 성장을 효과적으로 억제하거나 직접 죽이는 역할을 합니다. 이는 외부에서 침입하거나 과도하게 증식하려는 유해균으로부터 장내 생태계를 보호하는 '정화 작용'을 수행하며, 장내 유익균과 유해균의 건강한 균형을 유지하는 데 결정적인 역할을 합니다.

  즉, 박테리오신은 장내 생태계의 평화를 지키는 '보안관'과 같습니다.

(3) 질 좋은 지방: 염증을 잠재우는 현명한 선택

지방에 대한 오랜 오해와 달리, 모든 지방이 우리 몸에 해로운 것은 아닙니다. 중요한 것은 지방의 '질'입니다. 마가린이나 쇼트닝 등에 함유된 트랜스지방과 과도한 포화지방은 피해야 할 대상입니다. 대신, 우리 몸의 염증 불씨를 꺼뜨리는 데 도움이 되는 질 좋은 지방을 적극적으로 섭취해야 합니다.

- **오메가-3 지방산**: 고등어나 연어 같은 등푸른생선에 풍부한 오메가-3 지방산(EPA, DHA)은 강력한 항염증 효과를 가집니다. 또한, 아마씨, 치아씨, 호두 등 식물성 오메가-3 공급원도 중요합니다.
- **단일불포화지방: 올리브 오일, 아보카도, 견과류** 등에 풍부한 단일불포화지방산은 심혈관 건강에 좋고, 장내 환경을 개선하며 유익균이 살기 좋은 환경을 조성하는 데 기여합니다.

이러한 건강한 지방은 장내 미생물의 다양성을 증진하고, 유익균의 활동을 지원하며, 결과적으로 우리 몸의 면역 균형을 되찾는 데 중요한 역할을 합니다.

2. 프로바이오틱스가 풍부한 발효식품을 섭취하라

우리 장내 생태계의 균형을 되찾기 위해, 외부에서 든든한 지원군을 직접 보내주는 가장 강력하고 지혜로운 방법은 바로 발효식품을 섭취하는 것입니다.

김치, 된장, 청국장, 요거트, 케피어, 사워크라우트와 같은 발효식품은 단순히 오랜 시간 보존하기 위한 전통 음식을 넘어, 우리 몸의 미생물 군대를 재정비하는 '살아있는 보충제'와 같습니다.

(1) 발효식품은 왜 우리 몸에 특별할까요?

- **첫째, 살아있는 유익균, 프로바이오틱스 직접 공급**

  발효식품은 우리 몸에 이로운 살아있는 미생물, 즉 프로바이오틱스(Probiotics)를 직접 공급합니다. 이는 장내 유익균의 수를 늘려 유해균이 자리 잡고 번성하는 것을 억제하며, 무너진 장내 세력 균형을 바로잡는 데 결정적인 역할을 합니다.

  실제로 여러 연구를 통해 프로바이오틱스가 풍부한 발효식품 섭취가 장 점막 장벽을 강화하고 염증 반응을 완화하여, '천연 면역 조절제' 역할을 할 수 있음이 밝혀졌습니다.

- **둘째, 미생물의 대사 산물까지 통째로 섭취**

  발효식품을 먹는다는 것은 단순히 유익균만 섭취하는 것이 아닙니다. 우리는 미생물이 그들의 먹이(식이섬유 등)를 먹고 소화시키는 '발효' 과정에서 만들어낸 각종 비타민(B군, 비타민 K), 효소, 유기산 등 이로운 대사 산물까지 통째로 섭취하게 됩니다.

  이러한 대사 산물들은 소화 흡수를 돕고, 면역 시스템을 조절하며, 항암 효과까지 기대할 수 있어 발효식품이 다른 어떤 건강식품보다도 뛰어나다고 평가받는 이유입니다.

- **셋째, 장내 미생물 다양성 증진**: 다양한 발효식품을 꾸준히 섭취하는 것은 장내 미생물의 다양성을 높이는 데 매우 중요합니다. 특정 유산균만 섭취하는 것보다, 각기 다른 환경에서 자란 다양한 미생물 종을 품은 여러 종류의 발효식품을 식단에 포함할 때, 우리 장내 생태계는 더욱 풍요롭고 안정적으로 변합니다. 이는 외부의 공격(스트레스, 항생제, 유해균 침입 등)에 쉽게 무너지지 않는 튼튼한 면역력의 기반이 됩니다.

3. 와인, 차, 커피, 다크 초콜릿을 즐겨라

장 건강을 위한 식단이 항상 채소나 발효식품처럼 익숙한 것들로만 이루어져야 하는 것은 아닙니다. 때로는 우리의 일상에 즐거움을 더해주는 기호식품들이 장내 미생물에게는 예상치 못한 훌륭한 선물이 될 수 있습니다. 바로 와인, 차, 커피, 그리고 다크 초콜릿이 그 주인공입니다.

이 식품들의 공통적인 비밀은 '폴리페놀(Polyphenol)'이라는 강력한 식물성 화합물에 있습니다.

폴리페놀은 우리 몸의 세포 손상을 막는 항산화 작용을 할 뿐만 아니라, 장내 미생물 생태계에 매우 중요한 영향을 미칩니다.

- **폴리페놀과 장내 미생물**: 폴리페놀은 소장에서 완전히 흡수되지 않고 대장까지 도달하여, 그곳에 사는 유익균들의 훌륭한 먹이, 즉 프리바이오틱스(Prebiotics) 역할을 합니다. 유익균들은 폴리페놀을 먹고 성장하며, 장내 환경을 산성으로 만들어 유해균의 증식을 억제합니다. 또한, 폴리페놀은 장내 미생물 군집의 다양성을 높여, 외부 공격에도 쉽게 무너지지 않는 안정적이고 건강한 장을 만드는 데 기여합니다.

(1) 레드 와인: 장내 다양성의 촉진자

레드 와인에 풍부한 레스베라트롤(Resveratrol)을 비롯한 폴리페놀 성분은 장내 유익균의 성장을 돕고 다양성을 높이는 것으로 알려져 있습니다. 실제로 한 연구에서는 매일 적당량의

레드 와인을 마신 그룹이 그렇지 않은 그룹에 비해 장내 미생물 다양성이 유의미하게 증가했다고 보고했습니다. 물론, 과도한 알코올 섭취는 오히려 장 건강에 해로우므로, 적당량 섭취가 중요합니다.

(2) 차(Tea)와 커피(Coffee): 유익균의 성장을 돕는 음료

녹차에 풍부한 카테킨(Catechin)이나 커피의 클로로겐산(Chlorogenic acid) 등은 대표적인 폴리페놀입니다. 이들은 장내 유익균인 비피도박테리움(Bifidobacterium)의 성장을 촉진하는 등 장내 환경에 긍정적인 영향을 줄 수 있습니다. 특히 녹차와 커피에 함유된 카페인 또한 적당량은 장 운동성을 개선하는 데 도움을 줄 수 있습니다.

(3) 다크 초콜릿(Dark Chocolate): 달콤한 프리바이오틱스

카카오 함량이 70% 이상인 다크 초콜릿에는 플라바놀(Flavanol)이라는 폴리페놀이 풍부하게 들어있습니다. 이 플라바놀은 우리 몸에서 직접 소화되지 않고 대장까지 도달하여, 그곳에 사는 장내 유익균의 훌륭한 먹이, 즉 프리바이오틱스(Prebiotics) 역할을 합니다.

유익균들은 이 플라바놀을 발효시키면서 우리 몸에 이로운 여러 가지 화합물, 특히 짧은사슬지방산(SCFAs)과 같은 항염증성 물질을 생성합니다. 이러한 물질들은 장벽을 튼튼하게 하고, 장 점막의 염증을 줄이는 데 기여하여 전반적인 장 건강을 개선하는 데 도움을 줍니다. 또한, 플라바놀은 장내 미생물의 다양성을 높이고, 유익균의 성장을 촉진하여 유해균의 증식을 억제하는 데도 긍정적인 영향을 미칩니다.

하지만 중요한 점은 바로 초콜릿의 종류입니다. 설탕 함량이 높은 일반 밀크 초콜릿이나 화이트 초콜릿은 카카오 함량이 매우 낮고 당분이 많아, 오히려 장내 유해균의 먹이가 되어 장내 불균형을 초래할 수 있습니다. 따라서 장 건강을 생각한다면, 반드시 카카오 함량이 높은(최소 70% 이상) 다크 초콜릿을 선택하고, 소량만 섭취하는 것이 중요합니다.

4. 좋은 물을 충분히 마셔라

우리가 장내 미생물을 위해 좋은 음식을 신중하게 고르듯이, 그들이 살아가는 환경의 99%를 차지하는 '물' 역시 까다롭게 선택해야 합니다. 단순히 갈증을 해소하는 것을 넘어, 어떤 물을 마시느냐는 우리 몸의 세포 대사와 해독 능력, 그리고 미생물 생태계의 건강을 근본적으로 좌우하기 때문입니다. '좋은 물'이란 다음의 조건들을 만족시키는, 생명력을 품은 물을 의미합니다.

(1) 첫째, 오염물질은 제거하되 미네랄은 풍부해야 합니다.
현대의 수돗물은 정수 과정에서 세균과 불순물을 제거하기 위해 염소를 사용하며, 이 과정에서 트리할로메탄(Trihalomethane)과 같은 2차 화학 부산물이 생성될 수 있습니다. 또한, 낡은 배관을 거치며 녹이나 중금속에 오염될 가능성도 존재합니다. 이 때문에 많은 가정이 정수기를 사용하지만, 여기서 중요한 함정이 있습니다. 일부 정수 방식은 유해 물질뿐 아니라 우리 몸에 필수적인 미네랄(칼슘, 마그네슘, 칼륨 등)까지 모두 제거해 버린다는 점입니다.

과거 한 실험에서, 미네랄이 모두 제거된 정수기 물에 넣은 금붕어는 오래 살지 못한 반면, 약간의 유기물질이 남은 수돗물 속 금붕어는 생존했다는 아이러니한 결과가 있었습니다. 이는 생명 현상을 유지하는 데 미네랄이 얼마나 절대적인지를 보여줍니다. 미네랄은 인체 효소를 활성화하여 영양분 흡수를 돕는 필수 영양소이므로, 좋은 물의 기본은 유해 오염물질은 걸러내되 생명에 필수적인 미네랄은 반드시 보존하고 있어야 합니다.

(2) 둘째, 우리 몸과 같이 약알칼리성을 띠어야 합니다.
우리 혈액은 평균 pH 7.4 수준의 약알칼리성을 유지하며 생명을 이어갑니다. 하지만 스트레스, 가공식품, 과도한 단백질 및 지방 섭취는 우리 몸을 점차 산성으로 만듭니다.
몸이 산성화되면 항상성을 유지하기 위해 뼈와 세포에서 칼슘, 마그네슘과 같은 알칼리성 미네랄을 강제로 꺼내 쓰게 되고, 이는 골다공증이나 근육 경련, 면역력 저하와 같은 문제로 이어질 수 있습니다. 따라서 좋은 물이란, 산성화되어 가는 우리 몸을 중화시켜 정상적인 pH 균형을 되찾도록 돕는 약알칼리성(pH 7.3~8.5)을 띤 물이어야 합니다.

(3) 셋째, 활성산소를 제거하는 항산화 능력을 갖추어야 합니다.
우리가 음식을 먹고 에너지를 만드는 과정에서는 필연적으로 '활성산소(ROS)'라는 찌꺼기가 발생합니다. 과도한 활성산소는 정상 세포를 공격하여 노화와 질병의 원인이 됩니다. 좋은 물은 이러한 활성산소를 중화시키는 강력한 항산화 능력을 지니고 있어야 합니다.
물의 산화환원전위(ORP) 값이 낮을수록 항산화 능력이 뛰어난데, 이런 물은 활성산소에 빼앗긴 에너지를 우리 세포에 되려 채워주는 '에너지를 주는 물'이라 할 수 있습니다.

(4) 넷째, 구조가 치밀하고 흡수율이 높아야 합니다.
물의 입자(클러스터)가 작고 구조가 치밀할수록 세포에 더 깊숙이, 그리고 빠르게 흡수됩니다. 이렇게 흡수율이 높은 물은 세포 대사를 촉진하고 노폐물을 효과적으로 제거하는 '미세 청소기' 역할을 합니다. 반면, 클러스터가 큰 물은 세포에 흡수되기보다 배출되는 양이 많아 신장에 부담만 줄 뿐입니다. 아무 물이나 2리터를 마시는 것보다, 구조가 치밀하고 세포 흡수율이 높은 좋은 물 1리터를 마시는 것이 우리 몸에 훨씬 효율적인 이유입니다.

(5) 다섯째, 좋은 에너지를 품고 있어야 합니다.

물은 주변의 정보를 기억하고 저장하는 놀라운 특징을 가집니다. "물은 답을 알고 있다"는 책(에모토 마사루 저)에서 볼 수 있듯이, 긍정적인 말과 생각, 음악에 노출된 물은 아름다운 결정 구조를 형성하지만 부정적인 정보에는 그 구조가 일그러집니다.

예로부터 동의보감에서 독을 푸는 데 쓰였던 '지장수(황토물)'나 급체에 효험이 있던 '음양탕' 등은 물이 가진 고유한 기운과 정보를 활용한 지혜의 산물입니다. 좋은 에너지를 지닌 물을 마시는 것은 우리 몸을 구성하는 70%의 물을 긍정적인 정보로 채우는 것과 같습니다.

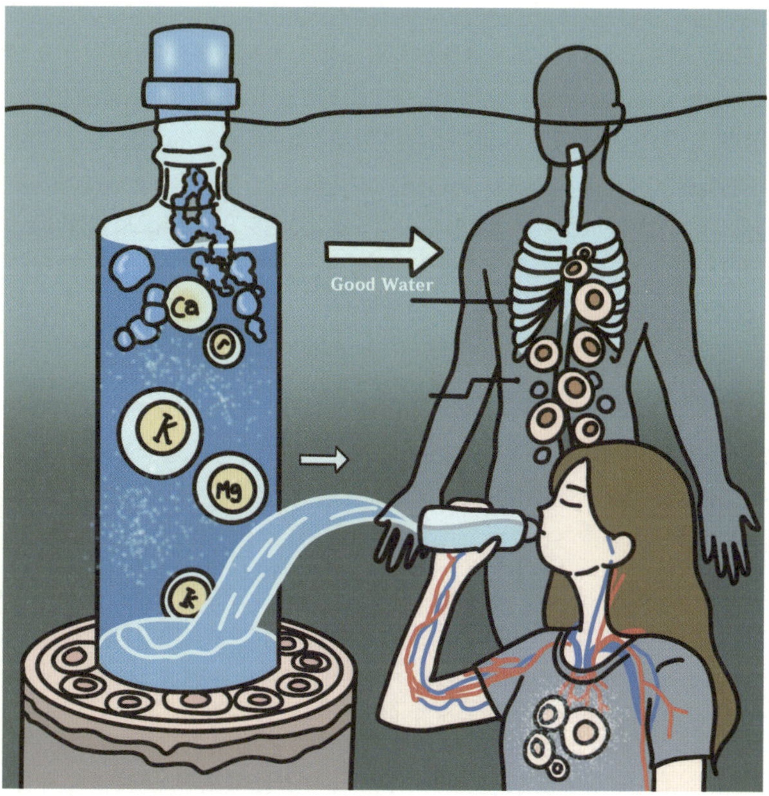

5. 일주일에 한 번씩 18시간 간헐적 단식을 실천하라

우리는 흔히 '하루 세끼'를 건강의 기본 규칙처럼 여겨왔습니다. 하지만 우리 몸의 건강을 한 단계 끌어올리는 비밀은 때로는 '먹는 것'이 아닌, '먹지 않는 시간'에 숨어있습니다.
바로 간헐적 단식(Intermittent Fasting)입니다.
이는 무작정 굶는 고행이 아니라, 우리 몸의 소화기관에 의도적인 '휴식'을 선물하고, 세포 단위의 '대청소'를 유도하는 매우 지혜로운 건강 전략입니다.

(1) 단식이 우리 몸의 '리셋 버튼'을 누르는 원리

우리가 음식을 섭취하면, 우리 몸의 에너지는 소화와 흡수에 집중됩니다.
하지만 12시간~16시간 이상 공복 상태가 유지되면, 우리 몸은 소화에 쓰던 에너지를 다른 곳으로 돌리기 시작합니다. 바로 '자가포식(Autophagy)'이라는 놀라운 세포 재활용 시스템을 가동하는 것입니다.

자가포식은 세포 스스로 내부의 손상된 단백질, 노폐물, 병원균 등 불필요한 구성 요소들을 분해하고 에너지원으로 재활용하는 '세포 대청소' 과정입니다. 2016년 노벨 생리의학상을 수상하며 그 중요성이 입증된 이 과정은, 우리 몸이 스스로를 정화하고 젊음을 유지하는 핵심 기전입니다.
주기적인 단식은 이 자가포식을 활성화하여, 세포를 더 건강하고 효율적으로 만듭니다.

(2) 간헐적 단식이 장내 미생물에게 미치는 영향

간헐적 단식은 장내 미생물 생태계에도 긍정적인 '리셋' 효과를 줍니다.

- **장벽 강화 및 회복**: 쉴 새 없이 음식이 들어오면 장 점막은 계속해서 일해야 합니다.
  단식은 장에게 휴식 시간을 주어 손상된 장벽 세포가 회복되고 재건될 시간을 벌어줍니다.
  이는 '장 누수 증후군'을 예방하고, 유해 물질이 혈액으로 유입되는 것을 막는 데 도움을 줍니다.
- **유해균 억제 및 유익균 조성**: 지속적인 음식 공급, 특히 단순당의 공급은 유해균이 번성하기 좋은 환경을 만듭니다. 단식은 이러한 유해균의 먹이 공급을 일시적으로 차단하여 그 수를 줄이고, 장내 생태계가 재편성될 기회를 제공하여 결과적으로 유익균의 성장을 돕고 미생물 군집의 다양성을 높일 수 있습니다.
- **염증 감소**: 단식은 장내 미생물 균형을 개선하고, 자가포식을 통해 염증성 세포 부산물을

제거함으로써 전신적인 염증 반응을 감소시키는 데 기여할 수 있습니다.

(3) 18시간 단식, 어떻게 실천할까?

일주일에 한 번, 18시간 단식은 비교적 쉽게 실천할 수 있는 효과적인 방법입니다.

- **방법**: 저녁 식사를 오후 6시에 마쳤다면, 다음 날 점심 식사를 12시에 하는 방식입니다. 수면 시간을 포함하기 때문에 생각보다 어렵지 않습니다.
  예를 들어, 저녁 6시에 식사를 마친 후, 다음 날 아침을 건너뛰고 낮 12시에 점심을 먹는 것이죠.
- **단식 중**: 공복 시간에는 물을 충분히 마시고, 당분이 없는 허브차나 블랙커피, 녹차 등은 섭취해도 괜찮습니다.
- **단식 후 첫 식사**: 단식이 끝난 후 첫 식사는 매우 중요합니다. 갑작스러운 과식이나 고탄수화물 식사는 위장에 부담을 줄 수 있습니다. 부드러운 죽이나 샐러드, 소량의 단백질 등 소화가 쉬운 음식으로 시작하여 소화기관이 다시 활동을 시작할 준비를 하도록 돕는 것이 좋습니다.

일주일에 단 하루, 의식적으로 비워내는 시간을 갖는 것. 이는 우리 몸의 자연 치유력을 극대화하고, 세포와 장내 미생물에게 가장 완벽한 휴식을 선물하는 최고의 건강법이 될 것입니다. 이처럼 식단, 음료, 그리고 식습관까지 세심하게 관리하는 것이 건강한 장내 마이크로바이옴을 조성하고, 궁극적으로 당신의 삶의 질을 높이는 핵심적인 열쇠입니다.

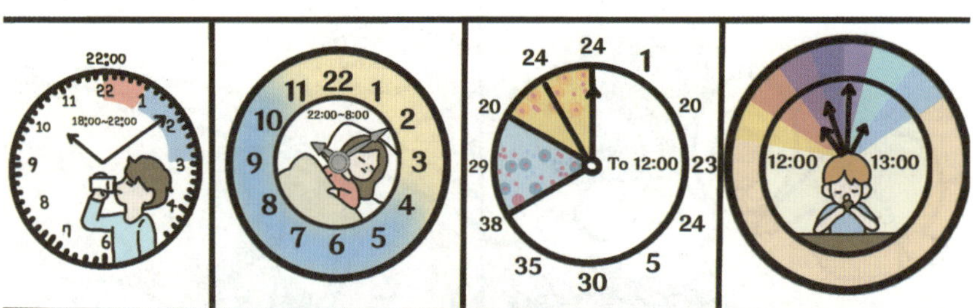

18시간 간헐적 단식

3장

장내 생태계를 위한 항산화 영양소와 조력자들: 마이크로바이오옴의 숨은 영웅들

건강한 장내 생태계는 단순히 식이섬유나 유산균이라는 스타 플레이어만으로 완성되지 않습니다. 이는 마치 다양한 악기들이 조화를 이루어 하나의 훌륭한 음악을 완성하는 교향곡과 같습니다. 비타민, 미네랄, 필수 지방산, 그리고 우리 몸의 효소 시스템까지, 이 모든 영양소가 각자의 파트에서 역할을 다할 때 비로소 우리의 장은 최상의 환경을 유지하고 마이크로바이옴이 번성할 수 있습니다.

이 장에서는 장 건강을 넘어 우리 몸 전체의 면역력과 활력을 지탱하는, 이처럼 중요한 영양소 조력자들에 대해 자세히 알아보겠습니다.

1. 장벽 방어와 면역 조율에 관여하는 영양소

우리 몸의 최전선 방어 기지인 장벽을 튼튼하게 세우고, 그곳의 면역 시스템을 정교하게 조

율하는 영양소들이 있습니다. 이들은 단순히 영양을 공급하는 것을 넘어, 장벽의 건축가이자 면역의 지휘자로서 복합적인 역할을 수행합니다.

(1) 비타민 A & D: 면역의 균형을 잡는 똑똑한 지휘자들

이 두 지용성 비타민은 우리 몸의 면역 체계를 조율하고, 장벽을 튼튼하게 만드는 데 아주 중요한 역할을 합니다. 마치 오케스트라의 지휘자처럼, 이들은 장내 미생물과 우리 몸의 방어 세포들이 서로 잘 협력하도록 돕습니다.

- **비타민 A**: 장벽을 지키는 '보초'이자 면역 '선생님' 비타민 A는 우리 몸에 들어가면 레티노산이라는 형태로 변해서 일합니다. 이 레티노산은 장벽을 이루는 세포들이 튼튼하게 자라고 새롭게 태어나도록 돕습니다. 마치 벽돌공이 무너진 벽을 다시 쌓듯이, 장벽이라는 물리적인 방어막을 건강하게 유지하는 기본 역할을 하죠.
  여기서 더 중요한 점은, 비타민 A가 장내 면역세포들을 훈련시키는 '선생님' 역할을 한다는 것입니다. 우리 몸에 들어온 수많은 물질(음식, 미생물 등) 중에서 해로운 것과 해롭지 않은 것을 구분하도록 가르쳐줍니다.
  예를 들어, 좋은 음식 단백질에는 과민하게 반응하지 않고(이를 '면역 관용'이라고 합니다), 나쁜 세균이 들어오면 제대로 싸울 수 있도록 지휘하는 거죠.
  또한, 비타민 A는 장 점막 표면에서 '분비성 면역글로불린 A (sIgA)'라는 특별한 항체를 만들도록 돕습니다. sIgA는 마치 장벽에 붙어 있는 '끈적한 방패'처럼 작용해서, 나쁜 미생물이 장벽에 들러붙는 것을 막고 유해 물질을 무력화시켜 우리 몸의 첫 번째 방어선을 튼튼하게 만듭니다.

- **비타민 D**: 장벽 틈새를 메우는 '접착제'이자 면역 조절 '스위치' 비타민 D는 단순히 뼈를 튼튼하게 하는 것 이상의 역할을 합니다. 우리 몸속에서 마치 호르몬처럼 움직이며 장 세포와 면역 세포에 직접적인 명령을 내립니다.
  가장 중요한 역할 중 하나는 장 세포 사이의 '치밀 결합(Tight Junction)'이라는 구조를 강화하는 것입니다. 이 치밀 결합은 장 세포들이 서로 단단하게 연결되도록 하는 '접착제'와 같은 역할을 합니다.
  비타민 D는 이 접착제를 더 강력하게 만들어서 장벽 사이의 틈새가 벌어지는 것을 막아줍니다. 이 틈새가 벌어지는 것을 우리가 흔히 '새는 장 증후군(Leaky Gut Syndrome)'이라고 부르는데, 이렇게 되면 유해 물질이 장벽을 뚫고 혈액으로 들어와 염증을 일으킬 수 있습니다. 비타민 D는 이런 '장 누수'를 막는 데 결정적인 기여를 합니다.

뿐만 아니라, 비타민 D는 장 세포가 스스로 병원균을 죽일 수 있는 '천연 항균 물질'을 만들도록 돕고, 우리 면역 시스템이 너무 과민하게 반응하여 우리 몸을 공격하는 것을 막아주는 조절 T세포의 활동을 지원합니다. 다시 말해, 면역 시스템이 아군과 적군을 잘 구별하도록 돕는 '조절 스위치' 역할을 하는 것이죠. 여러 연구에서도 비타민 D 수치가 낮으면 장내 미생물 균형이 깨지고 염증성 장 질환의 위험이 높아진다고 보고하고 있습니다.

(2) 비타민 C & 아연: 튼튼한 장벽을 위한 핵심 영양소

우리 몸의 장벽은 외부 유해 물질로부터 우리 몸을 보호하는 중요한 방어선입니다. 마치 튼튼한 성벽처럼, 장벽은 유해균이나 독소가 몸 안으로 들어오는 것을 막아줍니다. 이 장벽을 튼튼하게 유지하고 손상되었을 때 빠르게 회복시키는 데 필수적인 두 가지 영양소가 바로 비타민 C와 아연입니다. 이들은 장벽의 건축가와 복구 전문가라고 할 수 있습니다.

- **비타민 C: 장벽의 '철골 구조물'**

  비타민 C는 장벽의 구조를 지탱하는 데 중요한 역할을 합니다. 우리 몸의 기둥 역할을 하는 단백질인 콜라겐을 만드는 데 꼭 필요한 재료이기 때문입니다.

  콜라겐은 장벽을 이루는 세포들을 단단하게 묶어주는 '철골 구조물'과 같아서, 이 구조물이 튼튼해야 장벽 전체가 무너지지 않고 제 기능을 할 수 있습니다.

  만약 비타민 C가 부족하면 이 철골 구조물이 약해져 장벽의 방어력이 떨어질 수

Vitamin D
Vitamin
D
ON
ON
장벽 틈새를 메우는 '접착제'이자
면역 조절 '스위치'비타민D

있습니다. 또한, 비타민 C는 강력한 항산화제입니다.

우리가 음식을 소화하는 과정이나 몸속에 들어온 독소 때문에 활성산소라는 해로운 물질이 생길 수 있습니다. 이 활성산소는 장벽 세포를 손상시킬 수 있는데, 비타민 C는 이러한 활성산소로부터 장벽 세포를 직접적으로 보호하는 역할을 합니다.

- **아연: '복구 전문 미네랄'과 면역 조절자**

아연은 장벽이 손상되었을 때 이를 빠르게 고치는 '복구 전문 미네랄'이자 우리 몸의 면역 시스템을 조절하는 중요한 역할을 합니다. 장벽을 이루는 세포들은 우리 몸에서 가장 빠르게 교체되는 세포 중 하나입니다. 며칠에 한 번씩 새로운 세포로 바뀌는데, 아연은 이렇게 빠르게 세포가 분열하고 새로 만들어지는 과정에 필요한 수백 가지 효소의 중요한 구

성 요소입니다. 아연이 부족하면 장벽이 손상되었을 때 복구되는 속도가 현저히 느려질 수 있습니다. 또한, 아연은 장벽 세포들이 서로 빈틈없이 붙어 있도록 해주는 '치밀 결합' 단백질을 안정화시켜 장벽의 밀도를 유지하는 데도 중요한 역할을 합니다. 이뿐만 아니라 아연은 우리 몸의 면역 세포가 성숙하고 제대로 기능하는 데 필수적입니다. 아연이 부족하면 면역력이 약해져 감염에 더 쉽게 노출될 수 있습니다.

2. 염증 제어와 항산화 네트워크: 장내 평화를 위한 방어 시스템

만성 염증과 산화 스트레스는 장내 환경을 파괴하는 주범입니다. 이에 맞서 싸우는 우리 몸의 강력한 방어 시스템이 필요합니다.

(1) 오메가-3 지방산: 장내 염증을 끄는 정예 소방수

우리 몸의 염증 반응을 조절하는 데 있어 가장 중요한 영양소 중 하나가 바로 오메가-3 지방산입니다. 이는 단순히 '좋은 기름'이라는 막연한 개념을 넘어, EPA와 DHA라는 두 가지 핵심 성분으로 나뉘어 각기 다른 전문적인 역할을 수행합니다. 등푸른생선이나 들기름에 풍부한 이 성분들은 장내 염증을 끄는 '정예 소방수'와 같습니다.

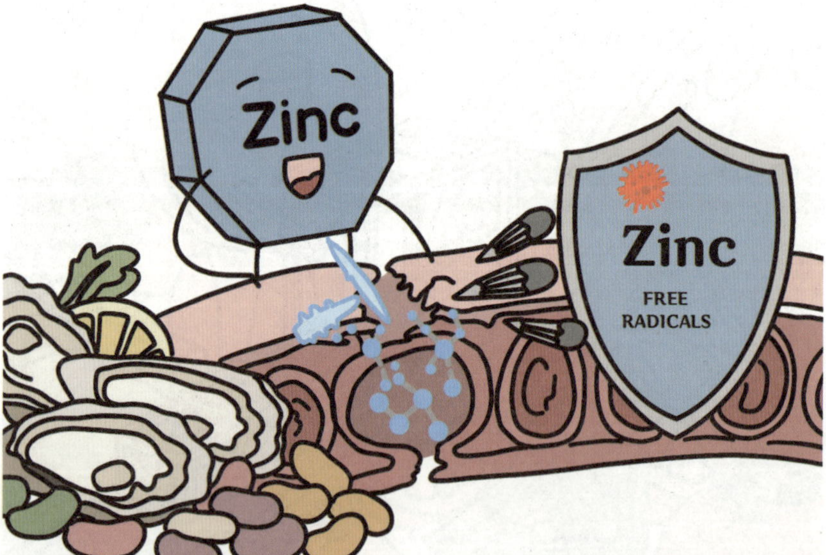

- **EPA (Eicosapentaenoic Acid): 염증 조절의 지휘자**

  EPA는 우리 몸속에서 염증 반응을 조절하는 데 탁월한 능력을 발휘합니다. 염증은 우리 몸을 보호하려는 자연스러운 반응이지만, 만성적인 염증은 장 건강을 해치고 다양한 문제를 일으킬 수 있습니다. EPA는 마치 염증 반응의 '지휘자'처럼 행동합니다.

  염증 유발 물질 억제 ➔

  염증을 일으키는 물질이 너무 많이 만들어지지 않도록 조절합니다.

  마치 불필요하게 불이 크게 번지는 것을 막는 것과 같습니다.

  '염증 해결사' 생성 ➔

  우리 몸에는 염증 반응을 적극적으로 끝내는 물질들이 있는데, 그중 하나가 바로 레졸빈(Resolvin)입니다. 레졸빈은 이름 그대로 '염증을 해결한다(resolve)'는 의미를 가진 물질로, 염증 반응이 적절한 시기에 멈추고 손상된 조직이 회복될 수 있도록 돕습니다.

  EPA는 이러한 레졸빈 생성을 촉진하여 염증 반응이 깔끔하게 마무리되도록 돕습니다.

  장 안에 만성적인 염증이 줄어들면, 유익한 균들이 살기 좋은 평화로운 환경이 조성됩니다. 이는 유해균의 활동을 억제하고 장내 미생물 생태계의 균형을 되찾는 데 결정적인 역할을 합니다.

- **DHA (Docosahexaenoic Acid): 장벽 세포의 유연성과 안정성 강화**

  DHA는 흔히 뇌와 눈 건강에 중요하다고 알려져 있지만, 장벽 세포를 튼튼하게 만드는 데도 매우 중요한 역할을 합니다. DHA는 장벽을 이루는 세포막을 구성하는 주요 성분입니다. 이 세포막이 마치 물렁물렁하면서도 탄력 있는 고무처럼 유연하고 안정적이어야 외부 자극에 잘 견디고 원래의 형태를 유지할 수 있습니다.

  DHA는 이러한 장 점막 세포막의 유동성과 탄력성을 높여줍니다. 또한, DHA는 장벽 세포들이 서로 빈틈없이 연결되도록 돕는 치밀 결합(Tight Junction)을 강화합니다.

  치밀 결합은 장 세포들 사이의 틈새를 꽉 막아주는 '지퍼'와 같은 역할을 합니다.

  이 지퍼가 헐거워지면 장벽에 미세한 구멍이 생겨 유해 물질이 혈액 속으로 새어 나갈 수 있는데, 이를 흔히 '장 누수(Leaky Gut)'라고 부릅니다. DHA는 이 치밀 결합을 튼튼하게 하여 장 누수를 막고, 장벽의 방어 기능을 직접적으로 향상시키는 역할을 합니다.

결론적으로, EPA는 장내 염증을 효과적으로 조절하여 건강한 장 환경을 만들고, DHA는 장벽 세포의 구조를 튼튼하게 하여 유해 물질로부터 우리 몸을 보호하는 데 필수적인 역할을 합니다.

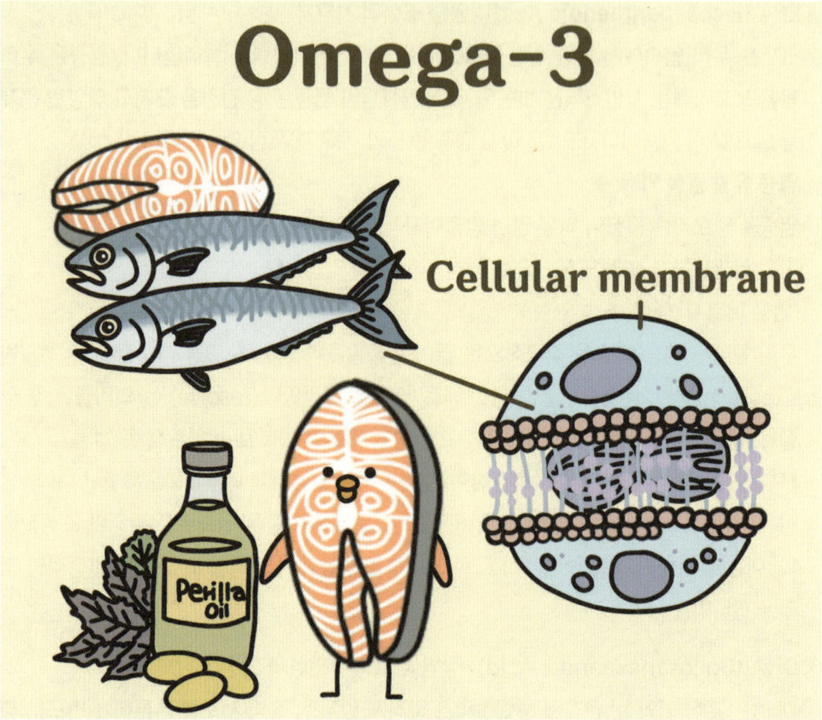

이 두 가지 오메가-3 지방산을 충분히 섭취하는 것은 장 건강을 위한 중요한 투자라고 할 수 있습니다.

(2) 항산화 네트워크 (비타민 C, 글루타치온, 알파리포산) : 서로를 돕는 시너지 효과

활성산소는 우리 몸의 세포를 손상시키고 만성 염증을 악화시키는 주범입니다.
이러한 활성산소로부터 우리 장을 지켜내는 데는 단일 영양소보다 서로 협력하며 재생하는 강력한 항산화 네트워크가 중요합니다.

- **비타민 C: 우리 몸의 '만능 방패'이자 재생 도우미**
  비타민 C는 우리 몸의 세포를 보호하는 강력한 항산화제입니다. 마치 만능 방패처럼, 활성산소가 세포를 공격하는 것을 막아줍니다. 특히 장 점막 세포는 소화 과정에서 발생하는 활성산소와 외부 독소에 쉽게 노출될 수 있는데, 비타민 C는 이러한 활성산소로 부터 장 점막 세포가 손상되는 것을 직접적으로 막아줍니다. 비타민 C의 역할은 여기서 그치지 않습니다.

'항산화 어머니' 글루타치온 재생 ➔

비타민 C는 우리 몸의 마스터 항산화제인 글루타치온이 소모된 후 다시 활성화되도록 돕습니다. 비타민 C 덕분에 글루타치온이 계속해서 활성산소를 제거하는 역할을 수행할 수 있게 되는 거죠. 이는 우리 몸 전체의 항산화 방어력을 높은 수준으로 유지하는 데 크게 기여합니다. 비타민 C는 장뿐만 아니라 혈액, 세포 등 우리 몸 전체에서 활성산소를 제거하고 다양한 생체 기능을 돕는 다재다능한 영양소입니다.

- **글루타치온: 우리 몸의 '항산화 어머니'이자 해독 전문가**

  글루타치온은 우리 몸의 모든 세포가 스스로 만들어내는 가장 강력한 '마스터 항산화제'입니다. 마치 우리 몸의 '항산화 어머니'처럼, 활성산소를 직접 제거하는 것은 물론, 우리 몸속의 독소를 안전하게 처리하는 데 핵심적인 역할을 합니다.

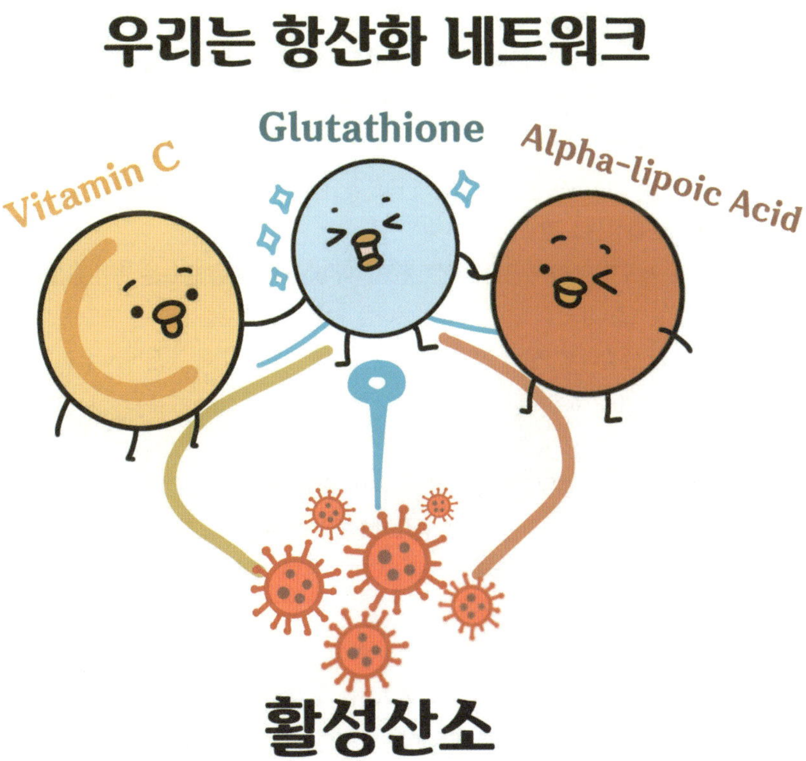

독소 해독의 핵심 ➔

글루타치온은 특히 간에서 독성 물질을 물에 잘 녹는 형태로 바꾸어 몸 밖으로 쉽게 배출될 수 있도록 돕는 역할을 합니다. 장과 간은 매우 밀접하게 연결되어 있습니다.
장에서 흡수된 독소는 간으로 이동하여 해독 과정을 거치기 때문입니다.

장 건강과의 연관성 ➔

만성적인 장 염증이나 유해균의 공격은 우리 몸의 글루타치온 수치를 빠르게 소모시킵니다. 글루타치온이 부족해지면 활성산소 제거 및 독소 해독 능력이 떨어져 몸 전체의 건강에 문제가 생길 수 있습니다. 따라서 건강한 장 환경을 유지하여 글루타치온이 고갈되지 않도록 하는 것은 간의 해독 부담을 덜어주고 우리 몸의 방어력을 지키는 중요한 전략입니다.

- **알파리포산 (Alpha-Lipoic Acid)**: 만능 항산화제이자 '항산화 네트워크 지휘자' 알파리포산은 물과 기름 모두에 잘 녹는 아주 특별한 성질을 가진 '만능 항산화제'입니다. 이 덕분에 세포의 물 성분인 세포액과 기름 성분인 세포막 모두에서 활성산소를 제거하는 역할을 할 수 있습니다. 알파리포산의 가장 놀라운 능력은 바로 '재생 능력'입니다.

  항산화 네트워크의 허브 ➔

  알파리포산은 비타민 C, 비타민 E, 글루타치온 등 이미 소모되어 활성산소를 제거할 힘을 잃은 다른 항산화제들을 다시 활성화시키는 역할을 합니다. 마치 지친 선수들에게 에너지를 공급하여 다시 경기에 뛸 수 있게 해주는 '감독'처럼, 우리 몸의 항산화 방어 시스템 전체가 효과적으로 작동하도록 돕는 '항산화 네트워크 지휘자' 역할을 합니다.

  에너지 생산 및 활성산소 감소 ➔

  알파리포산은 세포의 에너지 공장인 미토콘드리아에서 에너지를 만드는 과정에 관여하여 대사 효율을 높여줍니다. 이 과정에서 발생하는 활성산소 자체를 줄이는 역할도 합니다. 장 점막 세포가 원활하게 에너지를 공급받으면 장벽 기능을 더욱 튼튼하게 유지하는 데 간접적으로 기여할 수 있습니다.

이 세 가지 영양소는 각자의 역할이 있으면서도 서로 협력하여 우리 몸과 장을 활성산소로부터 보호하고 전반적인 건강을 증진시키는 중요한 항산화 네트워크를 형성합니다.
균형 잡힌 식단과 필요에 따라 영양제 섭취를 고려하는 것이 좋습니다.

3. 소화 효율과 미생물 활성화: 장내 생태계의 숨은 지휘자들

영양소가 제대로 소화, 흡수되지 않으면 오히려 장내 독소가 될 수 있습니다. 효율적인 대사 환경은 유익균 활성화의 기반이며, 이 과정의 숨은 지휘자가 바로 효소와 비타민입니다.

(1) 소화 효소: 장내 환경을 지키는 첫 번째 관문

우리 몸의 소화 효소는 음식을 잘게 분해하여 영양소가 흡수되기 쉬운 형태로 만드는 역할을 합니다. 그런데 이 효소들은 단순히 음식을 분해하는 것을 넘어, 장내 미생물 생태계의 환경을 결정하는 첫 번째 중요한 관문이 됩니다.

만약 소화가 제대로 되지 않은 커다란 음식물 찌꺼기가 대장으로 넘어가면 어떤 일이 벌어질까요? 이 찌꺼기들은 우리 몸에 유익한 균(유익균)보다는 해로운 균(유해균)의 먹이가 되기 쉽습니다.

유해균들은 이 찌꺼기들을 부패시키면서 독성 물질을 만들어냅니다. 이는 장내 미생물의 균형을 깨뜨리고(장내 불균형), 장에 염증을 유발하는 주요 원인이 됩니다. 결국, 소화가 잘 되어야 유해균의 번식을 막고 건강한 장 환경을 유지할 수 있습니다.

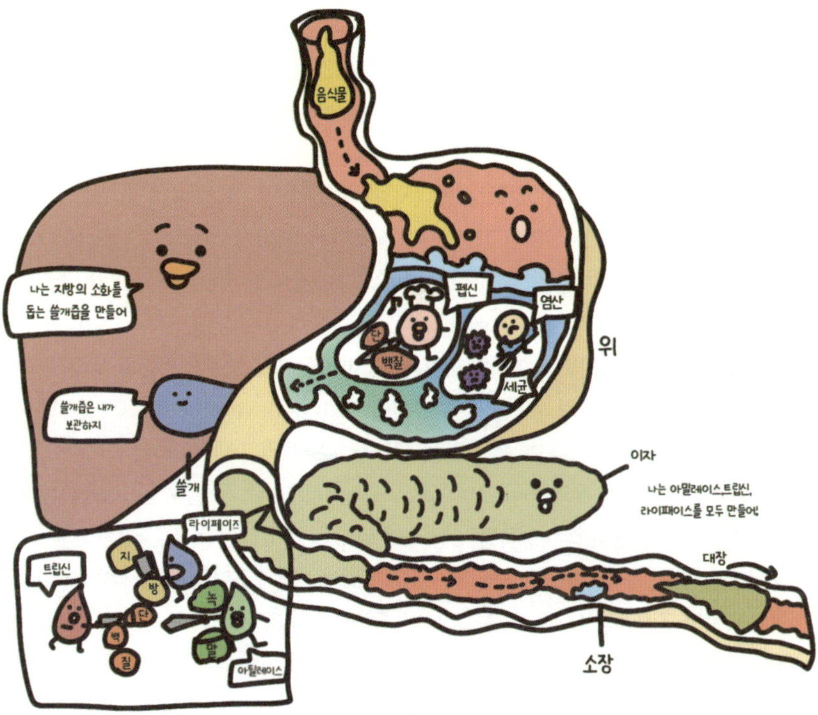

여기서 우리가 꼭 기억해야 할 중요한 사실이 있습니다. 우리 몸이 평생 동안 만들 수 있는 효소의 총량은 정해져 있다는 것입니다. 만약 우리가 소화하기 어려운 음식을 자주 먹거나 과식을 한다면, 우리 몸은 한정된 효소 자원을 '소화 효소'를 만드는 데 과도하게 쏟아부어야 합니다.
특히 정제된 탄수화물(예: 흰쌀밥, 설탕)이나 가공식품의 지방은 소화에 많은 효소를 필요로 합니다.

그 결과, 에너지 생산이나 손상된 세포를 복구하는 등 다른 중요한 일을 해야 할 '대사 효소'가 부족해지는 상태, 즉 '효소의 고갈' 상태에 빠질 수 있습니다. 우리가 과식 후에 유난히 피곤하고 무기력함을 느끼는 것은 바로 이 효소의 고갈 때문입니다. 몸이 소화에 너무 많은 에너지를 썼기 때문에 다른 활동에 쓸 에너지가 부족해지는 것이죠.

이러한 소화 부담을 덜어주는 훌륭한 방법 중 하나는 발효식품을 섭취하는 것입니다.
발효식품(예: 김치, 된장, 요거트)은 미생물들이 미리 음식을 한 번 소화시켜 놓은 상태이기 때문에, 우리 몸이 효소를 덜 쓰고도 영양소를 효율적으로 흡수할 수 있도록 돕습니다.
이는 장내 환경을 안정시키는 데 큰 도움을 줍니다. 또한, 부족한 소화 효소를 보충해주는 효소 보충제를 활용하는 것도 소화 효율을 높이는 한 방법이 될 수 있습니다.

(2) 비타민 B군: 장내 미생물이 만드는 '에너지 비타민 공장'

우리 몸의 장내에 살고 있는 유익한 미생물들은 우리에게 생각보다 훨씬 큰 선물을 줍니다.
그중 하나가 바로 우리 몸에 활력을 불어넣는 비타민 B군을 직접 만들어내는 것입니다.

비타민 B군은 우리가 음식으로 섭취한 탄수화물, 지방, 단백질 같은 영양소를 우리 몸이 사용할 수 있는 에너지(ATP)로 바꾸는 과정에서 '조효소(Coenzyme)'로 작용합니다. 조효소는 효소가 제 기능을 할 수 있도록 돕는 일종의 '보조 도우미'라고 생각하시면 됩니다.
쉽게 말해, 비타민 B군은 우리 몸이 에너지를 만드는 데 없어서는 안 될 핵심 요소입니다.
즉, 건강하고 다양한 종류의 미생물들이 장 속에 많이 살고 있다는 것은 우리 몸 안에 24시간 내내 돌아가는 '에너지 비타민 공장'을 가지고 있는 것과 같습니다. 이 공장이 잘 가동되면 만성 피로와 무기력증을 예방하고, 전반적인 활력을 유지하는 데 큰 도움이 됩니다.

반대로 장내 환경이 나빠져 유익균이 줄어들면 어떻게 될까요? 비타민 B군의 체내 생산량도 함께 줄어듭니다. 이는 만성적인 피로와 무기력증으로 이어질 수 있으며, 에너지가 부족해지면 우리 몸은 다시 건강하지 못한 음식을 찾게 되는 악순환을 유발할 수 있습니다.
특히 비타민 B12는 특정 장내 미생물에 의해서만 합성되는데, 장 건강이 나빠지면 이 필수 비타민의 흡수에도 부정적인 영향을 미칠 수 있습니다.

결론적으로, 장내 생태계의 건강은 단순히 몇 가지 '유명한' 영양소에만 의존하는 것이 아닙니다. 소화 효소를 효율적으로 사용하고, 장내 미생물들이 비타민 B군과 같은 중요한 영양소를 잘 만들어낼 수 있도록 우리 몸의 다양한 시스템이 유기적으로 협력해야 비로소 장은 제 기능을 다하고, 장내 미생물 군집(마이크로바이옴)은 최적의 상태를 유지할 수 있습니다.

참고 자료 Chapter 1

Gill, S. R., Pop, M., Deboy, R. T., Eckburg, P. B., Turnbaugh, P. J., Samuel, B. S., ... & Fraser-Liggett, C. M. (2006). Metagenomic analysis of the human distal gut microbiome. *Science, 312*(5778), 1355-1359.

Cryan, J. F., & Dinan, T. G. (2012). Mind-altering microorganisms: the impact of the gut microbiota on brain and behaviour. *Nature Reviews Neuroscience, 13*(10), 701-712.

Thaiss, C. A., Zmora, D., Levy, M., & Elinav, E. (2016). The microbiome in autoimmune diseases. *Nature Immunology, 17*(10), 1121-1129.

O'Hara, A. M., & Shanahan, F. (2006). The gut microbiota, host defence and immunity. *Nature Reviews Immunology, 6*(10), 727-737.

R. Balfour Sartor. (2008). Microbial influences on inflammatory bowel diseases. *Gastroenterology, 134*(2), 577-594.

Tilg, H., & Moschen, A. R. (2014). Metabolic diseases and the intestinal microbiota. *Nature Reviews Nephrology, 10*(10), 656-667.

참조 문헌2

Aagaard, K., et al. (2014). The placenta harbors a unique microbiome. *Science Translational Medicine,* 6(237), 237ra65.

Dominguez-Bello, M. G., et al. (2010). Delivery mode shapes the acquisition and structure of the initial microbiota across multiple body habitats in newborns. *Proceedings of the National Academy of Sciences,* 107(26), 11971-11975.

Blaser, M. J., et al. (2012). C-section and the human microbiome. *New England Journal of Medicine,* 367(15), 1436-1442.

Ruangsirisakul, E., & Tang, J. (2021). Human Milk Oligosaccharides: Their Role in Infant Microbiome Development and Health. *Nutrients,* 13(10), 3624.

Urbaniak, C., et al. (2016). The microbiome of breast milk and its impact on infant health. *Frontiers in Cellular and Infection Microbiology,* 6, 85.

Hanson, L. A., & Korotkova, M. (2002). The role of breastfeeding in the development of the immune system. *Advances in Experimental Medicine and Biology,* 503, 107-119.

Haahtela, T., et al. (2013). The "biodiversity hypothesis" and the "hygiene hypothesis" in allergy and asthma. *Current Allergy and Asthma Reports,* 13(1), 3-10.

Koren, O., et al. (2012). Host remodeling of the gut microbiome and its relationship to maternal-fetal interactions. *Cell,* 150(3), 470-480.

Vangay, P., et al. (2015). Antibiotics, the gut microbiome, and host health: from mechanisms to concepts. *Immunity,* 43(1), 171-182.

den Besten, G., et al. (2013). The role of short-chain fatty acids in the interplay between diet, gut microbiota, and host energy metabolism. *Journal of Lipid Research,* 54(9), 2325-2340.

Fan, Y., et al. (2019). Human milk oligosaccharides: key players in infant gut microbiota. *Journal of Functional Foods,* 58, 269-281.

Borre, Y. E., et al. (2014). The gut microbiota-brain axis in mood disorders and schizophrenia. *Trends in Molecular Medicine,* 20(12), 707-718.

참고 자료 Chapter 3

Aagaard, K., Ma, J., Antony, K. M., Ganu, R., Petrosino, L., & Versalovic, J. (2014). The placenta harbors a unique microbiome. *Science Translational Medicine, 6*(237), 237ra65.

Dominguez-Bello, M. G., Costello, E. K., Contreras, M., Magris, M., Hidalgo, A., Gordon, J. I., & Knight, R. (2010). Delivery mode shapes the acquisition and structure of the initial microbiota across multiple body habitats in newborns.

Proceedings of the National Academy of Sciences, 107(26), 11971–11975.

Blaser, M. J. (2012). Disappearing microbiota: strain by strain. *Nature Reviews Microbiology, 10*(10), 717–724.

O'Hara, A. M., & Shanahan, F. (2006). The gut microbiota, host defence and immunity. *Nature Reviews Immunology, 6*(10), 727–737.

Cryan, J. F., & Dinan, T. G. (2012). Mind-altering microorganisms: the impact of the gut microbiota on brain and behaviour. *Nature Reviews Neuroscience,* 13(10), 701–712.

Valles-Colomer, M., Falony, G., Darzi, Y., Tigchelaar, E. F., Wang, J., Tito, R. Y., ... & Raes, J. (2019). The neuroactive potential of the human gut microbiota in quality of life and depression. *Nature Microbiology, 4*(4), 623–632.

Kang, D. W., Adams, J. B., Gregory, A. C., Borody, T., Chittick, R., Fasano, A., ... & Krajmalnik-Brown, R. (2017). Microbiota Transfer Therapy in autism spectrum disorder: An open-label study. *Microbiome, 5*(1), 10.

참조 자료 Chapter 4

Aagaard, K., Ma, J., Antony, K. M., Ganu, R., Petrosino, L., & Versalovic, J. (2014). The placenta harbors a unique microbiome. *Science Translational Medicine, 6*(237), 237ra65.

Koren, O., Goodrich, J. K., Cusack, T. P., Spor, A., Clark, C., & Ley, R. E. (2012). Host-microbial interactions during early life: The importance of the mother-to-child microbiota transmission. *PLoS ONE, 7*(8), e44222.

Yassour, M., Vatanen, T., Ridlon, J. M., Kanther, M., Goh, Y. J., Kuligowski, M., ... & Huttenhower, C. (2016). Natural colonization and succession of the human gut microbiome from birth to adulthood. *Nature Medicine, 22*(8), 947–951.

Fasano, A. (2012). Leaky gut and autoimmune diseases. *Clinical Reviews in Allergy & Immunology, 42*(1), 7–13.

Lee, J. H., & Kim, B. H. (2014). The role of gut microbiota in allergic diseases. *Allergy, Asthma & Immunology Research, 6*(3), 209-218.

Foolad, N., Ahmadi, F., & Dastgheib, L. (2018). Probiotics and prebiotics: The gut-skin axis in atopic dermatitis. *Pediatric Allergy and Immunology, 29*(6), 577-586.

Schipper, M., Plötz, T., Klee, K., & Schulze-Luehrmann, J. (2017). Fast food activates inflammatory gene expression in human monocytes through a myeloid cell-specific signaling pathway. *Cell, 169*(5), 896-909.e10.

Suez, J., Korem, M., Zeevi, D., Zilberman-Schapira, G., Thaiss, C. A., Maza, O., ... & Elinav, E. (2014). Artificial sweeteners induce glucose intolerance by altering the gut microbiota. *Nature, 514*(7521), 181-186.

Chassaing, B., Koren, O., Goodrich, J. K., Poole, A. C., Srinivasan, S., Ley, R. E., & Gewirtz, A. T. (2015). Dietary emulsifiers impact the mouse gut microbiota promoting colitis and metabolic syndrome. *Nature, 519*(7541), 92-96.

EPA. (1987). *The Total Exposure Assessment Methodology (TEAM) Study: Selected Communities in Northern and Southern California.* Office of Research and Development, U.S. Environmental Protection Agency.

Glaser, R., & Kiecolt-Glaser, J. K. (2005). Stress-induced immune dysfunction: implications for health. *Nature Reviews Immunology, 5*(3), 243-251.

Miller, A. H., & Raison, C. L. (2016). The role of inflammation in depression: from evolutionary imperative to modern insight. *Molecular Psychiatry, 21*(9), 1279-1287.

Libby, P. (2012). Inflammation in atherosclerosis. *New England Journal of Medicine, 367*(11), 1017-1026.

Jernberg, C., Löfmark, S., Edlund, C., & Jansson, J. K. (2010). Long-term impact of antibiotic exposure on the human gut microbiota. *Microbiology, 156*(11), 3216-3223.

Dethlefsen, L., & Relman, D. A. (2011). Incomplete recovery of the gut microbiota after antibiotic treatment. *Proceedings of the National Academy of Sciences, 108*(Suppl 1), 4554-4561.

O'Neill, J. (2016). *Tackling Drug-Resistant Infections Globally: Final Report and Recommendations*. Review on Antimicrobial Resistance.

참조 자료 Chapter 5

Bravo, J. A., et al. (2011). Ingestion of *Lactobacillus* strain regulates emotional behavior and central GABA receptor expression in mice via the vagus nerve. *Proceedings of the National Academy of Sciences,* 108(38), 16050-16055.

Miller, A. H., & Raison, C. L. (2016). The role of inflammation in depression: from evolutionary imperative to modern insight. *Frontiers in Immunology,* 7, 54.

Park, Y. M., et al. (2018). Gut microbiota dysbiosis in children with attention deficit hyperactivity disorder. *Frontiers in Psychiatry,* 9, 396.

참조 자료 Chapter 6

Park, Y. M., et al. (2018). Gut microbiota dysbiosis in children with attention deficit hyperactivity disorder. *Frontiers in Psychiatry,* 9, 396.

Hotamisligil, G. S. (2017). Inflammation, metaflammation and immunometabolic disorders. *Nature,* 542(7640), 177-183.

Cryan, J. F., & Dinan, T. G. (2012). Mind-altering microorganisms: the impact of the gut microbiota on brain and behaviour. *Nature Reviews Neuroscience,* 13(10), 701-712.

Turnbaugh, P. J., et al. (2006). An obesity-associated gut microbiome with increased capacity for energy harvest. *Nature,* 444(7122), 1027-1031.

R. E. Ley et al., “Obesity alters gut microbial ecology,” *Proceedings of the National Academy of Sciences,* vol. 102, no. 31, pp. 11070-11075, 2005.

P. J. Turnbaugh et al., “An obesity-associated gut microbiome with increased capacity for energy harvest,” *Nature,* vol. 444, no. 7122, pp. 1027-1031, 2006.

F. Bäckhed et al., “The gut microbiota as an environmental factor that regulates fat storage,” *Proceedings of the National Academy of Sciences,* vol. 101, no. 44, pp. 15718-15723, 2004.

L. E. Morrison et al., “Short-Chain Fatty Acids and Gut Microbiota in the Pathogenesis of Obesity and Diabetes,” *Current Obesity Reports,* vol. 6, no. 2, pp. 189-195, 2017.

K. Den Besten et al., “The Role of Short-Chain Fatty Acids in the Interplay Between Diet, Gut Microbiota, and Host Energy Metabolism,” *Journal of Lipid Research,* vol. 54, no. 9, pp. 2325-2340, 2013.

G. S. Cani et al., “Changes in Gut Microbiota Control Metabolic Endotoxemia-Induced Inflammation in High-Fat Diet-Induced Obesity and Diabetes in Mice,” *Diabetes,* vol. 58, no. 6, pp. 1470-1481, 2009.

S. E. Gregor and G. S. Hotamisligil, “Inflammatory Mechanisms in Obesity,” *Annual Review of Immunology,* vol. 26, pp. 415-442, 2008.

P. D. Cani et al., “Changes in Gut Microbiota Control Metabolic Endotoxemia-Induced Inflammation in High-Fat Diet-Induced Obesity and Diabetes in Mice,” *Diabetes,* vol. 58, no. 6, pp. 1470-1481, 2009.

A. A. Al-Sadi et al., “Obesity and the Gut Microbiota: An Overview of the Current Evidence,” *Nutrients,* vol. 11, no. 5, p. 1109, 2019.

참조 자료 Chapter 7

H. M. Kim, J. H. Park, “Gut microbiota-derived short-chain fatty acids and their role in blood pressure regulation", Journal of Hypertension, vol. 38, no. 1, pp. 24-32, 2020.

L. L. Chen, H. Wang, "Short-chain fatty acids and their role in inflammatory bowel disease", Frontiers in Immunology, vol. 11, article 145, 2020.

J. A. O'Mahony, A. Clarke, T. G. Dinan, J. F. Cryan, "The gut microbiota in brain development and function", Nature Reviews Neuroscience, vol. 17, no. 6, pp. 341-352, 2016.

J. H. Park, Y. J. Lee, J. I. Kim, "Gamma-aminobutyric acid (GABA) production by lactic acid bacteria: current research and future prospects", Food Science and Biotechnology, vol. 27, no. 2, pp. 289-301, 2018.

K. M. Oh, S. H. Lee, "3-Phenyllactic acid as a potential biomarker for healthy longevity", Aging Cell, vol. 20, no. 1, e13271, 2021.

C. A. Winston, K. E. Hylemon, "Bile acids and gut microbiota: an update on their interactions and effects on host metabolism", Journal of Lipid Research, vol. 58, no. 6, pp. 1025-1035, 2017.

S. M. Madeo, T. Wirth, C. J. W. F. Ehninger, "Spermidine and autophagy in aging and disease", Nature Reviews Molecular Cell Biology, vol. 18, no. 3, pp. 191-200, 2017.

J. H. Choi, J. W. Kim, "Polyamines as immunomodulators: recent advances and therapeutic potential", Journal of Biomedical Science, vol. 26, no. 1, article 94, 2019.

D. Ryoji, K. Irie, "Urolithins, gut microbiota-derived metabolites of ellagic acid, improve mitochondrial function", Cell Metabolism, vol. 30, no. 4, pp. 785-797, 2019.

S. Setchell, L. J. Clerici, "Equol: a factor in soybean-induced health benefits?", The American Journal of Clinical Nutrition, vol. 84, no. 2, pp. 467-468, 2006.

M. E. Green, J. M. Tang, "Gut microbiota and vitamin B synthesis", Nutrients, vol.

12, no. 10, 3130, 2020.

M. B. Heiman, E. H. D. R. “The gut microbiome and its role in health and disease”, Nature, vol. 586, no. 7828, pp. 377-386, 2020.

참고 자료 Chapter 8

Koh, A., De Vadder, F., Kovatcheva-Datchary, P., & Bäckhed, F. (2016). **From Dietary Fiber to Host Physiology: Short-Chain Fatty Acids as Key Bacterial Metabolites.** *Cell,* 164(6), 1334-1345.

Silva, Y. P., Bernardi, A., & Frozza, R. L. (2020). **The Role of Short-Chain Fatty Acids in Gut Energy Metabolism and Health.** *Current Pharmacology Reports,* 6(1), 1-13.

Cryan, J. F., & Dinan, T. G. (2012). **Mind-altering microorganisms: the impact of the gut microbiota on brain and behaviour.** *Nature Reviews Neuroscience,* 13(10), 701-712.

Bravo, J. A., Forsythe, P., Chew, M. V., Escaravage, E., Savignac, H. M., Burnet, T. G., ... & Cryan, J. F. (2011). **Ingestion of Lactobacillus strain regulates emotional behavior and central GABA receptor expression in mice via the vagus nerve.** *Proceedings of the National Academy of Sciences,* 108(38), 16050-16055.

Kim, D., et al. (2022). **Phenyllactic acid, a metabolite of lactic acid bacteria, extends healthy longevity in Caenorhabditis elegans.** *NPJ Aging and Mechanisms of Disease,* 8(1), 1-12.

Ridlon, J. M., Kang, D. J., & Hylemon, P. B. (2006). **Bile acid transformation by the intestinal microbiome.** *Journal of Lipid Research,* 47(2), 241-259.

Madeo, F., et al. (2018). **Spermidine: a physiological autophagy inducer acting as a potential anti-aging drug.** *Autophagy,* 14(10), 1845-1846.

Moinard, C., et al. (2005). **Polyamines and intestinal functions.** *The American*

Journal of Physiology-Gastrointestinal and Liver Physiology, 289(1), G1-G6.

Larrosa, M., et al. (2010). **Ellagic acid metabolites, urolithins, exert potent antioxidant and anti-inflammatory activities in human colon fibroblasts.** *Journal of Agricultural and Food Chemistry,* 58(4), 2202-2210.

Setchell, K. D. R., & Clerici, C. (2010). **Equol: history, chemistry, and formation.** *The Journal of Nutrition,* 140(7), 1355S-1362S.

LeBlanc, J. G., et al. (2011). **B Vitamins Produced by Lactic Acid Bacteria: An Update.** *Food Reviews International,* 27(2), 199-211.

Vermeer, C., et al. (2004). **Beyond blood coagulation: the role of vitamin K in human health.** *Thrombosis and Haemostasis,* 91(03), 433-437.

참고 자료 Chapter 9

Vogt, N. M., et al. (2017). **Gut microbiome composition and functional changes in Alzheimer's disease patients.** *Scientific Reports,* 7(1), 1-10.

Xie, L., et al. (2013). **Sleep drives metabolite clearance from the adult brain.** *Science,* 342(6156), 373-377.

Ju, Y. E., et al. (2014). **Sleep problems predict preclinical Alzheimer's disease.** *Brain,* 137(7), 2055-2067.

Erny, D., et al. (2015). **Host microbial colonization drives microglia pruning during development.** *Science,* 350(6267), aac8375.

Obrenovich, M. E. (2018). **Leaky Gut, Leaky Brain?** *Microorganisms,* 6(4), 107.

참조 문헌 Chapter 10

Thursby, E., & Juge, N. (2017). Introduction to the human gut microbiota. *Biochemical Journal,* 474(11), 2373-2386.

Le Chatelier, E., et al. (2013). Richness of human gut microbiome correlates with metabolic markers. *Nature,* 500(7464), 541-546.

Cryan, J. F., & Dinan, T. G. (2012). Mind-altering microorganisms: the impact of the gut microbiota on brain and behaviour. *Nature Reviews Neuroscience,* 13(10), 701-712.

Lopez-Hoyos, M., et al. (2018). Gut microbiota and immune system. *Frontiers in Immunology,* 9, 1342.

Thursby, E., & Juge, N. (2017). Introduction to the human gut microbiota. *Biochemical Journal,* 474(11), 2373-2386.

Tilg, H., & Moschen, A. R. (2014). Food, immunity, and the microbiome. *Gastroenterology,* 146(6), 1433-1442.

Koh, A., De Vadder, P., Kovatcheva-Datchary, P., & Bäckhed, F. (2016). From dietary fiber to host physiology: short-chain fatty acids as key bacterial metabolites. *Cell,* 164(6), 1335-1347.

Simopoulos, A. P. (2008). The omega-6/omega-3 fatty acid ratio, genetic variation, and disease prevention. *Journal of Functional Foods,* 1(2), 209-215.

Guadamuz, J. H., et al. (2021). The effects of olive oil consumption on the gut microbiome: A systematic review. *Nutrition Research Reviews,* 34(1), 1-13.

Marco, M. L., et al. (2017). Health benefits of fermented foods: microbiota and beyond. *Current Opinion in Biotechnology,* 44, 154-162.

Murota, K., & Terao, J. (2017). Antioxidative polyphenols and their effects on gut microbiota. *Journal of Nutritional Biochemistry,* 49, 1-10.

Le Roy, C. I., et al. (2020). Red wine consumption associated with increased gut microbiota diversity in 3098 individuals from three cohorts. *Gastroenterology,* 158(7), 2087-2092.

Nishikawa, K., et al. (2020). Coffee and green tea consumption, gut microbiota, and chronic diseases. *Nutrients,* 12(11), 3467.

Tzounis, X., et al. (2011). Prebiotic evaluation of cocoa-derived flavanols in healthy humans by using a randomized, controlled, double-blind, crossover intervention study. *Journal of Nutritional Biochemistry,* 22(1), 73-78.

Ohsumi, Y. (2016). Autophagy: a cellular recycling system. *Nobel Lecture.*

Brandhorst, S., & Longo, V. D. (2019). Dietary restrictions and the microbiome. *Gut Microbes,* 10(4), 513-518.

Li, G., et al. (2017). Intermittent fasting promotes gut health and the amelioration of chronic diseases. *Nutrients,* 9(12), 1279.

Lucas, M. A., & Mawe, G. M. (2021). The effects of diet on the enteric nervous system and its relationship with intestinal function. *Frontiers in Physiology,* 12, 638644.

Mora, J. R., et al. (2008). Generation of gut-homing IgA-secreting plasma cells by intestinal dendritic cells. *Science,* 319(5865), 827-832.
Meisel, J. D., et al. (2011). Vitamin D deficiency and tight junctions. *American Journal of Physiology-Gastrointestinal and Liver Physiology,* 300(4), G695-G701.

Ooi, J. H., et al. (2019). Vitamin D and the gut microbiome: a systematic review. *Nutrients,* 11(11), 2728.

Naidu, K. A. (2003). Vitamin C in human health and disease is still a mystery? An overview. *Nutrition Journal,* 2(1), 7.

Skrovanek, S., et al. (2014). Zinc and gastrointestinal disease. *World Journal of Gastroenterology,* 20(34), 11847.

Serhan, C. N., et al. (2008). Resolvins, protectins, and maresins: new endogenous lipid mediators of antiinflammation and proresolving actions. *Annual Review of Biochemistry,* 77, 107-132.

Packer, L., Witt, E. H., & Tritschler, H. J. (1995). alpha-Lipoic acid as a biological antioxidant. *Free Radical Biology and Medicine,* 19(2), 227-250.

Cheung, S. M., et al. (2019). The gut microbiota and vitamin B12. *Gut Microbes,* 10(3), 392-401.